中国现代化研究论坛

工业现代化的新前沿

中国科学院中国现代化研究中心　编

科学出版社
北京

图书在版编目（CIP）数据

工业现代化的新前沿／中国科学院中国现代化研究中心编．—北京：科学出版社，2020.2

（中国现代化研究论坛）

ISBN 978-7-03-063809-0

Ⅰ.①工…　Ⅱ.①中…　Ⅲ.①工业现代化-研究-中国　Ⅳ.①F403

中国版本图书馆CIP数据核字（2019）第280596号

责任编辑：崔文燕／责任校对：韩　杨

责任印制：李　彤／封面设计：陈　敬

编辑部电话：010-64033934

E-mail：edu_psy@mail.sciencep.com

科学出版社 出版

北京东黄城根北街16号

邮政编码：100717

http://www.sciencep.com

北京中科印刷有限公司印刷

科学出版社发行　各地新华书店经销

*

2020年2月第　一　版　开本：720×1000　B5

2020年2月第一次印刷　印张：14

字数：300 000

定价：99.00元

（如有印装质量问题，我社负责调换）

“中国现代化研究论坛”组委会成员

本书编委会

编　委　于维栋　朱文瑜　刘　雷　汤锡芳
　　　　李存富　吴述尧　何传启

前言
Preface

人类从非洲走来，在亚洲创造了农业文明，在欧洲创造了工业文明，在美洲孕育了知识文明。从农业文明向工业文明转变是第一次现代化，从工业文明向知识文明转变是第二次现代化。如果说第一次现代化是以工业和城市为基础的经典现代化，那么，第二次现代化则是以知识和信息为基础的新现代化。显然，现代化是人类文明的最新篇章。

在人类文明的长河里，不同民族有不同的表现，不同国家有不同的成就。不同民族和国家的文明进程是不同步的，世界现代化具有进程不同步性和分布不均衡性的特点。目前，大约有 20 多个国家已经进入第二次现代化，大约有 100 个国家处于第一次现代化，有一些国家和地区仍然处于农业社会，还有一些族群则仍然生活在原始社会。虽然不同国家和地区的现代化水平不同，但它们多数受到第二次现代化的吸引和影响，即科学和信息正在改变世界。

众所周知，实现现代化既是中华民族几代人的追求和梦想，也是我国两个世纪的奋斗目标，它关系着我们每一个人的未来，需要每一个人的努力，我国科学界更是肩负着不可替代的历史责任。根据邓小平同志的“三步走”发展战略，中国将在 2050 年前后达到世界中等发达国家水平，基本实现现代化。在一个拥有 13 亿人口的发展中国家，用 50 年时间基本实现现代化，是史无前例的伟大壮举。中国要达到世界发达国家水平，全面实现现代化，预计要到 21 世纪下半叶。如此宏伟的现代化世纪工程，如果没有科学的现代化理论和战略研究，现代化目标就有可能落空。特别是在经济全球化条件下，对现代化规律和特征的认识，是制定国家发展战略、地区发展战略、部门发展战略和科技发展战略等的重要基础。

世界现代化研究是在20世纪50年代开始起步的，虽然其思想源头可以追溯到更早。在20世纪后50年里，世界现代化研究出现了三次浪潮，它们分别是20世纪50—60年代的（经典）现代化研究，70—80年代的后现代化研究，80—90年代的新现代化研究。在这三次研究浪潮中产生了一系列的创新理论，而且流派纷呈。20世纪30年代，我国学者就进行过现代化讨论。20世纪80年代，我国学者开始进行经典现代化理论研究，先后出版了一批高水平的学术著作。20世纪90年代以来，在国家自然科学基金委员会、科技部和中国科学院的资助下，新现代化研究取得了一批研究成果，如1999年以来陆续出版的“第二次现代化丛书”和2001年以来陆续出版的“中国现代化报告”年度系列等。2002年，中国科学院中国现代化研究中心成立，中国现代化研究进入一个新阶段，现代化研究成果不断涌现。

为服务于国家现代化的战略目标，推动中国现代化的理论研究，促进自然科学与社会科学的学科交叉，建立现代化研究的交流与合作平台，参照国际科学研究的惯例，中国现代化研究中心于2002年开始编印《科学与现代化》简报，从2003年开始编印《科学与现代化文集》，从2003年开始联合举办“中国现代化研究论坛”，从2011年开始编印*Modernization Science Newsletter*简报，从2013年开始联合举办“世界现代化论坛”，从2017年开始编印《现代化动态》简报，介绍和交流现代化研究的最新进展和研究成果。

截至2018年8月，中国现代化研究中心已经编印了75期《科学与现代化》简报、30期*Modernization Science Newsletter*简报和3期《现代化动态》简报，举办了16期“中国现代化研究论坛”和2期“世界现代化论坛”。《科学与现代化》简报和《现代化动态》简报不是正式出版物，虽然有些论文或内容已经发表，但仍有许多精彩文章没有正式发表。

为适应我国现代化建设和现代化研究快速发展的需要，让更多读者能够分享现代化研究的成果，中国现代化研究中心决定编辑出版“中国现代化研究论坛”丛书，并得到科学出版社的大力支持。已经出版的文集包括《中国现代化战略的新思维》《中国经济现代化的新路径》《中国社会现代化的新选择》《中国文化现代化的新探索》《生态现代化：原理与方法》《全球化与现代化：全球化背景下中国现代化的战略选择》《世界现代化进程的关键点》《现代化的新机遇与新挑战》《21

世纪现代化的特征与前途》《第六次科技革命的战略机遇》《中国复兴的科学基础和战略机遇》《农业现代化的趋势和路径》《城市和郊区的现代化》《现代化对话》等。

本书是第十三期中国现代化研究论坛论文集的选编，包括“工业现代化的战略分析”、“工业化与工业现代化”、“工业现代化的模式与经验”和“科技革命与中国现代化”四个方面的优秀论文，在一定程度上代表了我国工业现代化研究领域的最新成果。

“中国现代化研究论坛”丛书中的每一篇文章都是文章原作者的成果，文章原作者拥有文章的全部知识产权。秉承“百花齐放”“文责自负”的原则，本书中每一篇文章的科学性和客观性由文章的原作者负责。

在过去的10余年里，现代化研究得到有关领导和部门的大力支持，得到许多专家学者的积极响应和参与，受到媒体和社会的关注，特此向他们表示衷心的感谢！感谢为现代化研究和本文选做出贡献的朋友！感谢为本丛书编辑和出版辛勤劳动的科学出版社的领导和编辑！

让我们携手努力，把中国现代化研究推向世界前沿，为实现中华民族伟大复兴添砖加瓦！

何传启
国际欧亚科学院院士
中国科学院中国现代化研究中心主任

目录

Contents

Ⅲ 工业现代化的模式与经验

Ⅳ 科技革命与中国现代化

Ⅰ　工业现代化的战略分析

中国工业现代化的路线图

何传启
中国科学院中国现代化研究中心

工业现代化既是工业发展的世界前沿，也是不同国家追赶和保持世界前沿的行为和过程（何传启，2015）。工业现代化不仅是工业的现代化，而且是经济现代化的核心内容，是农业现代化的重要支撑，是国家现代化的战略基石和主要动力。18 世纪 60 年代以来，工业现代化大致经历了工业化和后工业化两大阶段，工业质量和工业效率得到大幅提高，工业结构和工业环境发生非线性变化，工业强国和工业发达国家在国际经济体系中发挥着主导作用。最近几年，发达国家纷纷调整工业发展战略。例如，2012 年美国学者提出了“第三次工业革命”（里夫金，2012），美国政府推动“再工业化”；2013 年德国政府提出了“工业 4.0”战略计划（德国联邦教育研究部，2013），推动德国工业的智能化转型；2015 年国务院印发《中国制造 2025》，提出把我国建设成为制造强国的行动纲领。根据国际标准产业分类，工业是第二产业，包括采矿业、制造业、公共事业和建筑业。21 世纪中国工业的整体发展将何去何从？

中国工业现代化起步于 19 世纪 60 年代，是一种后发追赶型现代化，它既要面对先行国家所经历的诸多挑战，又要面对新的经济形态和国际竞争。《中国现代化报告（2014—2015）》认为，21 世纪前 50 年，中国可以选择综合工业现代化路径，制定工业现代化路线图，实施三个行动议程，建设工业质量强国、工业创新强国和绿色工业强国（何传启，2015）。

一、中国工业现代化路线图的基本概念

中国工业现代化的路线图是中国工业现代化的目标和路径的一种系统集成。

1. 基本思路

中国工业现代化的基本思路是依照综合工业现代化原理（图 1），采纳两次工业现代化的精华，避免两次工业现代化的误区；坚持“质量优先、创新驱动和环境友好”三个原则，实施“质量十年议程、工业创新议程、绿色工业议程”三

个行动议程，重点推进工业质量现代化、工业结构现代化和工业环境现代化；加速从传统工业向现代工业和智慧工业的转型，迎头赶上工业现代化的世界先进水平。

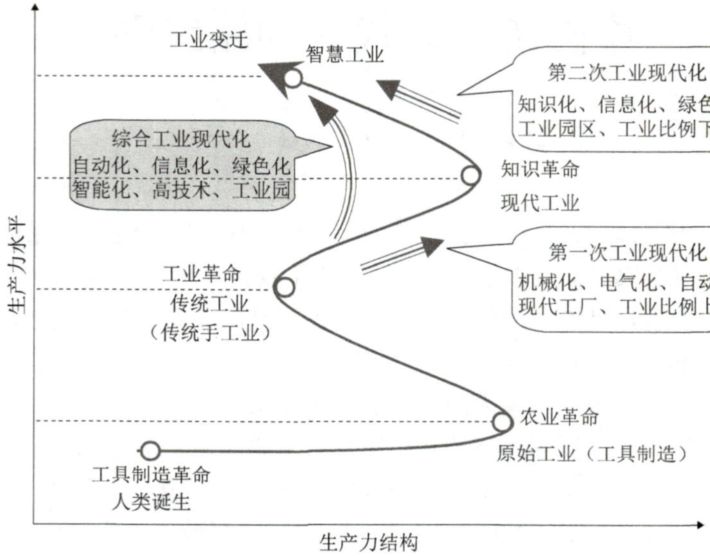

图 1　中国工业现代化的路线图：综合工业现代化

2. 战略目标

战略目标分为三步走。第一步，在 2030 年前后，完成第一次工业现代化，建设工业质量强国。第二步，在 2050 年前后，基本实现工业现代化，建设工业创新强国、智能制造强国、绿色制造强国。第三步，在 21 世纪下半叶，全面实现工业现代化，建设世界领先工业强国。

3. 运河路径

运河路径为：瞄准世界工业的未来前沿，实现两次工业现代化协调发展，并持续向第二次工业现代化转型；大力推进工业自动化、信息化、智能化、绿色化、服务化和国际化，推动工业结构向高端市场和核心技术的上行演化，大幅度提高工业质量和工业效益，降低工业能耗和“工业三废”排放，提高工业国际竞争力和国际地位，迎头赶上工业现代化的世界先进水平；在 2050 年建成工业创新强国，在 21 世纪下半叶建成世界领先工业强国，工业质量、工业结构、工业环境、工业技术、职工福利和物质生活质量等达到当时的世界先进水平。

二、中国工业现代化路线图的政策重点

中国工业现代化需要全面推进，未来30年可以重点突破三个方面。

1. 坚持质量优先原则，推动工业质量现代化，建设“工业质量强国”

实施“中国质量十年议程”，建设工业质量强国；编制《中国工业质量法典》，完善质量法规体系，夯实工业质量的法律基础；提高法律执行力，保障生产者和消费者合法权益，提高工业质量的社会基础；健全职工技能体系，优化职业培训体系，提高工业质量的技能基础；加快技术新陈代谢，定期淘汰落后技术，提高工业质量的技术基础。

2. 坚持创新驱动原则，推动工业结构现代化，建设“工业创新强国”

实施“工业创新议程”，建设工业创新强国和绿色制造强国；把握新科技和新产业革命的机遇，建设“生物经济强国”；启动“高端产品进口替代工程”，带动产业和市场升级；适度增加对外投资，利用部分外汇存款促进对外投资；加快产业结构的存量调整，优化产业的空间结构；大力发展生产性服务业和科技服务业，优化企业发展的经济环境。

3. 坚持环境友好原则，推动工业环境现代化，实现工业与环境的双赢

实施“绿色工业议程”，走绿色发展道路，推动工业发展与环境退化的脱钩；严把海关进口检验关，坚决杜绝污染进口；研究和实施环境成本核算，明确环境责任；继续大力发展环保产业和循环经济；继续实施污染治理和传统工业改造工程，清除历史遗留的环境污染。

三、中国工业现代化路线图的行动议程

1. 中国质量十年议程

从经济角度看，质量是立国之本，工业是强国之道。工业质量不仅是工业现代化的标志性指标，而且是物质生活质量的决定性因素。目前，中国工业规模虽然已经位居世界前列，但是，中国工业质量仍位于世界中下游。借鉴世界工业强国的成功经验，加快中国经济发展方式的根本转变，实现从规模扩张型向质量进步型的战略转型，是一种历史必然。未来10年，提高工业质量应该成为中国工业现代化的第一优先，应该摆在经济工作的首要位置。

工业强国不能建在地摊上，必须要有更高水平的质量保证。建议全面落实国务院《质量发展纲要（2011—2020年）》，制定和实施“中国质量十年议程”。

1）总体目标：力争用10年时间（2015—2025年），使中国工业微观质量达

到 2010 年世界先进水平，中国工业宏观质量接近 2010 年发达国家平均水平，基本建成工业质量强国。

2）宏观措施：建立政府和部门质量目标责任制，编制“中国工业质量法典”，提高质量法规执行力，完善质量体系和质量奖励制度，优化质量发展环境，促进高质量物联网建设等。

3）微观措施：明确企业法人质量责任制，鼓励企业建立全面质量管理体系，建立产品“召回制度”，开发提出新的质量标准，建立职业培训学校等。

4）重大行动：举行“中国质量十年议程”启动仪式，宣布“向质量进军”；建立“中国质量管理中心”，重建企业职业技能体系，建立“国家质量巡回法院”，设立“质量检察官”等。

2. 工业创新议程

工业创新是工业现代化的重要原动力。工业创新可以产生新产业和新经济，可以导致新制度和新观念，可以驱动工业结构升级、工业质量提升、工业环境改善和工业经济增长，推动工业现代化。目前，发达国家普遍采用创新驱动模式推动工业转型和结构升级，创新驱动模式也应该成为我国的政策首选。

“火车跑得快，全靠车头带”，创新驱动不能没有发动机。建议研制和实施“工业创新议程”，建设工业创新强国和绿色制造强国。整合创新政策，创造有利于新产业和新经济发展的良好环境；整合创新资源，提高企业和产业创新能力。创新政策和创新资源协同作用，提高中端和高端市场占有率，提升核心专利拥有率。

1）总体目标：力争用 30 年时间（2015—2045 年），使中国工业结构达到世界先进水平，中国工业质量接近发达国家平均水平，中国工业创新能力达到世界先进水平，建成工业创新强国、智慧工业强国和绿色制造强国。

2）宏观措施：系统整合创新政策和创新举措，编制“中国工业创新政策指南”，实施积极的科技财政政策，完善政府创新采购制度，完善创新产权制度，促进工业创新服务网建设等。

3）微观措施：鼓励企业把握前沿机遇，获取更多核心知识产权；鼓励企业整合创新资源，打造创新产业链和创新积聚区；开展高端产品的进口替代，扩大对外投资；建立产业创新联盟，推进自主创新和协同创新；扩展价值链，完善生产性服务，提高市场竞争力等。

4）重大行动：打造工业创新驱动的发动机，组建“国家先进技术研究院”；组织实施“工业创新伙伴计划”，组织实施“智慧机器人工程”，成立国家中小企业服务局等。

3. 绿色工业议程

人类从诞生开始，就生活在自然环境之中。自然环境为人类提供了生命支持、物质和文化服务。没有自然环境，就没有人类文明。但是，随着工业发展和人口增长，如果按照传统发展模式，人类需求将逐步逼近自然环境的承载极限，自然环境有可能发生不可逆的退化，人类生存环境有可能持续恶化。20 世纪 80 年代以来，欧美国家普遍采用工业生态学和生态现代化原理，采用预防和创新原则，通过绿色技术创新、绿色制度创新和经济结构调整（结构生态化），推动经济增长与环境退化脱钩，实现经济与环境双赢。目前，我国环境问题受到广泛关注。

工业发展不能一根筋，不能只讲增长不讲环境。建议实施“绿色工业议程”，实现工业与环境共赢，工业环境质量达到发达国家水平。

1）总体目标：力争用 30 年时间（2015—2045 年），使工业环境影响主要指标接近发达国家平均值，工业环境管理主要指标达到发达国家平均值，工业环境质量达到发达国家水平；自然生态系统恢复良性循环，工业生态文明达到世界先进水平。

2）宏观措施：编制“中国资源和环境法典”，促进绿色技术创新，推进绿色制度创新，提高环境执法能力，促进传统工业流程再造，继续推进循环经济，继续实施污染治理工程等。

3）微观措施：严格执行环境影响评价制度，严格制定国家环境质量标准，鼓励企业采用清洁生产、绿色工艺、面向环境的设计、环境质量认证和环保产业认证，建立全面环境质量管理等。

4）重大行动：建立环境质量责任制和环境损失 20 年期内追究制，制定和实施污染总量控制计划，建设一批清洁生产示范项目和绿色工业园区，建立环境信息和污染企业定期公布制度，研制国家资源安全和能源安全战略等。

通过中国工业现代化的路线图（图 1）和三个议程，中国工业的世界声誉要实现三次跃进：从“中国制造”到“中国质量”，从“中国质量”到“中国标准”，从“中国标准”到“中国设计”。届时，中国的物质生活质量和工业生态文明都将达到世界先进水平。

参考文献

德国联邦教育研究部 . 2013. 德国工业 4.0 战略计划实施建议 . 机械工程导报，（7-9）：23-33.
何传启 . 2015. 中国现代化报告（2014—2015）：工业现代化研究 . 北京：北京大学出版社 .

杰里米•里夫金 . 2012. 第三次工业革命：新经济模式如何改变世界 . 张体伟译 . 北京：中信出版社 .

中国工业化的评价和未来工业化前景预测①

黄群慧
中国社会科学院工业经济研究所

我谈的主题是中国工业化的评价。之所以谈工业化，而不是新型工业化，是因为我们的评价是按经典的工业化理论来进行的。我们认为，从经济学理论来说，新型工业化这个概念并不成立，当然我们的政策已经是新型工业化，这是没有问题的。但是在经济学概念上，新型工业化并不成立，只能说这是中国推进工业化进程的一个愿景。什么叫愿景？就是我们希望走新型工业化道路。其实从提出新型工业化到现在，已经经历了十几年的时间，新型工业化最基本的想法是“不要走先污染、后治理的道路”，但是现在看来我们还是没有完全逃脱这种“先污染、后治理”的路径。所以我们认为，新型工业化是我们的愿景，或者是一个方向。

从工业化理论本身的演进看，新型工业化确确实实有它自己的一套逻辑。我们评价工业化、农业化与新型工业化时，虽然现在评价新型工业化的指标体系很多，研究也很多，发的文章也非常多，新型工业化的报告也非常多，但是我们一直只提工业化。我们认为，经典的工业化往往就是指一个国家和地区经济结构由农业占统治地位向工业占统治地位转变的过程。在这个过程中国民收入会逐渐增长，人均国内生产总值（gross domestic product，GDP）会增长，制造业的比例会越来越高，在此过程中，技术含量也会逐渐提高。现在，制造业的服务化使制造业和服务业已经逐渐融合，但是在这一阶段仍然是工业占统治地位，只是说其慢慢和服务业融合在一起，因为只有生产性服务业和工业融合，才会真正提升制造业的技术含量。在这个过程中，制造业的人口比例会增加，必然也会加快城市化进程。随着制造业的提升、城市化进程的推进，整个国家和地区的人均GDP会不断地上升。

基于这种理解，我们构造了一个相对复杂的指标体系。我们可以从五个方面，即人均GDP、三大产业的产值比例、制造业增加值占整个商品增加值的比重、人口城市化率和第一产业就业人口占比，把工业化分为前工业化、工业化的

① 本文根据录音整理而成。

实验阶段和后工业化等三个时期，工业化实验阶段又可分为初期、中期和后期；然后通过进行一些指数化的计算；最后找到了一些工业化国家本身相应的指标。因为计算比较复杂，一定要用美元来衡量，美元不同时间又有不同的比值，而且折算的汇率也不一样，所以我们为折算想了一个办法，即对购买率评价和汇率进行折中。购买率评价和汇率这两个指标，一个高估我们的水平，一个低估我们的水平，所以不一样。我们折中后，整体上找了一些标准值，找出来之后把这几个指标合在一起，构造了一个指数。构造完指数，大家基本的判断是，如果这个指数是零，则属于前工业化阶段；1 ～ 33 是工业化初期；34 ～ 66 是工业化中期；67 ～ 99 工业化后期；100 以后是后工业化时代。基于这种判断，我们大概对全国 31 个省（自治区、直辖市）（不包括港澳台）都做了一个评价，采取的数据仅仅截至 2010 年。因为五年评一次，2016 年我们要做的工作，就是要评到 2015 年的这个状况。考虑到数据有滞后期，即使到 2010 年的数据也能说明很多问题。

评价的结果是这样的，如果把阶段分为前半阶段和后半阶段，2010 年我国已经到了工业化中期的后半阶段。基本上这个指数是 66。中国四大地区板块的指数基本上西部是 50，中部是 58，东北是 71，东部是 82。到了省（自治区、直辖市）这一级，我们认为上海和北京已经到了后工业化阶段，实现了工业化；天津、浙江、江苏、广东处于工业化后期的后半阶段；辽宁、福建、山东、重庆、内蒙古处于工业化后期的前半阶段；而绝大多数中西部省级行政区还处于工业化中期，有几个省还处于工业化前期。当然，根据现有评价的结果。除了北京，仍有很多地方对其所处工业化阶段存在争议，尤其是某些中西部省级行政区认为我们对他们的评价比较高，他们自认为还没有达到工业化中期。现在有很多人认为，不敢笼统地说某个省级行政区现在处于什么阶段，但整体上可以说中国现在到了工业化的中后期，这就是笼统的说法。其实我们评价完，基本的指数结果出来之后，有人说中国整体还是处于工业化的中后期，不敢具体判断是中期还是后期。其实，基于我们的计算，中国在 2010 年的工业化指数是 66，到 67 以后应该意味着到了工业化后期。因此我们认为，到 2012 年前后，中国已经步入了工业化后期。

有人说这是不是太快了。但是如果说十八大报告指出到 2020 年基本实现工业化，其实工业化后期已经没几年了，所以我们认为这个判断大致符合要求，而且我们现在计算的结果也是这样。到 2010 年“十一五”结束时，工业化指数是 66，“十二五”期间应该是步入工业化后期，这是我们转折的一个里程碑。中国经过快速的规划发展已经到了工业化后期，这是对整体的评价。当然，我国整体是工业化后期，并不意味着各个地区都是，如果按地区再算一算，其实我们工业化后期的人口占比并不是太高。按我们刚才省（自治区、直辖市）来算，总体来说，后工业化阶段占3.2%，工业化后期占38.1%，工业化中期占51.6%，大部分人口还是在工业化中期。

今天会议给我了一个主题，让我谈一谈工业化的特征。我这里总结出来，中国到现在为止的工业化进程应该有以下四个特点。

第一个特点，这是一个具有十几亿人口的大国的工业化。这里有一个概念，如果我们把已经实现工业化的国家和地区的人口算在一起，大概十几亿，这30多个国家也就十几亿人。如果中国在2020年基本实现工业化，就意味着我国对全人类的工业化进程有一个巨大的贡献。这个贡献甚至可以被称为“颠覆性”的贡献。为什么这么说？因为这相当于实现工业化国家的人口增加了一倍，而且几乎超过了所有现有的工业化国家和地区人口的总和。欧洲国家、美国、日本等都是经过上百年的历史慢慢地演进过来的，而且人口比较少。中国工业化是一个十几亿人口大国的工业化，这是第一个最显著的特点。

第二个特点，这是一个长期快速推进的工业化。世界上很少有国家和地区，尤其是大国，能够长期保持如此快的工业化速度。1995年我们算的工业化指数是18，到2010年是66，相当于这15年是一个快速增长的工业化时期。当然这也是一个规律，很多国家在工业化中期阶段都是快速增长的，如第二次世界大战以后的25年，有十几个实体经济的持续增长超过7%。我们国家已经连续30年达到了9.98%的平均增长速度，这个速度是非常高的，是一个长期的、以两位数速度进行的经济增长，这是第二个特点。

第三个特点，从我们的工业化战略来说，这是一个出口导向的工业化。通过中国产品的出口比例可以看出来，我国是一个制成品出口占比非常大的国家，包括资源的、农业的、工业的。

第四个特点，这是一个区域发展极不平衡的工业化。中国各地区工业化进程差异巨大，在工业化史上也属罕见。中国进行的是一个人口大国的快速工业化，同样也是一个区域发展极不平衡的工业化。从测评的结果来看，有的地区还处于工业化前期，有的地区已经到了后工业化阶段。一个国家和地区的工业化进程往往需要上百年的历史，从某种角度来说，这就意味着像新疆、海南、西藏这些地区的工业化水平同上海和北京的进程有很大差距。所以，第四个特点就是地区差异非常大，各地区的工业化处在不同的发展阶段。

以上是我们说的我国工业化四个最典型的特征，当然这些典型的特征可以认为它是比较好的，是成功的经验。但是2012年经济进入新常态以后，我们发现了前面的工业化道路产生的问题，而我们现在正在为这些问题付出很大的代价。关于未来10～20年能不能一帆风顺地走过工业化的后期阶段，步入工业化的行列，我认为有两方面的影响因素。

第一方面，本身经济增长的因素，包括能不能实现产业升级、能不能创新、能不能避开中等收入陷阱以及现在最大的问题——未富先老，所谓老龄化社会已经到来。另外，还有资源环境因素，中国的资源环境问题很多，它和工业化进程特点直接相关。因为人类历史上从来没有13亿多人口如此快速地推进工业化进程。我们知道工业化本身就是利用资源把它转变为产品为人类所用，那么这个过程肯定是需要付出很多的资源和环境的代价，这是必然的。因为我们人口多，而且发展速度又快，所以消耗的资源、承担的环境压力是别的国家所没有的。此外，区域之间的过大差距、收入分配等问题未来能不能解决，将直接影响我国能不能步入工业化行列。

第二方面就是外生变量。人类的工业化进程已经有几百年，但是真正实现工业化的国家也就30多个国家和地区。为什么？除了内部原因以外，还有很多外部环境的变化，包括军事、社会动荡、危机、重大的技术变革等。这些外生变量的变化都会影响未来10～20年中国是否能一帆风顺地走过工业化进程。

其实现在我们已经确确实实感觉到进入工业化后期面临的压力是非常大的，它体现在，2011年以后我们虽然已经到了工业化后期，但是经济增速下降比较厉害。为什么？因为工业化后期一个典型的特征就是潜在经济增长力要下降。回顾工业化国家的发展历程可以看到，所有走过工业化中期的国家中前期都是高速增长的，到了后期都会变为低速。回到我们现在提得最多的经济新常态有三个特点：速度从高速到中高速，经济结构不断优化升级，经济增长的动力需要转换。有很多理论解释为什么我们经济增长速度会下降，最典型的是说我们的人口红利消失了，还有一个是所谓的产业结构转化。工业以前是快速增长的，现在服务业快速增长了，而工业的快速增长的劳动生产力是高于服务业的，所以，一旦一个低劳动生产力的产业占比超过了高劳动生产力的产业占比，整个工业的发展速度就会下降。我国从2013年开始，服务业的产业占比已经超过了工业，整个增速下降，这个结构性的变化叫结构减速。这是普通的解释。

我们的解释是，中国的工业化到了后期。任何一个国家在工业化后期，经济增速肯定要下降，因为潜在增长率下降。中国的GDP到了2011年之后开始下降，当然和整个周期有关，包括和中国的经济危机周期、国际金融危机以后的周期。但是现在我们感觉到，经济下行的压力非常大，其实恰恰和我们到了工业化后期需要进行动力转换直接相关。

真正让人感觉到工业增长压力的是居民消费价格指数（consumer price index，CPI），已经连续41个月出现负增长，这意味着整个增长的过程下行压力非常大。我们认为这个阶段转换过程中所面临的一些问题，即能不能一帆风顺地实现工业化，还取决于结构，取决于能不能把外面的压力转换成动力等一系列的内生和外生变量。当然经济新常态的主要特征与我们进入经济新常态和工业化后期的阶段是基本吻合的。

在这个阶段我们又面临另外一个挑战，那就是外部的变化，即外生变量。我们对外生变量理念最大的感受是什么呢？就是发达国家的再工业化。本来他们已经实现工业化，我们沿着这个理论往前走就行了，我们从后面跟，需要进行十年工业化。但是现在实现了工业化的国家反过来再工业化，因为金融危机以后它们认识到了实体经济尤其是制造业对一个国家经济发展的重要意义，于是它们纷纷进行再工业化。美国、日本、德国等国实施了一系列有关振兴制造业的规划，这对我们来说是个机遇，同样也是一个挑战。这就是外生变量对我们工业化进程的一个巨大挑战。

那么在这种情况下就需要制定一个新的工业化战略。工业化战略怎么来制定？以前我国是一个“人口多、底子薄”的农业大国，但是没有人确定我们现在的国情还是不是农业大国。我们从 2005 年开始一直在扭转一个观念，即我们认为中国的基本经济国情已经不再是农业大国，已经实现了从农业大国向工业大国的转变。我们的基本判断是，中国现在是一个工业大国，但是大而不强。我们接下来的战略应该是由工业大国向工业强国转变，也就是说我们在工业化后期最关键的战略叫工业强国战略。

制造产品分为模块化产品和一体化产品，简单产品和复杂产品。模块化产品都是组装的，而一体化产品往往技术含量比较高。中国现在是一个工业大国，但我们的产品大部分是简单产品和模块产品，真正的一体化、复杂产品的生产能力还是比较弱的，所以从大到强是一个箭头往上推进的过程。这就是现在制造业的壁垒，也是我们为什么提出了《中国制造 2025》。其实《中国制造 2025》提出来以后，大家的推动力度非常大。在经济新常态下，经济下行压力比较大，大家看到的经济亮点很少，早期的动力找不到了，而《中国制造 2025》给了大家一个很好的方向和经济增长亮点。它的基本内容包括一大目标，就是“制造强国”目标。我们在 2011 年就研究了中国工业大国国情与工业强国战略，通过研究我们提出中国应该制定工业强国战略。我们认为，现在推出的《中国制造 2025》是实施工业强国战略非常重要的体现。

《中国制造 2025》是工业化和信息化的融合。我们的工业化进程到了后期和国外工业化产生差异，即工业化进程和信息化的进程叠加在一起了，即所谓的工业化和信息化融合。但是我认为这个融合只是一个方面，同时还有制造业和服务业的融合。工业化和信息化融合是技术维度的融合，而制造业和服务业融合是产业维度的融合，是我们说的从经济角度来看问题。《中国制造 2025》应该强调两方面的融合：工业化和信息化融合，以及制造业和服务业的融合。

我们现在的发展步骤是，到 2025 年成为工业制造强国，到 2035 年成为中等水平的工业强国。我们在 2003 年、2004 年做工业现代化评价的时候，目标基本也是到 2030 年左右工业现代化水平提高到中等水平的行列。现在，我国在原则、方针、工程、领域等方面推动的力量已经非常大。《中国制造 2025》强调的是创新能力、质量效益、工业化和信息化融合发展。工业现代化和《中国制造 2025》的目标是完全融合的。

以上是我们所做的一些研究，包括我对第 13 届中国现代化研究论坛主题的一些理解。请大家批评指正。谢谢大家。

《中国制造 2025》的战略重点[①]

乔　标

中国电子信息产业发展研究院规划研究所

我们单位有幸参与了《中国制造 2025》的研究、起草、解读和宣贯的全过程，我今天主要给大家汇报一下《中国制造 2025》的一些内容。

2015 年 5 月，国务院正式发布《中国制造 2025》，很快就引起了国内外相关学者、行业协会和企业家的广泛关注、热烈讨论。全国 31 个省（自治区、直辖市）都在编制落实《中国制造 2025》的行动计划或实施方案。最近一段时间，不少省市、行业协会、研究机构都在请专家解读《中国制造 2025》。为什么《中国制造 2025》能引起各方面的强烈反响？我们认为，《中国制造 2025》顺应了全球新工业革命和我国制造业发展阶段转换的历史潮流，顺应了我国制造业转型升级的大方向。如果说制造业的转型升级在以前还是想不想、愿不愿、能不能的话，那么在《中国制造 2025》出台后，各个地区和企业进行制造业的转型升级都是势在必行、迫在眉睫。应当说，《中国制造 2025》的发布实施，明确了制造业发展的方向，也提振了我们发展制造业、振兴制造业的信心。

鉴于《中国制造 2025》报告全文已经发布，大家都可以从互联网上找到，我今天主要给大家介绍一下《中国制造 2025》的核心思想和战略要点，主要包括两个方面的内容。第一，为什么要制定《中国制造 2025》；第二，《中国制造

① 本文根据录音整理而成。

2025》的核心要点是什么。先来看第一点，我们从一些对比来看为何要制定《中国制造 2025》。

第一组对比，制造业战略规划的对比。从 2008 年国际金融危机爆发以来，主要发达国家纷纷制定一些制造业发展的新战略。我们耳熟能详的有美国、德国、法国、日本、韩国，等等。比如，美国从 2008 年金融危机以来制定了一系列战略规划，如美国制造业政策框架、制造业促进法案、先进制造业伙伴计划、国家先进制造业国家战略、制造业创新网络计划等。美国基本上一年出台一个重大文件，并配套了大量的资金、政策、措施来落实这些战略规划。再如，德国政府、企业都在大力推进“工业 4.0”战略，力图在智能制造时代走在全球前列。又如英国，英国是第一次工业革命的发源地，曾经是世界工业强国，但是随着工业化进程的推进，英国的制造业占国民经济的比重开始不断下降，制造业的地位也在下降。历史上，英国有很多我们耳熟能详的汽车品牌如路虎、捷豹、劳斯莱斯、宾利、罗浮、阿斯顿马丁等，但是今天来看这些企业都被其他国家的企业收购了，都不属于英国了。正是出于这种考虑，英国也制定了一些制造业发展战略和规划来重振制造业。法国、日本、韩国等也都出台了相应的战略规划。总的来看，发达国家纷纷重振制造业，这充分说明制造业重新成为国际经济竞争的制高点。

第二组对比，制造业规模总量的对比。最近 30 年我国制造业发展取得了非常大的成就。2010 年，我国制造业增加值达到 2 万亿美元，美国是 1.9 万亿美元，从规模上来看中国超过美国重新成为世界第一。应该这么说，过去 20 年，中国制造业占全球的比重先后超过了日本、德国和美国，成为世界第一位。从主要工业产品来看，全国有 220 多个工业产品的产量居世界第一位。比如钢铁，过去 30 年我国钢铁的产量增长了 17 倍。再比如家电，从 20 世纪 80 年代到现在，增长了 3697 倍，这个增长量非常大。像这样的产品还有很多很多。考虑到我国目前正处于工业化快速发展时期，工业占经济比重应该比发达国家要大，所以工业方面的排名还会更靠前。但是，我们也要看到，我国制造业大而不强的特征仍很突出，发展方式粗放、创新能力薄弱、质量品牌建设滞后、效率效益不高等问题迫切需要解决。比如我国制造业规模略高于美国，但我们制造业就业人口将近一个亿，而美国仅仅有 1150 万。这充分体现了效率上的巨大差距。

第三组对比，要素条件的对比。“十二五”以来，我国制造业发展的一个重大变化就是生产要素成本快速上升。最近，美国波士顿咨询公司有一份关于世界制造业竞争力指数的报告引起了各方面的关注，其中的一个重要观点是，我国的制造业成本跟美国已经不相上下，如果把美国的成本比做 100 的话，我国就是 96，这个差距非常小。这个报告还预测，到 2017 年、2018 年我国的制造业成本将会超过美国。当然，这个报告的准确性不好说，但是我觉得，中美两国的要素成本差距的确在快速缩小。从发展中国家的对比来看，据商务部统计，发展中国家越南人均工资每个月是1000元，印度是600元，而我们中国沿海地区已经达到2500～3000元。再从我国东部地区和中西部地区对比看，大家是不是都有一种感觉，中西部地区的要素成本明显要比东部地区低？我看到一个调研报告，给大家分享一下，它说的是一个家电企业分别在上海和成都有两家工厂，来对比一下到底生产成本如何。报告认为整个生产成本要分两部分，一部分是显性成本，比如说工资、社保；另一部分是隐性成本，包括效率、效益等。比较之后发现，上海的工人显性成本要明显高于成都，高多少呢？大概是每人800元。但是隐性成本，上海要比成都低约每人1000多元。这样算起来，上海的成本反而比成都要低。为什么会出现这种现象？报告给出了解释：第一，同样一条生产线，在上海的工厂只需要7个人，但是成都的工厂有9个人。第二，人员的素质有差异。比如说，有人要你去吃饭的时候，你是选择去吃饭还是上班？在成都的多半会选择上班时间请假去参加聚餐，但是上海的工人很少这样。还有一些，包括管理、学习方面的热情、容忍度都不一样，都会导致这种结果。我觉得这反映了成本的变化，不是非常准确，但是这是一个趋势。

第四组对比，土地资源的对比。我觉得“十三五”期间影响我国制造业发展的一个非常重要的因素就是土地资源。以太湖流域为例，通过遥感影像图可以看出太湖流域的土地利用情况，20世纪80年代，苏州和无锡附近的建设用地还没有大规模开发，但是到了2004年基本上已经被建设用地占满，这还是十几年前的情况。不仅是在苏南，整个东部沿海都存在这种情况。过去三十年，各地的经济发展都是靠建设工业园区扩大再生产，那么“十三五”怎么办？“十四五”怎么办？

通过这几组对比，我们再来看为什么要制定《中国制造2025》这么一个战略规划。第一，就是顺应全球制造业发展趋势的紧迫需要。全球制造发展方式、性能、格局、路径都在发生非常大的改变，我们必须要跟上。第二，促进我国制造业形成体系。从速度来讲，我觉得路径是我们今后要推行的目标，并且我们大而全的问题越来越突出，必须要解决。第三，顺应制造业发展变化的一个必然选择。到今天为止，传统的发展方式已经明显不可持续了，劳动力、土地各方面的要素资源都已经难以支撑。这就是《中国制造2025》制定的重大战略背景。“十二五”期间，我国制造业也面临着类似的问题，但是绝对没有今天这么紧迫，而且势在必行。

接下来，让我们来看《中国制造2025》的核心要点，我总结了一下，有以下五个方面。

第一，突出了一个主题，就是制造业的创新发展。在这方面，我认为有两个讨论很有意义。

一个是关于技术创新主体的悖论。我们在中长期科技规划中明确提出，要让企业成为技术创新的主体。十年过去了，结果如何呢？现在，我们90%以上的研发机构在企业，70%以上的研发人员分布在企业，70%以上的研发经费由企业来执行，60%以上的发明专利由企业登记。按道理说，这些创新活动都在企业，但为什么今天企业不是技术创新的主体呢？原来这些创新活动的需求不是来自企业。也就是说，企业在创新的时候，没有太多东西，没有市场化的转化率，对于企业来说，扩大再生产、再上生产线赚钱更容易，而搞技术创新成本更高，风险更大。

另一个是共性技术的研发，这是《中国制造2025》的一个亮点。2006年，一些专家、院士联名给国务院写了一封信，建议成立国家工业技术研究院。在我们制定《中国制造2025》的过程中，也刚好发现美国出台了“国家制造业创新网络计划”，要在美国建设45家制造业创新中心。美国认为，整个制造业的创新过程包括基础研究、概念验证、实验室试制、研究制造、生产条件、生产力的示范等。在这里面有两个环节是美国的国内缺失的，即实验室试制和研究制造能力，所以它要下大力气解决这个问题。只有这样，制造业的创新能力才会有大的提升。所以美国就出台了这样一个计划，即要在美国成立45家制造业创新中心，主要解决共性技术问题。

再联想到我国制造业的发展，过去几十年我国主要依靠购买国外的先进技术，购买国外的生产线，这种发展模式肯定是不可持续的。共性技术怎么解决？我国也要建设和发展一批面向整个行业提供共性技术服务的制造业创新中心。因此，《中国制造2025》提出把制造业创新发展作为主题，把创新驱动作为第一个方针，把提高制造业创新能力作为第一项任务，把制造业创新中心建设作为第一个重大工程，充分体现了创新发展的思想。如何抓创新？可以概括为“一体、两翼、一头、一尾”。所谓“一体”，就是真正让企业成为技术创新的主体，就是在我们的科研项目立项过程中，要考虑到需求主要来自于企业，包括但不限于一些大企业。所谓“两翼”是指创新中心和为创新提供服务的公共平台，“一头”是指核心技术研发，“一尾”是指知识产权保护和运用。这些就是《中国制造2025》的创新思想。

第二，贯穿一条主线，就是信息网络技术与制造业的融合发展。要贯穿信息技术与制造业融合的主线，把智能制造作为主攻方向。我们可以看到，无论是德国的“工业4.0”，还是美国早期的工业互联网，事实上都是强调智能制造这个概念。因此，我国提出了发展智能装备、生产过程的智能化，包括互联网制造领域的应用，建立工业互联网等。

举一个案例。西门子号称德国“工业 4.0”的样板工厂。“工业 4.0”建成后会是什么样子？看看西门子的智能工厂就知道了。其员工大约 1100 名左右，产能与之前相比提高了 8 倍，75% 的生产可以实现自动化、智能化。能生产 1000 多种不同的产品，产品合格率高达 99.9988%，每个月可以生产 100 万件不同的产品。还有一个案例，是德国的一个摩托车生产企业。在“工业 3.0”时代，工厂生产一台摩托车需要 21 天，因为各个环节都是固定的、不可变的。但是到了“工业 4.0”时代，消费者购买一台摩托车，这个工厂在 6 个小时之内就可以把私人定制的摩托车交给消费者。为什么？因为整个生产过程是高度个性化的，生产链可以随时变化以满足高度个性化的需要。关于智能制造的案例国外还有很多，我国很多企业、很多地方已经开始在做，这也是顺应大趋势。

第三，提出了“三步走”的战略，也就是建设制造强国分三步走。根据中国科学院的研究，如果用一个制造强国指数来衡量不同国家制造业发展水平的话，美国明显属于第一方队，日本和德国属于第二方队，中国属于第三方队。根据这个结果，我国制定了实施制造强国三步走的战略目标。第一步，到 2025 年，成为世界制造强国，也就是迈入第二方队，基本上和日本、德国属于一个队列，可能还会稍微落后它们一点儿。第二步是到 2035 年要位居第二方队前列，基本上超过日本和德国。第三步，到 2050 年前后，基本上和美国并驾齐驱，成为世界先进一流的制造强国。

第四，规划提出了 9 项任务。这 9 项任务，主要是基于两个方面的考虑。首先，立足当前，着眼当下。我国虽然是一个制造业大国，但是也存在很多问题。比如说我们的创新能力不强，工业基础比较薄弱，品牌质量问题特别突出，面对这些问题我们采取了一些具体的措施，制定了一些目标。其次，面向世界，面向未来。面向未来发展的转变方向是什么？针对这个问题，我们制定了一些目标，如智能制造、制造业的服务化、制造业国际化等。

第五，聚焦了十大重点领域。《中国制造 2025》明确提出，未来十年之内要在十大领域取得重大突破。其中有两个方面特别重要。一个是在很多的行业领域，我国的基础相对来说不是很差。比如说数控机床、机器人，而我国在航空领域和汽车领域，实力与发达国家相比有很大差距，但是这些领域都是一些战略性的重点领域，是哪个国家都必须要斟酌的领域，所以我们必须要跟上，无论花多大代价，尤其是像我们这样的大国必须要跟上。另一个，我们在核电装备、高速列车、通信设备和航天领域是很有优势的，和发达国家的差距基本上不是很大。在这样的领域，我们要保持竞争优势。

我们在做地方“十三五”规划的时候，发现存在一个问题。很多地方觉得这是中央定的，未来的发展方向就是这十大领域，于是很多地方的新兴产业规划就是依据十大领域制定的，各个地方都在进行。我觉得十大领域更多的是站在国家的角度来考虑，国家是要站在最前端增强竞争优势的。但对各个地方来讲，不一定存在这种逻辑关系。出台十大领域之后，国家制造强国建设战略咨询委员会还发布了《中国制造 2025》重点领域技术路线图，即各个行业的技术路线图。这十大领域并不是说所有的东西都要动手投资去干，更多的是要把方向、目标、目的明确出来，让企业自己去投资、去了解这个行业存在的问题、市场前景，让他们自己去选择。

我就介绍这么多，有一些观点不一定准确，仅供大家参考，谢谢大家。

德国“工业 4.0”的政策启示①

邹力行
国家开发银行研究院

把德国“工业 4.0”放在国际全球化的大背景、历史的大环境当中来看，我觉得它有五个方面的重要特点：

第一，德国“工业 4.0”有很强的基础性。这个基础性与德国整体发展战略相关，它是综合德国各种发展战略的结果，力图在新的时期确立一种战略重点，以应对全球性挑战，是保证德国科技发展的一种制度性战略。德国一直高度重视发展战略规划，特别是 21 世纪以来，一直都在努力发展部门之间的高新技术战略协调机制，助力德国的创业创新发展。2010 年德国政府就颁布了《思想·创新·增长：德国 2020 高科技战略》（以下简称德国 2020 高科技战略），实际上德国“工业 4.0”就是德国 2020 高科技战略中的一个重要内容。德国把“工业 4.0”放在德国 2020 高科技战略的突出位置，充分说明制造业在德国整体发展战略中的基础性作用。德国政府很清楚，没有“工业 4.0”其他领域的发展就可能受到限制，德国先进制造业潜力巨大、市场巨大，在现在和将来既有能力又有需求继续占据高端市场制造点。因此，德国提出，“工业 4.0”是基于一种必然的、很强的制度性的考虑。

第二，德国“工业 4.0”有很强的策略性。它在充分地比较国际发展战略的基础之上，力图在同国际相近的战略思维中寻求不同的特点，这是它很重要

① 本文根据录音整理而成。

的一个方面。早在 2006 年，美国国家科技基金会就提出信息物理系统（cyber physical systems，CPS）这个关键的研究领域。美国政府采取了一系列推进国内再工业化的措施，如 2009 年 12 月公布了重振《美国制造业规定框架》（A Framework For Revitalizing American Manufacturing），美国的工业特别是财团如美国通用电气公司（General Electric Company，GE）和国际商业机器公司（International Business Machines Corporation，IBM）这样的龙头企业，实际上就早已作证。在欧洲，2011 年欧盟公布了“欧盟 2020 战略”。在日本，也提出来重点发展人工智能服务产业。德国非常清楚它在国际竞争当中有很强的压力，因此，面对压力他们采取了一种包容、开放的战略，在竞争中合作，在合作中竞争。所以，提出了“工业 4.0”。

第三，德国“工业 4.0”有很强的创新性。这个创新性与德国以及欧洲的工业发展历史相关，是在总结经验的基础上，力图把集成创新有机地结合起来，形成高水平的创新。

第四，德国“工业 4.0”有很强的前瞻性。它在趋势上是谋划未来，力图正确地研判当前和未来的形势和趋势，发现事物的发展规律。德国“工业 4.0”是一个长期的发展战略，智能经济、智能世界是中长期的发展目标，不是 10 年、20 年马上能实现的一个事情。德国最新的调研数据是它的智能制造现在占德国整体工业的比例大约是 10%，绝大部分还是传统信息技术，以传统的技术制造为主体。“工业 4.0”充分考虑这个情况，是一种多视角、多层次的安排，这是前瞻性的一个重要特点。

第五，德国“工业 4.0”与市场需求相关，是市场导向的结果，力图适应市场、构建市场、引领市场、占据市场的制高点。德国把智能工厂作为智能世界的一部分，以工业智能化带动社会智能化，为社会智能化提供新一代网络技术基础，通过这么一种安排来实现社会各方面的制度飞跃、质的变化。我觉得从这五个方面来看，它确实是与众不同，对我们很有启发，很值得我们深刻思考。

比较德国“工业 4.0”看一看我们的《中国制造 2025》，我觉得《中国制造 2025》也是在充分考虑了我们的实际情况，认识到我们的差距，也看到了我们的优势，并结合世界发展趋势的情况下提出的，它明确了十个重点行业，包括新式产业，这些都是很重要的内容。我们现在的问题就是，通过比较来看，客观的发展阶段不同和技术背景、市场背景、社会背景的不同，会带来各种差异。但是，我这里想重点强调，最大的差异还是战略质量上的差异，这是值得我们考虑的。

那么战略质量上的差异体现在什么地方？中国现在从总体来看还是处于一种阶段性的、结构调整的、数量化的、指标化的战略上的安排。德国则是一种社会的革命、经济的革命，这就是最大的差异，即市场安排、战略质量安排上存在重大差别。这种重大的差别正是战略思想上的重大差别所致，当然这种差别不能脱离现实的条件，要看到中国和德国在理论基础研究、技术培训、人员准备等方面都有很大的差异。

在推动战略实施的过程当中，德国很重视统筹协调，在协同机制方面德国成立了政府统一协调机构，为新一轮工业革命奠定了基础。我们也有，国务院高度重视统筹工作，成立了国务院领导牵头的协调小组。但是，德国在企业层次和社会层次的协调力度、共同推动的力度、共同推动的机制方面很值得我们学习，我们在这块相对来说比较薄弱。如何发挥行业的作用、协会的作用、企业的作用，而不是单纯依靠政府的力量来推动这项工作，这是一个很重要的方面。

我觉得差距有很多方面，我是侧重从战略思想进行分析。另一个方面我想从微观上来说，《中国制造 2025》是一种新的工业革命，一种新的技术革命、科技变革。以互联网为例，“互联网 +”作为工业和制造业的新业态，是《中国制造 2025》的核心内容。它的内在机制是什么？它的内在驱动力是什么？通过初步的分析来看，我们认为它的内在驱动力与动态需求、动态软件开发、动态风险投资紧密相关。其动态需求又是什么？从这个角度来看，我们所说的德国“工业 4.0”以及我们的《中国制造 2025》核心部分，它实际上就是 CPS，就是信息系统与物理世界的融合。从宏观上来说，这种融合是要实现一种经济社会系统的实时感应、动态控制和技术服务；在微观层面上，它实际上是认知功能、主宰功能或者叫作参与功能相互融合的结果。这种融合的结果会使人有一种本能的动态需求。

人类大脑当中有千百万个冲动，但是真正有意义的冲动不多，特别是受各种条件、各种约束、各种认知的限制，有些冲动难以成为一种有效的活动。大部分的冲动受条件限制，被理性压制，被懒惰吞噬，是未开发的认知，被少部分的感官推动并通过信息融合形成本能的需求和创新的欲望。这种需求和欲望是人类本能需求和欲望的各种高级形式。这种需求是突破的表现和一种从必然王国到自由王国的一种反映。但是，这是一种没有顾虑的目标和冲动，完全靠探索在变化中提出，在错误方式行进中得以满足。这种冲动在我们的现代化改革设计当中，会影响人的愿望和社会的发展方式，很多的起因和动机与这种冲动有关。根据这种冲动的系统程度不同，可以把人分成两类：一种是真正创新型的人物，创新者、探索者、拓荒者；另一种是新技术的运用者，其也会有创新，但是完全是在运用中的创新。实际上我们大部分人是创新的受用者。

在这个基础之上，现代的计算机技术在某种程度上为把这种动态需求变成现实，提供了一种可能。美国在 10 多年前已经以目标为导向开发软件，它能把新颖视角构建成一种现实框架，把看不见的事情变成一种可琢磨的、可视的东西，用动态技术使虚拟世界成为一种可能。但是，这种虚拟的框架、虚拟的世界，在不同的领域、不同的行业，有不同的设计。因此，它需要一种动态精神资本作为市场条件来支持它，那就是科技创新。科技创新是一种非常宝贵的稀缺资源，大众创业、万众创新在某种程度上，是根据实际情况，按照创新、推广，根据不同层次和拓荒者、跟随者、受用者的不同对象分别制定政策措施。否则，它就很可能只是一种宣传、一种口号，难以真正有效地把知识变为创新。创新是一种稀缺资源，是德国想实现质的飞跃的战略性安排的支撑，也是其最根本的措施。

在宏观和微观的比较基础之上，我们得出什么样的启示呢？第一，我们要积极迎接智能经济新时代，积极探索中国特色的工业化道路，做好几个方面的有序结合，比如第一次工业化和第二次工业化的结合，信息化与工业化的结合。第二，要正确认识发达国家再工业化和中国制造业所处的地位。目前我们面临着三大挑战。一是高端挑战，德国通过“工业 4.0”在高端方面进一步占领制高点，拉开与我们的技术距离。在某种程度上来说，将来的竞争有点像 19 世纪冷兵器和热兵器的竞争，这是一种高端的挑战。二是低端挤压。这个大家看得很清楚，现在越南、印度等国在低端产品方面来势汹涌，很可能把我国的低端市场变成它们的市场。三是我国内部的困境，这是最主要的。我国内部的某些困境的内在机制还未捋顺，我们感觉解决这些问题的战略措施和方案还很空泛，还没有到位。

在这种情况下，有挑战也有机遇，目前有三大机遇。第一，总的来说，德国“工业 4.0”为我们提供了一个契机，它是历史的交汇，他们在发展，我们也在发展，在这个过程中形成的历史交汇，给我们提供了一个机会。问题是我们能不能抓住这个机会，这个其实是很重要的方面。第二，提供了一些新的技术，全新的生产方式、生产要素和组织模式必然会促进一些新的技术产生。第三，发达国家细工业化和再工业化的过程和经验教训，应该适当借鉴、合理避免，关键看我们能不能把握好。

《中国制造 2025》的目标，我总结为“增两头”“保中间”，形成一个规划格局。所谓“增两头”，一头是要争战略制高点，集中优势，在重要的战略必争之地，下决心占领制高点，保证我们的竞争优势。但是，这样的领域在国家层面不可能多。有些我们过去不能做得到，但将来一定要能做得到。要在着眼将来的基础之上好好地论证，我们要从哪几个方面占领制高点。另一头是我们的低端不能丢，我们这么大一个国家，在某种程度上还要考虑就业问题，美国的再工业化在某种程度上也是想解决就业问题，我们的办法是低端也要利用好，这是解决中国就业问题很重要的环节。两头都要增重。但是，总体上来说，我们不能也不应该永远做低端产品的制造商，或者说中国制造目前大体上还是处于一种低端的阶段。从市场角度来看，我们绝大部分举措还是要把重点放在中间这个层次上，我们要上一个大台阶，主要问题是由低端到中端的发展，这是一个时期比较好的选择，通过这种构建来建立起中国特色现代产业体系。

当然，这里也有要依靠谁的问题。我们不光要依靠国有企业，还要依靠民营企业，发展“互联网 +”特别要加强基础工作。这个基础工作包括基础研究、基础建设、基础人才的培养等很多方面。从哪个方面着手？我觉得还是要从基础设施角度去做，这可能不失为一种战略上的策略点。因为大家都知道，基础设施本身就是基础建设很重要的一个方面，同时，它又是制造工业体系的基础，基础设施基本问题是什么？以这个问题为导向来加强理论研究，加强政策安排，加强措施跟进，可能不失为我们有效赶超的一种基础方法。国务院颁布了三个重要的法规：一个是《中国制造 2025》；一个是《国务院关于积极推进“互联网＋”行动的指导意见》；还有一个就是《〈中国制造 2025〉重点领域技术路线图（2015年版）》，就是将基础设施建设作为一个重点方面，我觉得这是非常令人高兴的事情。我们要把基础设施这一块梳理出来，从一种新的经济形态、新的发展模式、新的业态当中发现有哪些基础设施。将这些基础设施梳理出来以后，再从理论上、实践上做文章，这是解决问题和加强基础工作的一个很重要的方面。

工业现代化的动力模型

何传启
中国科学院中国现代化研究中心

工业现代化的动力分析，涉及动力因素和动力机制两个方面。《现代化科学》分析了现代化的动力因素和动力模型（何传启，2010）。工业现代化是现代化的一种表现形式，工业现代化的动力模型可以借鉴现代化的动力模型。当然，工业现代化会有一些新特点。《中国现代化报告 2014—2015》（何传启，2015）阐述了工业现代化的 12 个动力模型（表 1）。

表 1 工业现代化的 12 个动力模型

编号	动力模型	备注
1	创新驱动模型：工业创新产生新观念、新制度、新知识、新物品和新过程，推动工业现代化	微观层次模型
2	三新驱动模型：技术创新、制度创新和企业创新的联合作用，推动工业现代化	
3	双轮驱动模型：市场需求和国家利益的共同作用，推动工业现代化	
4	联合作用模型：创新、竞争和学习的联合作用，推动工业现代化	
5	创新扩散模型：重大工业创新的国内扩散和国际扩散	宏观层次模型
6	创新溢出模型：一个行业重大创新对其他行业的促进作用	
7	竞争驱动模型：国际竞争、市场竞争和政治竞争的作用	
8	工业生产率函数：工业生产率与技术进步、人均技能和人均资本成正比	定量模型
9	工业要素优化模型：工业生产率与先进技术、优质资产和优质劳动比例成正比	
10	工业结构优化模型：工业生产率与高效产业比例成正比	
11	工业企业进化模型：工业生产率与优质企业比例成正比	
12	创新价值模型：生产率与创新价值比例和物化劳动比例成正比	

资料来源：何传启，2015.

一、微观层次的动力模型

主要包括创新驱动模型、三新驱动模型、双轮驱动模型和联合作用模型等。

1. 工业现代化的创新驱动模型

创新驱动模型（图 1）是现代化的核心模型（何传启，2010），可以用于工业现代化。工业创新是工业现代化的主要原动力。工业创新产生新观念、新制度、新知识、新物品和新过程，它们形成新工业生产、新工业经济和新工业文

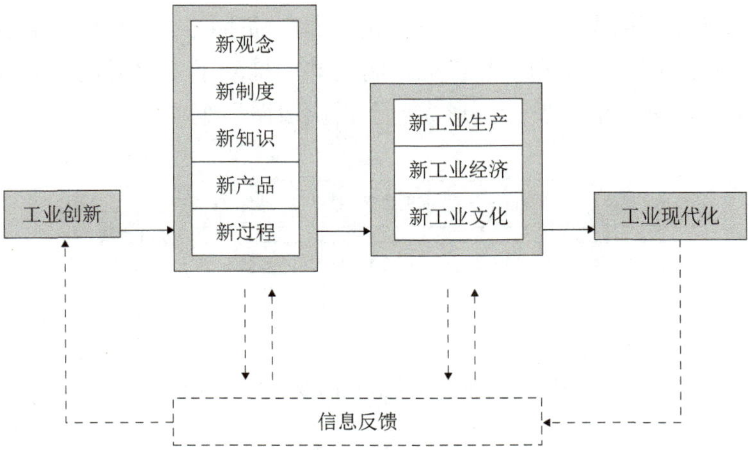

图 1 工业现代化过程的创新驱动模型

化，从而推动工业现代化；该模型在每一个阶段都有信息反馈，形成从工业创新到工业现代化的正反馈循环驱动。

1912 年奥地利经济学家熊彼特提出“创新理论”，他认为企业包括五种形式：新产品、新工业、新原料来源、新市场和新企业组织（转引自柳卸林，1993）。一般而言，新产品和新工艺属于技术创新，新企业组织属于一种制度创新。工业创新有很多类型，如技术创新、制度创新、管理创新、企业创新等。我们认为，技术创新、制度创新和企业创新，是工业创新的三个关键因素。

2. 工业现代化的三新驱动模型

三新驱动模型（图 2）是现代化的一个动力模型，同样可以用于工业现代化。技术创新、制度创新和企业创新联合作用产生新产品、新制度、新结构和新企业，它们联合作用促进工业现代化；该模型每一步都有信息反馈，形成从三种创新到工业现代化的正反馈循环驱动。

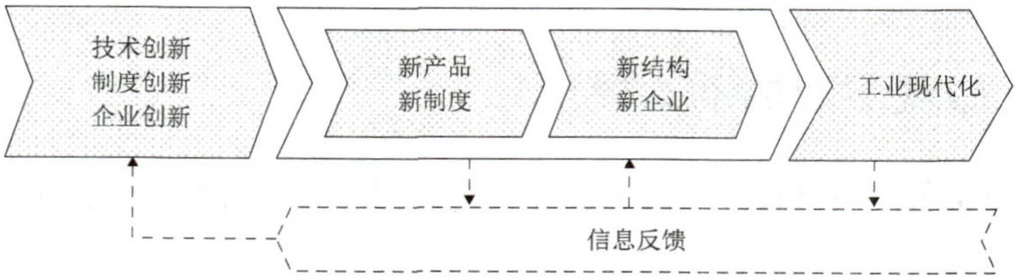

图 2　工业现代化过程的三新驱动模型

3. 工业现代化的双轮驱动模型

双轮驱动模型（图 3）是现代化的一个动力模型（何传启，2010），可以用于工业现代化。工业现代化是市场需求和国家利益共同驱动的。市场需求推动了适应国内和国际市场需要的工业政策、技术和产品供应；国家利益推动了维护国家安全的工业政策、技术和产品供应，它们共同推动了工业现代化；该模型在过程的每一个阶段都有信息反馈，形成一个正反馈循环驱动。

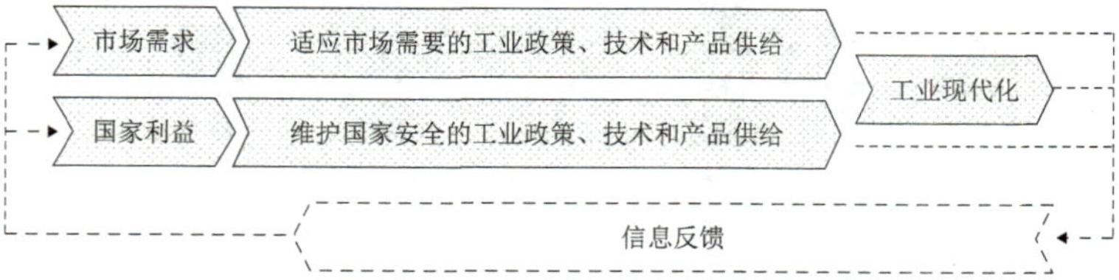

图 3　工业现代化过程的双轮驱动模型

4. 工业现代化的联合作用模型

联合作用模型（图 4）是现代化的一个动力模型（何传启，2010），可以用于工业现代化。工业现代化是一个复合过程，是多种动力因素联合作用的结果，包括创新、竞争和学习等，它们的联合作用促进工业发展和工业转型，从而推动工业现代化，并在每一个过程都有信息反馈，形成一个正反馈循环驱动。

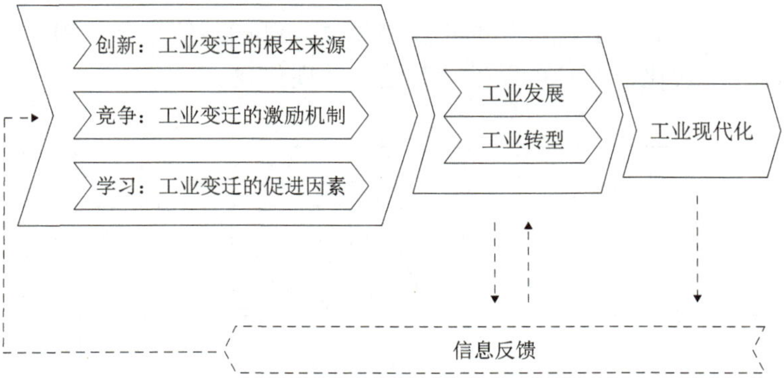

图 4　工业现代化过程的联合作用模型

二、宏观层次的动力模型

其主要包括创新扩散模型、创新溢出模型和竞争驱动模型等。工业结构变化既是工业现代化的一种推动力，也是工业现代化的一种结果。优化工业资源配置和提高规模效益，可以提高工业效率和促进工业现代化。关税和企业税收政策，对工业现代化的影响也是非常大的。

1. 工业现代化的创新扩散模型

该模型见图 5。创新扩散理论是创新理论的一个分支理论（柳卸林，1993；傅家骥等，1998），可以应用于工业现代化。工业创新是大量创新的集合，所有创新不可能由一个国家完成；一个重大创新完成后，必然会在国内和国际扩散，从而促进工业发展和工业转型，推动工业现代化；并在每一个阶段都有信息反

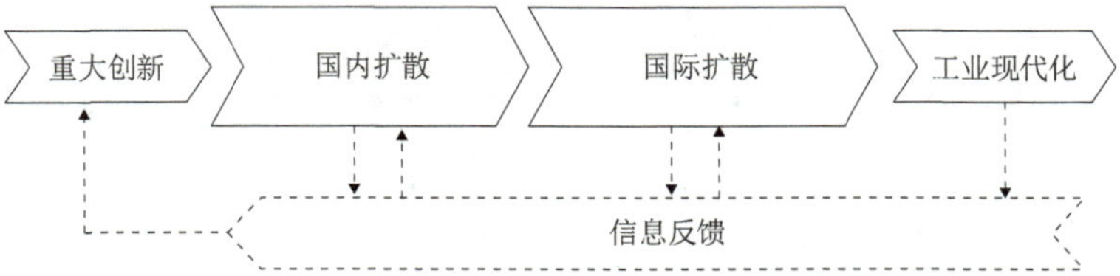

图 5　工业现代化的创新扩散模型

馈，形成从创新到工业现代化的正反馈循环。

2. 工业现代化的创新溢出模型

该模型见图 6。创新溢出理论是创新理论的一个分支理论（柳卸林，1993；傅家骥等，1998），同样可以应用于工业现代化。一个行业的重大创新，不仅推动该行业的现代化，而且可以产生溢出效应，影响或拉动其他行业的创新和现代化；从而促进工业发展和工业转型，推动工业现代化；并在每一个阶段都有信息反馈，形成从创新到工业现代化的正反馈循环。例如，信息行业的创新不仅可以促进信息行业现代化，而且可以推动其他行业现代化。

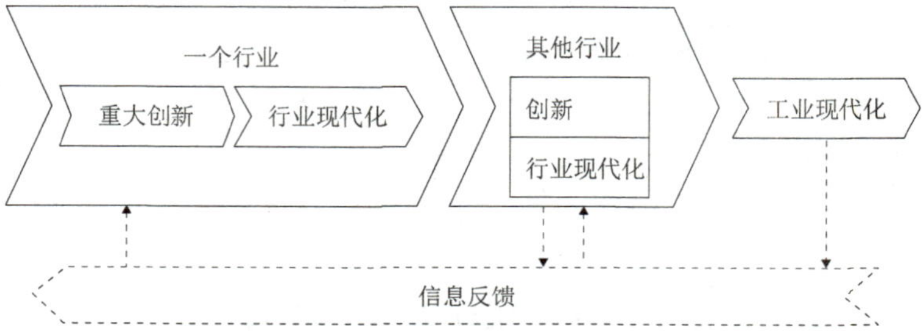

图 6　工业现代化的创新溢出模型

3. 工业现代化的竞争驱动模型

竞争驱动模型（图 7）是现代化的一个动力模型（何传启，2010），可以用于工业现代化。工业现代化既是一种工业变迁，又是一种工业竞争。工业竞争包括国际竞争和市场竞争，以及政治竞争（民主竞选）的政策影响等，它们形成了优胜劣汰、新陈代谢和资源优化配置等，从而促进工业发展和工业转型，推动工业现代化；并在每一个阶段都有信息反馈，形成从竞争到工业现代化的反馈循环。如果竞争是公平的，竞争到工业现代化的反馈循环可能是正循环；如果竞争

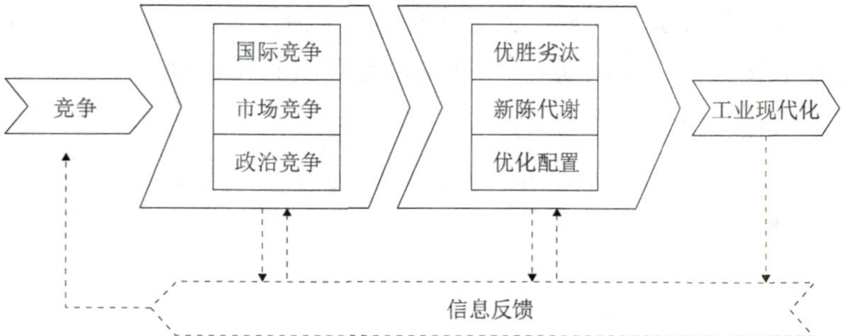

图 7　工业现代化的竞争驱动模型

是不公平的，竞争到工业现代化的反馈循环，对于有些国家是正循环，对于有些国家是负循环。

三、工业现代化动力的定量模型

1. 工业生产率函数

生产率函数是现代化的一个动力模型（何传启，2010；何传启，2009；何传启，2014），可以用于工业现代化。工业生产率是工业现代化的一个关键指标。

工业生产率函数：工业生产率与工业技术、工业劳动力的人均资本和人均技能成正比。

$$P_i = A \times C^{a} \times S^{1-a}$$

其中，P_i 为工业生产率（工业劳动力的人均产出），A 为技术进步乘数，C 为工业劳动力的人均资本，S 为工业劳动力的人均技能；a 为工业资本产出份额，（1-a）为工业劳动产出份额。技术进步乘数反映工业技术进步、工业资源优化配置和工业规模经济等的效果。

2. 工业要素优化模型

要素优化是国家发达的一个重要途径（何传启，2011），可以用于工业现代化。工业生产率与先进技术比例、优质资产比例和优质劳动力比例成正比。工业技术、工业资产和工业劳动力的选择，直接影响工业生产率。

$$P_i = \mathrm{F}(T_a, C_a, L_a)$$

其中，P_i 为工业生产率，F 为函数，T_a 为工业先进技术的比例，C_a 为工业优质资产的比例，L_a 为工业优质劳动力比例。

当其他生产条件不变时，可以假设：

$$P_i = \mathrm{a} X^{b} + \mathrm{c}$$

其中，P_i 为工业生产率，X 为工业先进技术比例、优质资产比例或优质劳动力比例，a、b、c 为常数且大于零，分别与工业生产率的增长速度、增长形式和起点有关，通过回归分析计算。

例如，如果先进技术比例的数据难以获得，可以引入假设来进行估算。

假设：新产品全部为先进技术产品，原有产品为非先进技术产品，

先进技术比例≈［新产品收入 ÷（原有产品收入 + 新产品收入）］× 100%

上述估算有误差，因为原有产品可能是技术先进的，新产品可能是非先进的。其他类推。

3. 工业结构优化模型

结构优化是国家发达的一个重要途径（何传启，2011），可以用于工业现代化。如果根据劳动生产率的高低，把工业经济的全部产业分为两大类：高效产业（高附加值产业）和低效产业，那么，工业生产率与高效产业所占比例成正比，与低效产业所占比例成反比。工业经济的产业结构，将直接影响工业生产率和工业现代化。

$$P_i = a[X/(1-X)]^b + c$$

其中，P_i 为工业生产率，X 为高效产业收入比例，（$1-X$ ）为低效企业收入比例，a、b、c 为常数且大于零，分别与工业生产率的增长速度、增长形式和起点有关，通过回归分析计算。

4. 工业企业进化模型

如果根据劳动生产率的高低，把工业企业分为两大类：优秀企业和普通企业，那么，工业生产率与优秀企业所占比例成正比，与普通企业所占比例成反比。工业经济的企业质量和结构，将直接影响工业生产率和工业现代化。

$$P_i = a[y/(1-y)]^b + c$$

其中，P_i 为工业生产率，y 为优秀企业收入比例，（$1-y$）为普通企业收入比例，a、b、c 为常数且大于零，分别与工业生产率的增长速度、增长形式和起点有关，通过回归分析计算。

5. 创新价值模型

《现代化科学》提出了创新价值模型，它是国家发达的一个基本原理（何传启，2010；何传启，2011），可以用于工业现代化。

假设（1）：根据劳动性质和特点，人类劳动可以大致分为创造性劳动和简单性劳动，当然它们是相对的。创造性劳动是以知识和创新思维为基础的创造新知识、新观念和新物品的劳动，简单性劳动一般是以体力和技能为基础的重复性劳动。

假设（2）：简单性劳动包含物化劳动和普通劳动。物化劳动指物化在资本和技术中的劳动，普通劳动指人类的简单性劳动。

假设（3）：创新价值指创造性劳动创造的价值（创新的超额利润），简单劳动价值指简单性劳动创造的价值。

推论（1）：工业生产率和劳动生产率与创新价值比例成正比，与简单劳动价值比例成反比。

推论（2）：工业生产率和劳动生产率与物化劳动比例成正比，与普通劳动比例成反比。

计算方法：$P_i = a[z/(1-z)]b + c$

其中，P_i 为工业生产率，z 为创新价值比例（或物化劳动比例），$(1-z)$ 为简单劳动价值比例（或普通劳动比例），a、b、c 为常数且大于零，分别与工业生产率的增长速度、增长形式和起点有关，通过回归分析计算。

小结：创新与工业的关系，不仅发生在企业和行业层次，也发生在国家和地区层次（张凤，何传启，2002；张凤，何传启，1999）。创新和工业创新是工业现代化的主要原动力，学习和竞争是工业现代化的重要推动力，工业要素和结构的优化是工业现代化的重要途径。工业现代化发生在多个层次，包括企业、行业、地区、国家和世界层次等，不同层次的动力机制既有共性，也有差别。

参考文献

傅家骥等 . 1998. 技术创新学 . 北京：清华大学出版社 .

何传启 . 2009. 中国山区现代化的三种模式 . 中国科学院院刊，24（3）：256-264.

何传启 . 2010. 现代化科学：国家发达的科学原理 . 北京：科学出版社 .

何传启 . 2011. 中国现代化报告 2011：现代化科学概论 . 北京：北京大学出版社 .

何传启 . 2014. 城市发展的动力与路径 . 中国科学基金，28（2）：116-121.

何传启 . 2015. 中国现代化报告 2014—2015：工业现代化研究 . 北京：北京大学出版社 .

柳卸林 . 1993. 技术创新经济学 . 北京：中国经济出版社 .

熊彼特 . 1997. 经济发展理论 . 何畏等译 . 北京：商务印书馆 .

张凤，何传启 . 1999. 国家创新系统：第二次现代化的发动机 . 北京：高等教育出版社 .

张凤，何传启 . 2002. 创新的内涵、外延和经济学意义 . 世界科技研究与发展，（3）：55-62.

中国现代化需要城市化跨越发展

任玉岭
国务院参事

基于中国城市化严重滞后的现实，我国目前十分需要增强推进城市化的紧迫感，以促进中国城市化的跨越发展。这不仅是我国发展的需要、时代的需要，也是落实“两个一百年”奋斗目标和实现中国梦的需要。

诺贝尔经济学奖获得者斯蒂格利茨曾经谈到21世纪将有两大历史事件发生：一个是中国的城市化，另一个是亚太经济的崛起。在我看来，这两件事是有直接关联的，因为中国经济在亚太经济中所占份额较大，所以中国的城市化必然推动亚太经济崛起。反过来讲，亚太经济的崛起必然需要大力推进中国的城市化。

城市化的推进既是中国经济发展巨大的动力源泉，也是中国经济的增长点，如果看不到这一点，继续犹豫不决，或仍像原来那样按照所谓一年提升一个百分点的城市化路径来推进城市化，不仅会使我们失去一个重要的发展机遇，更会使我们错过一个转变发展方式、推进协调发展、更好调动内需的重要时期。

我这里讲的城市化，是农民变市民的城市化，是以人为本的城市化，是把人民对美好生活的向往作为奋斗目标的城市化。当前，根据我国城市化的具体情况和面临的现代化建设的任务与使命，我们必须要重视城市化的推进，这不仅需要建设一批新的大城市，更需要现有的大城市特别是副省级以上城市能把接纳农民工和农村走出的大学生作为推进城市化的目标。

一、中国现代化必须靠城市化作保证

综观人类社会发展历程和今天现代化国家的形成，无一不是靠城市化的大力推进作保证。城市化对中国现代化的作用体现在以下几点。

第一，中国现代化必须靠城市化提高劳动生产率，创造经济的恢宏。城市因为聚集了人口、经济、科技、教育、交通、信息、商品、文化等，不仅使大量的农民从低效劳动中解放出来，而且给成为市民的人带来了劳动分工和高效劳动。城市能够更好地发挥劳动者的潜能，提高劳动者的收入，创造经济的恢宏。

第二，中国现代化必须靠城市化发展第三产业，促进就业岗位生成。城市居民的高度分工使社会派生出更多的产业和需求，尤其是服务业，几乎都是伴随人口的聚集而生成的。有人通过研究发现，第三产业的就业岗位与城市的人口规模成正比，北京、上海的第三产业均占地区生产总值的60%以上，纽约高达70%。这在人口分散的农村和小城镇是根本无法实现的。

第三，中国现代化必须靠城市化扩大税收，以加大社会保障。现代化社会需要高水平的公共服务和社会保障，而要实现公共服务的高水平，必须有较高的税收和公共财政作保证。城市化因为提高了劳动生产效率和推进了第三产业的大量生成，自然为政府创造了税源，为公共财政保公共服务提供了有力保证。

第四，中国现代化必须靠城市化激发思想碰撞，促成创新成果诞生。现代化是需要创新驱动的，城市聚集来自四面八方的人流、物流、技术流、信息流，这既为创新提出了诸多需求，也利于开阔人的眼界，启发人的思路，从而促进思维创新、管理创新和激发更多科技创新成果的诞生。

第五，中国现代化必须靠城市化聚集资源和推动城乡统筹发展。事实证明，一个地方有了城市，特别是有了大城市，才能形成各种生产要素乃至文化、信息的聚集平台。这不仅能够更好地利用外部乃至外国的资源，而且能够产生辐射作用并带动地方的发展。我们提倡的城乡统筹和以城带乡、以工补农也是如此，只有城市得到发展这些目标才能实现。因此，世界很多国家在推进现代化建设过程中，都十分重视城市化的推进，并尽可能地使农民离开乡村，流入城市。

没有三农的现代化就没有国家的现代化，在中国三农普遍滞后，尤其在农民人均耕地不满三亩[①]的情况下，不分流农民、减少农民数量和加速推进城市化，我们的现代化将很难实现。因此，为了中华民族复兴，确保“两个一百年”目标的实现，我们必须重视城市化的发展。

二、中国城市化滞后引发的问题和矛盾在日益加重

目前，我们的工业化已经达到很高水平，中国已经成为制造大国，有220种产品的产量位居世界第一，我们的GDP总量也已上升为世界第二。很多发达国家在工业达到此水平情况下，城市化率在70%～80%，而我国按统计方法计算出的城市化率是52%，要比相同工业化水平国家低出20～30个百分点，若以城市的实际户籍人口占35%计，我国城市化率比常规情况低出40个百分点。

城市化推进不力造成了重中之重的三农问题长期较难改善。2003年，国务院总理朱镕基指出，“五年来主要工作体会的第三个方面是：坚持把解决‘三农’问题放在突出位置，巩固和加强农业基础地位”[②]。如是说来，把三农作为重中之重迄今已过去十几个年头了，但是城乡差距不仅没缩小，而且又有扩大。我们的城乡差距在进入20世纪90年代前是1∶1.8，90年代末达到1∶2.4，2012年达到1∶3.3。

更值得注意的是，从我国义务教育阶段在校生数量中，农民的子女占80%。从这一比例看，中国15岁以下的人口中，农民的比例高达80%，这说明我们的城市化在农民变市民方面不是前进了，而是面临倒退的危险。

尤其值得注意的是，同是一个省区的县，年财政收入可以相差40倍，同是

① 1亩≈666.67平方米。

② 朱镕基谈九条体会的第三方面：坚决把解决三农问题放在突出位置，巩固和加强农业基础地位.http://www.china.com.cn/chinese/zhuanti/286952.htm.（2003-03-05）.

一个省区的市，人均年收入可以相差50倍，如库尔勒市人均年收入9.6万元，而和田市人均年收入还不到2000元。这样大的差距既造成内需调动困难，抑制了经济发展，而且更会成为社会隐患，带来动荡风险。

今天社会上出现的偷盗抢劫、讨钱要饭、无业可就、留守儿童、空巢老人、拐卖妇女儿童等问题，或多或少地与城市化发展不力、三农问题突出、贫困人口过多有直接关系。这不仅影响着现代化的推进，也影响着和谐社会的构建和社会的长治久安。

三、中国城市化发展缓慢的阻力和根源

为了加快城市化，我们必须找出城市化推进缓慢的原因，以便切中要害，对症下药。根据一路走来的切身体验和感受，我认为我国城市化推进缓慢，归根结底还是由于认识不统一和观念滞后。其中最首要的是观念保守，怕字当头的理念，限制了城市化的发展。

直至今天，仍然会听到一种观点，他们在用印度孟买的贫民窟和巴西的“南美陷阱”限制农民入城。其实怎样呢？在我看来，巴西、印度的贫民窟实则是城市进程中必经的一个过程，事物的发展总是波浪式前进的。已经有报道指出，孟买和巴西的贫民有的已经搬进市区，有的贫民窟的用水、用电和道路正在得到政府的治理和改善。贫民窟是城市化进程中过渡阶段的现象，甚至当年的英国伦敦、利物浦也都出现过。我曾在20世纪80年代于瑞典斯德哥尔摩向一个教授询问，当年农民涌进城市后形成的贫民窟现在怎么样。他指着那些高楼大厦说，这就是当年的贫民窟，那些人都做了这些大楼的管理人员和员工。不久前我在土耳其安卡拉古城堡上参观时，导游指着城下的绿树与黄瓦相间的居住区说，这里都是原先进城农民的居住地（即贫民窟），那时他们随便在那建房子，没有硬化路，没有上下水。后来城市发展了，政府给他们完善了基础设施，绿化、美化了环境，贫民也都成了市民的一员。

一些学者还推出了一些新理论，例如“两栖类”的理论指出，只让农民进城做工，不让农民户籍入城，这样的两栖类进可攻、退可守，利于社会安定。然而，这种理论不仅延缓了城市化的推进，而且造成城市的门槛越来越高，城乡的差距越拉越大。

城市化缺少顶层设计，没能合理配置城市资源，加上城市建设的“跑部钱进”和基础设施的“钓鱼政策”，导致需要发展城市的地方，基础设施上不来，投资融资跟不上。特别是银行贷款的嫌贫爱富，“贷大不贷小”也限制了欠发达地区和农业人口密集地区的城市发展。

四、中国城市化应作为国家战略予以突破

党的十八大胜利召开之后，习近平总书记和李克强总理曾多次谈到推进城市化的重要性，并强调需着力解决农民变市民的大问题。但是近一个时期来，我也听到了一些声音，反对城市化的推进。其中有的代表既得利益，有的是因为缺乏全局思考，也有的是有意拖城市化后腿和把城市化引入歧途。

还有一些论坛，在大讲新型城市化应该是智能化、生态化、现代化、高档化、豪华化时偏偏拒绝了农民的市民化，以此把城市化引向危险的方向。

为了造福百姓，实现中国梦，我们必须狠抓城市化这一经济增长点，把城市化提升为国家战略进行攻坚和突破。这个时候，十分需要重温邓小平南方谈话的精神，对待城市化，需要有那么一股劲，一股气，用敢闯敢试的精神把城市化推向前进。

为此，在城市方面：一要突破农民工在城市的落户问题。对农民工的安置不能靠各城市随心所欲，而要统一作出规定、放宽政策、放宽年限，尤其要使廉租房让农民工共享，解决高校招生的异地报考。二要搞好城市化顶层设计，突破中部城市的发展和布局，使城市化发展与当地户籍人口相适应，要合理安排城市圈、城市群，依照水和资源、人口情况，发展起更多的大城市。与此同时，要安排基础设施、交通网向这里倾斜。例如，阜阳、驻马店和南阳三市人口有 3000 万以上，路程未超过 200 公里，依据实际需要，这里应该用便捷的高速路将其连接起来。三要突破大城市对人口的接纳。大城市是农民工和农民出身的大学生分布最多的地方，不解决大城市对人口的接纳，城市化就很难推进。我国大城市在改革开放后占有的国家土地是最多的，也是有条件首先接纳农民入城的。我们大城市的容积率还有很大潜力。四要突破大城市发展数量。只有更多地发展大城市，我们才能更好地发展第三产业和开辟更多就业岗位，才能符合中国城市发展的实际和需要。当然，对于已得到充分发育的大城市，应该把城市化重点转向远郊和城镇。例如，北京应该向伊斯坦布尔学习，应在怀柔、房山、平谷等多设几个城市组团和新的中心城区。

在农村方面：一要大力推进农民入股的公司制合作组织的组建。农产品通过加工、运输和销售所获利润是农产品本身价格的 3 ～ 15 倍。为了让农民致富，应该让农民以土地和资源入股，发展公司制的农村合作产业，并且要有贷款和人才培养跟上来，支持这样的合作组织更好发展。二要发展农村银行，支持农民贷款。长期以来三农问题难有较大突破，关键是资金和贷款不能支持农民生产和发展。为更好解决农民发展所需资金，应放开建立农村银行，并以较低利率搞好对农民贷款。三要落实教育均衡。有的县与县、乡与乡财政收入差距极大，使得义

务教育实际水平有差距，以致有些人小学毕业了没见过计算机，初中毕业了不会用网络。为了体现教育公平，必须要推进义务教育均衡发展，作为国家，要把义务教育的资金保证纳入省或国家直管供应。四要改变基础设施“钓鱼政策”，推进农村基础设施建设。基础设施建设的重点虽然早已转向农村，但在很多地方，仍是迟迟不见投入。更因为修路实行了“钓鱼政策”，一些穷的地方因不能匹配资金，至今仍是土路，不下雨黄土满天，下了雨泥泞不堪。为此，需要改变“钓鱼政策”，基础设施投入要对欠发达地区的农村网开一面。

五、中国城市化需要搞好五项改革

要解决好城市化进程中的诸多矛盾，求得城市化顺利推进，必须要进行多种涉及全局的制度改革。只有紧抓改革这个抓手，我们的城市化才不会走偏，城市化的目的才能实现。

第一，要改革城市的资源配置与管理。一些城市过分拥挤，首先与资源过度集中有关系。要推进城市的均衡发展，就一定要改革行政资源、教育资源、医疗资源、文化资源的配置模式。德国是一个高度均衡发展的国家，其中一个重要的原因就是重视把多种社会资源向各城市均衡配置，就连某些部级单位和中央电视台都设在首都之外。我们需要学习德国的做法，特别是在信息技术高度发达、远程传输极为方便的情况下，应有意识地把学校、机关、部委、媒体、医院、研究院等向各城市分散。这样既有利于资源的均衡配置和地方城市的统筹发展，又有利于改变某些城市独大的局面。

第二，要下决心改革户籍制度。户籍制度是二元社会的形成和收入差距拉大以及三农问题解决难的重要因素。户籍制度之所以改动困难，一是认识上的原因，怕在城市出现“贫民窟”，影响社会稳定；二是户籍担负的功能过多，如儿童入托、子女上学、购买房屋、车辆摇号、就业工作、享受社保、办理出国等均与户口挂钩；三是办户籍的不良行为时有发生，这不仅为执管户籍部门带来了寻租机会，也为这些部门带来了既得利益，因此改革户籍首先要反对腐败；要改革户籍担负的多项功能；要在公共服务均等化的要求下，使入园、上学、买房、就业、社保等与户籍脱钩；要用现代发达的信息技术，通过身份证刷卡，对流动人口进行管理。

第三，要改革土地使用办法和地方政府财政对土地出让的过分依赖。出让土地促财政增收是20世纪90年代末开始的，从长远看，20年后这条路子也会被切断。因此，没必要让地方政府财政过度依赖土地，而要对土地使用办法进行大刀阔斧的改革。要用按年度缴纳较高的非农土地占有税取代土地拍卖，以遏制土地买卖，顺利解决居民住房的土地需求及住房价格过高的问题。此外，土地交易的黑幕和土地费用使用的混乱是腐败多发的根源。只有改革土地管理制度，才能倡导勤俭，才能更好地反腐倡廉。

此外，在土地方面，还有两个值得注意的问题需引起高度关注。一是制止土地占补平衡的异地使用。土地占补平衡的异地使用不仅抑制了高势能经济向低势能地区流动，剥夺了欠发达地区的发展机遇，而且也会进一步拉大地区差距。二是遏制过分地将农民的宅基地作为城市发展用地的重要来源。

第四，要改革基础设施建设的管理。一是要改革基础设施的配置，要防止基础设施配置中的“关系”和“后门”，扭转“跑部钱进”的现状，使基础设施配置与城市化相适应；二是要解决基础设施建设中的腐败问题，基础设施是腐败易发多发的平台，此中黑洞之深，问题之大，对国家财产造成损失之多，是常人难以想象的。有几个省交通厅长连续多任“前腐”后继，是有力的佐证。2009年某市修了很短的一段机场路，花了1000万元，不久这条路就烂掉了。市委书记看到后要求查找原因，结果发现层层转包、层层回扣之后，真正用于修路的钱已经十分有限了。

第五，要改革城市的级别，减少城市层级。我们在美国、加拿大考察时，其城市协会的工作人员告诉我们，几万人的小城市和千万人的大城市级别是一样的，包括蒙特利尔、洛杉矶同各自身边的70多个城市都是同等的。而我们的城市分出了等级，直辖市、副省级市、地级市、副地级市、县级市，如此多的级别不只是给管理带来了混乱，造成财政使用的负担，更糟糕的是，很多级别低的城市因权力所限发展困难。要大力推进城市化，就必须重视城市级别的改革：一是决心减少城市级别；二是要向区级城区放权，大力促进区级城区的发展；三是要促进县城所在地区的改革，加速所有县城的快速发展。总之需要借助改革的抓手，把我国的城市化推向一个新水平、新阶段，使其为全面建成小康社会做出新贡献。

Ⅱ　工业化与工业现代化

论政府在工业现代化过程中的作用

于维栋
中央办公厅调研室

一、工业现代化模型

我们把18世纪工业革命（蒸汽机革命）之后出现的机械化、工业化的工业体系称为现代工业，而将之前的工业称为传统工业。工业现代化就是由传统工业向现代工业的结构转型过程。

工业作为一种生产方式在漫长的人类历史上早已存在。工业革命之所以伟大，就是因为现代工业大大提高了人类的劳动生产率。在石器时代，人类生产率的提高是以万年计的，即平均每万年才提高百分之一或百分之几。在铁器时代（农业时代），人类的生产率提高是以百年计的，即平均每百年提高百分之一或百分之几。现代工业之所以取代传统工业，就是因为它能够创造更高的劳动生产率。为什么现代工业能够创造更高的生产率？这是因为它的结构已经产生了质的变化。传统工业的能源主要是人力、畜力或自然力（如水力），用木头、石头或生铁为材料，由人工操作，叫做手工业。蒸汽机推广应用之后，能源主要是煤，钢铁代替了木头和石头，通过机械传动来控制生产过程，实现了机械化。

工业现代化是工业结构的转型过程，它是变化着的，不是一成不变的。18世纪工业革命以来，现代工业的这种结构变化，大体上经历了三个阶段。这三个阶段大体上和三次技术革命相关。第一次是从18世纪下半叶到19世纪上半叶，约100年，是蒸汽机和钢铁的推广应用带来工业生产的机械化；第二次是从19世纪下半叶到20世纪上半叶，大约也是100年，是电力和化工材料的推广应用带来工业生产的电气化；第三次是从20世纪下半叶到现在，是电子计算机和各种功能材料的推广应用产生工业生产的信息化和自动化。显然，21世纪还会有新的科技革命，工业现代化还会产生新的内容、新的结构、新的生产率。我们把工业现代化的生产方式、工业制度和工业劳动力的相应变化，列于表1，叫作工业现代化的结构转型。

表 1　工业现代化的结构转型

项目	传统工业	现代工业（工业现代化）
时代跨度	17世纪以前	18～21世纪
相关的技术革命	石器→青铜→铁器	→蒸汽机革命→电力革命→计算机革命→新科技革命
生产方式	手工操作	→机械化→电气化→信息化→智能化
能源	人力、畜力、水力	→煤→煤、石油→煤、石油、核→非碳能源
材料	石头、木材、铸铁	→钢铁→钢铁、化工材料→合金钢、有色金属、复合材料→功能材料、纳米材料
控制	人工	→机械传动→电传动→计算机控制→网络控制
工业制度	家庭手工业、工场手工业	→工厂制→公司制→跨国公司、科技工业园区
工业劳动力（教育水平）	文盲	→半文盲→小学→初中级技校→高中及中专→大学及大专→普及大学

在工业现代化的结构转型中，企业永远是站在第一线的，所有的要素都必然通过企业来体现。企业是工业现代化的主体，这一点已经为大多数人所认同。但是在工业现代化这场运动中，还有另一名运动员，那就是政府。政府在工业现代化中扮演什么角色，应该起什么作用，这是一个众说纷纭的话题。历史表明，这不是一个学术问题，而是实践的问题。政府的作用发挥得好，可以起促进作用；发挥得不好，也可能起反作用，造成损失。现在党和政府的工作仍然坚持以经济建设为中心，而工业现代化是经济建设最重要的内容。怎样做才能更好地促进本地区的工业现代化，这是摆在各级政府工作人员面前不可回避的问题。本文拟就这个问题提出一点个人看法供讨论，以期收到抛砖引玉的效果。

二、现代化国家中政府的作用

前面讲过，政府的作用不是抽象的学术问题，而是实践问题，因此政府应该起什么作用，就不应该从经济学家的书本上去找，而应该从 300 年工业现代化丰富的实践中去寻找。但是，纵观 300 年来各国的工业现代化发展，所走的路子是多种多样的，政府所发挥的作用也没有一个是完全相同的。能否找到一些大体的类型呢？

北京大学罗荣渠教授把世界各国多种多样的现代化模式，归纳为两大类，即内源式和外源式。早期工业化国家，包括英国、法国、德国、美国和日本，属于内源式；大部分后发型的发展中国家，包括中国，属于外源式。政府在工业现代化中的作用，在这两类国家有很大的不同。内源式现代化国家，即早期工业化国家，在工业革命前，从 16 世纪到 18 世纪初，在长达 200 多年的历史中，大多经过了一段资本的原始积累时期，资本家大发横财。工业革命之后，大量商业资本家向工业资本家转变，成为工业化的主体。政府的作用主要是创造环境，表现为对外发动战争，建立殖民地，控制国外市场，对内建立一套能促进工业化的制度和机制，包括关税、银行、信贷、债券、专卖、股票、专利等。进入20世纪之后，政府的作用在不断地进行调整，例如政府投资办一些企业，50年代进行了一轮国有化运动，80年代又进行了一轮私有化运动，不断调整国营和民营的比例。第二次世界大战以后殖民地大部分已经独立，工业化国家对原来殖民地的控制，由直接控制改变为技术经济的控制。后发型国家在工业化过程中一开始就是由政府主导，由政府投资办企业，制定发展计划，建章立法，等等。后发型国家的政府作用也是在不断调整的。

早期工业化国家中的政府作用可以英国为例。英国是最早启动工业革命同时又是以私有制为基础的国家，私营企业自然成为工业化的主体，政府的作用，主要是为企业创造市场环境。早在1600年，英国的利润率一般是200%，有时甚至高达300%。东印度公司对印度的掠夺为资本的原始积累提供了巨额资金，大大加快了英国工业革命的进程，工业革命提高了劳动生产率，印度又成了英国工业品的市场。战争是英国政府为企业创造市场环境的有效手段。1816—1976年，英国参战181次，成为世界上最大的殖民帝国。1857年，英国感到东印度公司的控制力不够，建立了由英国直接控制的政府，使印度沦为殖民地。英国还在非洲控制了埃及、加纳、肯尼亚、尼日利亚、南非、乌干达，在亚洲控制了亚丁、阿拉伯半岛周围的酋长国、缅甸、马来半岛诸国、一些太平洋岛国及中国香港。

到1913年，大英帝国版图总人口为4.12亿，为英国本土人口数量的10倍。中国虽然不是英国殖民地，但是却通过战争被迫签订了不平等条约，使鸦片贸易合法化，赋予英国商人治外法权，被迫维持低关税水平。英国甚至直接接管了中国的海关管理权。1861年，英国成立了海关检察署，为中国政府代征关税。中国在辛亥革命之后又忙于军阀混战，直到1928年才收回海关的自主征税权。

第二次世界大战以后，殖民地大部分独立了，英国在20世纪50年代推行了一阵国有化运动，把一部分私有企业收归国有，20世纪80年代又推行了私有化运动，政府出卖了一部分国有企业。在所有制上，实际上变成了混合型的，多种所有制并存的经济。总之，从英国工业化史上，我们看到的是，政府的作用是无处不在的，是不断进行调整的。

三、中国政府在工业现代化中的作用

中国的现代工业开始于19世纪60年代的洋务运动，比西欧大约晚了100年。洋务运动中最早的一些枪炮厂、造船厂、钢铁厂都是由政府投资和直接管理的，叫做官办，后来也发展了一些商办、官督商办等多种形式，但官办仍然占主导地位。洋务派代表人物李鸿章、盛宣怀利用手中的特权，为谋取经济上的利益开办了招商局、电报局、矿务局等企业，成为中国最早的官僚资本家。这样，中国工业化一开始就和早期工业化国家走的路子不同，政府的作用也不同。

民国时期，民营工业企业有了一定的发展，但主要经济仍然掌握在官僚资本手中。新中国成立之后，政府的作用可以分两个阶段叙述。第一个阶段是计划经济时期（1949—1978 年），20 世纪 50 年代政府投资 156 项重点工程，成为国民经济的骨干企业，又对私营企业实行社会主义改造，工业企业实现了全部国有化。1958 年 8 月，全民大办钢铁工业，在各级干部带领下，投入大炼钢铁的劳动力达到了 9000 万人。这不是政府办企业，而是政府直接组织钢铁生产了。实践表明，这种做法造成了大量浪费，推行了四个月就停止了。这个时期政府的作用应该一分为二：有做得好的，有成就的，例如，156 项重点工程的建成奠定了工业化的基础，又如“两弹一星”工程的成功体现了集中力量办大事的优越性；也有做得不好的，例如，用行政办法消减民营企业，以及全民大办等。第二阶段是从 1979 年到现在，实行了大力发展民营企业，多种所有制并存的混合型经济政策，把重点放在营造企业的发展环境上面，政府的作用正在不断调整，也就是不断地深化改革。改革只有进行时，没有完成时。

四、讨论

1）纵观中外工业现代化历史，政府的作用无处不在，而且与时俱进。政府的作用发挥得好，可以起促进作用，发挥得不好，也可能起到负面作用，各国政府都有过成功的经验，也有失败的教训。失败的做法不可以再重复，成功的做法也不可以照抄照搬，因为时代变了，条件变了。怎样的做法是最好的？要看效果。这里没有标准的答案，是一个永恒的课题。

2）政府要不要直接管理一部分企业？怎样管？早期工业化国家是从私有企业开始，以后发展了国有企业和各种形式的企业。后发国家大多是从政府投资办国有企业开始，然后又大力发展民营和各种形式的企业，可以说是殊途同归，目前都走上了混合经济的路子。至于说管多少，怎么管，也没有标准答案，是要随时调整的，效果好就好。

3）政府起作用的重点不在于亲自办企业，而在于创建企业良好的生存和发展环境。对外是为企业开辟和占领国外市场、世界市场，利用外国的资源；对内则是营造有利于工业现代化的制度环境、法制环境、政策环境、融资环境、创新和创业环境、人文社会环境等，就是要不断推进改革。

参考文献

安格斯·麦迪森．2003. 世界经济千年史．伍晓鹰译．北京：北京大学出版社．
成思危．1998. 政府如何管理企业．北京：民主与建设出版社．
何传启．2015. 中国现代化报告（2014—2015）．北京：北京大学出版社．
罗荣渠．1993. 现代化新论．北京：北京大学出版社．
马洪．1993. 什么是社会主义市场经济．北京：中国发展出版社．
内森·罗森堡，L. E. 小伯泽尔．2009. 西方现代化社会的经济变迁．曾刚译．北京：中信出版社．
托马斯·K. 麦克劳．1998. 资本主义世纪．韩冰译．海拉尔：内蒙古文化出版社．

工业化与“中等收入陷阱”

曾昭耀
中国社会科学院拉丁美洲研究所

按国际经验，在人均 GDP 达到 1000 ～ 3000 美元这个中等水平的时候，现代化进程便达到一个关键性的阶段，搞不好就会陷入两极分化，引起社会动荡，经济社会发展徘徊不前甚至倒退。世界银行认为，当一个国家或地区的人均国民收入达到世界中等水平后，由于不能顺利实现经济发展方式的转变等原因，经济增长动力不足，最终会陷入“中等收入陷阱”，出现经济停滞徘徊的状态。2015 年，我国已进入实现基本现代化目标的最后五年，如何防备“中等收入陷阱”已引起社会各界的重视和警惕，我国领导人也多次谈到这个问题。从世界各国现代化的历史经验，特别是从已有 200 年现代化经历的拉丁美洲国家的历史经验来看，现代化能否顺利实现、能否跨越“中等收入陷阱”的问题，从根本上说，是一个工业化问题。本文拟以拉美历史经验为依据，谈谈工业化与“中等收入陷阱”的关系问题。

一、“中等收入陷阱”与工业化

近年来，“中等收入陷阱”虽然已成了一个热门话题，但对“中等收入陷阱”的解释却并不统一。拉丁美洲是第三世界唯一经历了世界现代化全过程的地区，也是一个最典型的陷入“中等收入陷阱”的地区。探讨拉丁美洲的历史经验，应该是最有启发意义的。回顾拉丁美洲现代化的历史，我们发现，拉美国家“中等收入”这个坎之所以总是过不去，就是因为它们工业化这个坎总是过不去。

拉美独立战争期间和独立后的20多年，正是世界第一次工业革命如火如荼的时期。当时，拉美国家虽然也有一些放眼世界、对当时的英国工业革命有一定了解的先进人物，他们想效仿英国的做法，致力于本国的工业化，但当时拉美流行的是美国的自由主义思潮，在拉美政治舞台上掌握实权的是得到美国支持的自由派或自由贸易派。所以，独立后的拉美国家除了巴拉圭，基本上承袭了殖民地经济的传统，选择了以西方比较利益学说为指导的自由主义初级产品出口战略，而不是像美国那样一独立即投身于工业革命。加之独立初期的拉美国家都陷入长达数十年之久的政治混乱，也不具备现代化的政治条件，最后都被当时自己无法控制的国际和国内政治变迁挤出了现代化发展的轨道，丧失了第一次工业革命所提供的历史机遇，从而使一个经济上原本并不比北美殖民地落后的地区陷入了新的边缘化过程，成了一个落后的地区。

在19世纪下半叶开始的第二次工业革命时期，拉美国家大多启动了它们早期现代化的进程。但是，拉美国家的现代化启动却不是一个自主的过程，而是欧美工业化扩张的结果，是一个拉美国家屈服于西方自由主义压力、服从资本主义的国际分工、对欧美工业化国家的大举经济扩张作出消极回应的进程。现代化启动的动力几乎都是外源的，主要来自欧美工业革命进程的原材料需求、市场需求和外国投资。它们在工业革命进程中所扮演的角色仍然是充当西方工业化国家的原料供应地和商品销售市场，采用传统的外向型初级产品出口发展模式，没有能独立自主地实现自己国家的工业化，结果在经济上成了欧美中心国家的依附国或半殖民地。有些国家，譬如阿根廷，虽然由于初级产品出口大繁荣，成了世界上最富有的国家之一，但正是这种繁荣使其完全丧失了进行工业革命的动力。所以，到第一次世界大战结束，当外国商品再次卷土重来，潮水般涌入拉美国家国内市场的时候，其并不强大的民族工业就难以生存下去。一度靠出口初级产品致富的国家再次落入“中等收入陷阱”。

第二次世界大战后，基于20世纪30年代灾难性经济危机的教训，拉美以普雷维什为首的一批关心民族命运的知识分子，总结了拉美国家的历史经验，创造了著名的“依附理论”。依附论虽然有色彩不同的多种学派，但它们都有一个共同的观点，即认为拉美发展的中心动力是在自己的国家之外，因此，拉美国家的选择和发展均受到中心霸权国家资本主义发展的限制；为了摆脱这种限制，外围的生产结构必须改革，改革的一个基本要素就是必须实行进口替代工业化。

在这种理论的指导下，从20世纪40年代开始，拉美国家开始确立新的、自主发展的进口替代工业化发展战略，并在五六十年代掀起了一个涉及广大第三世界国家的工业化浪潮。这次工业化运动虽然发生在世界第二次工业革命和第三次工业革命之间的五六十年代，不是世界工业革命高潮时期那样的历史机遇，但终究为拉美国家提供了一次并不容易得到的机会，并取得了相当辉煌的成就①，多数国家达到了“中等收入”水平，被称为一个奇迹般的、高速发展的15年。但是，发展中国家的这次工业化只是西方第二次工业革命一些工艺成果的“复制”，只是一种“截去了资本货生产这个重要组成部分”的残缺不全的工业化，未能解决技术现代化这个根本问题。因此，它很快就在国际贸易中败下阵来，陷进了外债的泥潭，成了一场断裂的、未完成的工业化。到20世纪70年代后期，整个经济开始陷入停滞、衰退和危机状态，80年代更陷入深重的债务危机，被称为“失去的十年”。在债权国的压力下，拉美国家普遍采用了所谓“华盛顿共识”所规定的新自由主义的发展战略，在拉美历史上又出现了一个大的转折，即由国家大力推进工业化倒退为“对国家促进工业化政策的否定”（Arocena，1995）。在这种战略下，拉丁美洲的工业化不仅没有能持续下去，而且普遍出现了“去工业化”的趋势，国民经济出现了低增长和负增长。拉丁美洲真正跌进了“中等收入陷阱”。

从以上这个简单的历史回顾可以看出，“中等收入陷阱”是与工业化进程的不可持续或工业化进程受挫同在的，可以说，“中等收入陷阱”就是“工业化失败”的同义词。之所以这样说，理由很简单，因为一个国家的发达程度主要取决于这个国家生产力的发达程度，而提高生产力水平只能通过科技革命和工业革命，舍此没有别的道路。现代化就是通过工业化而极大地提高社会生产力，提高劳动生产率，并由此达到整个社会的改造。世界上还找不出一个通过非工业化道路而能达到现代化成功的先例。拉美国家在独立后的一个多世纪里，虽经历了两次世界工业革命，却没有能提出工业革命的目标，没有能制定出一种致力于自主工业化的发展战略。第二次世界大战后虽然提出过进口替代工业化发展战略，掀起过一个强大的工业化运动浪潮，并取得了大部分国家达到中等发达程度的辉煌成就，但最终还是以夭折告终，成了一次“未完成的工业化”，结果还是未能成长为发达国家。所以，我们可以得出结论：“中等收入陷阱”实质上就是工业化失败的陷阱。

二、现行的世界经济秩序与工业化

现在的问题是，为什么第三世界国家的工业化总是失败，总是赶不上发达

① 在这个工业化进程的20世纪60年代至70年代中期，第三世界国家国内生产总值的平均增长率曾达到6.6%，特别是拉美国家，成就尤其突出，譬如墨西哥经过这次工业革命，成了拉丁美洲第一位的石油生产和出口国，第二位的制造业生产国，并实现了经济的多样化，基本上形成了一个较为完整的工业生产体系；技术自主程度和满足大多数居民日益增长的物质文化生活需要的能力均有所提高；产业结构发生了根本性变化，工业生产总值在国内生产总值中所占的比重已由1940年的25.1%上升到1979年的38.5%，墨西哥已基本建成为一个中等发达程度的新兴工业国。

国家。关于这个问题，我国现代化问题研究专家罗荣渠教授在深入研究了后发国家所面临的“迟发展效应”的问题之后，曾经得出一个结论：第三世界发展中国家之间及其与发达国家之间出现差距拉大的趋势；指望其中多数国家在现行的世界经济秩序下赶超发达国家，是根本不可能的。这个结论告诉我们，答案应该到现行的世界经济秩序中去找。

“现行的世界经济秩序”最早可以追溯到“资本主义曙光”的时代，也就是欧洲列强征服美洲殖民地的时代，欧洲列强征服美洲的进程既是世界一体化进程的开始，也是世界分裂进程的开始。在西班牙、葡萄牙霸权时代，世界被分裂成欧洲宗主国与美洲等地区的殖民地。从工业革命开始，霸权转到英国手里，世界被分裂成工业中心与农矿业边缘。到第一次世界大战、第二次世界大战时期霸权转到美国手里，世界又被分裂成中心第一世界与边缘第三世界。“现行的世界经济秩序”就是美国霸权下的西方中心国家力图控制和统治边缘第三世界国家的经济秩序。在这种经济秩序下，西方国家所全力推进的现代化是反对第三世界国家实现工业化的。这可以从“现行世界经济秩序”的三个主要的方面来进行分析；这三个主要方面就是霸权国家的统治、“中心—外围”结构的资本主义国际体系和自由市场制度。

先谈霸权国家的统治。所谓霸权，就是拥有更多的市场、更多的原料产地、更多的殖民地和势力范围、拥有支配其他国家的实力和手段。霸权国家从根本上来说是由竞争优势决定的，每一个霸权周期都来源于工业革命的竞争。新霸主就是前一霸权周期中科技革命和工业革命竞争中的优胜者。而且每一次工业革命的竞争都必然伴随激烈的殖民地和势力范围的争夺，都会出现一个殖民化或边缘化高潮。如第一次工业革命开始后出现了19世纪前半叶的殖民化高潮，第二次工业革命开始后出现了19世纪末期的殖民化高潮。第二次争夺殖民地的高潮正发生于资本主义的帝国主义阶段，所以显得特别激烈，帝国主义国家不但争夺尚未征服的新地区，而且根据西方列强力量对比的变化重新瓜分旧的殖民地，现在非洲的50多个国家和地区在当时都被瓜分完毕，从而引起了第一次世界大战的爆发。20世纪70年代以来是第三次工业革命，很多迹象表明，广大发展中国家有再一次陷入殖民化、半殖民化或边缘化的可能。在这种秩序下，处于受压迫地位的广大第三世界国家，是无法像发达国家那样实现工业化的，因而也就很难晋升为发达国家。

再谈“中心—外围”结构的资本主义国际体系。现行世界经济秩序结构是需要一个第三世界，以促进经济新秩序的建立，因此，对于第三世界中初步实现了工业化，有望“晋升”至发达国家行列的发展中国家，霸权国家是必然要实施遏制政策的。大量事实证明，第二次世界大战后，西方国家一般对第三世界国家实行以经济参与和经济控制为主要手段的新殖民主义战略，迫使第三世界国家充当资本国际循环中的积累对象，但是，在经济全球化日益导致全球分裂化、一批新兴工业国兴起的形势下，第二次世界大战后西方国家在其采取的策略显得疲沓无力，难以维持危机四伏的世界经济秩序，难以满足西方不断增长的要求，难以迫使其继续充当资本国际循环中的积累对象的时候，表现出越来越直接地干涉和控制第三世界国家的经济、政治事务的倾向。近30年来，西方霸权国家为了维持其对世界的霸权统治，动辄实施经济制裁、政治干预、军事打击、策动“颜色革命”，甚至挑动战争。据估计，1945—1983年，世界共发生过100多次大型战争、军事行动与军事冲突，所有这些战争都发生在第三世界，死亡人数高达1900万～2000万人，其中900万死在东亚，350万死在非洲，250万死在南亚，50余万死在中东，只有拉丁美洲死难人数少一点。在这种情况下，第三世界国家没有条件实现工业化，无法达到经济的发达水平。

最后谈一下现行世界经济秩序所要求实行的自由市场制度。这个制度表面上对所有人都是自由的，实际上是阻碍第三世界国家工业化的。在所谓的自由市场上，真正享有自由的是发达国家的商品，生产率水平低的发展中国家的商品是无法与之竞争的，只有被排挤出市场的命运。而没有了市场的推动，工业也就无法发展，所以，“贸易自由化”对于发展中国家来说，实际上就是非工业化。在19世纪，拉美早期现代化启动时期，几乎所有的国家都实行自由放任主义的市场政策，结果没有一个国家能实行工业化。二十世纪五六十年代拉美国家实行的自主性进口替代工业化战略虽然获得了辉煌成就，但到八九十年代西方中心国家推行新自由主义政策的时候，西方霸权国家的宣传机器却开足马力，把批判的矛头一致对准这个本来是西方后起工业化国家曾经实行并获得成功的“进口替代工业化”发展战略，非要拉美国家放弃进口替代工业化战略、实行“华盛顿共识”所规定的新自由主义战略不可。结果，墨西哥大批民族工业破产；阿根廷许多中小企业倒闭；巴西许多民族企业破产；智利出现“非工业化倾向”[①]。总之，拉美国家的工业化明显出现倒退现象。到世纪之交，西方霸权国家的自由化攻势更发展成肆无忌惮地干涉别国内政、剥夺发展中国家主权的逆流，“主权消失论”“主权过时论”等霸权谬论满天飞，如有哪个发展中国家敢于开始其工业化进程，试图改变自己在国际市场中的既定地位，争取一个独立的位置，并以新的面貌和姿态加入争夺世界市场的竞争，那它同西方发达国家的国际斗争即随之升级。正如詹姆斯·彼得拉斯所说：21世纪前夕的社会条件正倒退到19世纪的状况。

① 自皮诺切特军政府在智利实行贸易自由化政策后，智利制造业占国内生产总值的比重逐年下降，1973年为28.2%，1978年为21%，1982年为18.9%，1989年为18%，1996年为16.3%。（英国《国别报告·智利，1997—1998》，第39页）。

以上三点证明，在现行世界经济秩序下，在当代资本主义世界经济体系之中，发展中国家想要通过资本国际循环的链条逐步实现工业化，赶上西方发达国家，几乎是不可能的。

三、结论

下面是三点结论：

第一，对于一个落后的第三世界国家来说，如何实现国家的工业化，达到先进的生产力水平，是决定自己能否跨越“中等收入陷阱”完成国家现代化，晋升发达水平行列的一个关键问题。在世界市场上，国际竞争的胜负并不决定于市场本身，而是决定于各国国内的工厂，决定于工厂的劳动生产率，因为只有世界第一流科技水平的工厂才能在单位时间内生产出质量最高、数量最多、因而价值低于国际价值，具有绝对竞争优势的商品。所以，对于发展中国家的现代化来说，必须把工业现代化摆在现代化经济战略的最核心位置，全力推进工业的现代化，实现生产力的跨越式发展。任何一个第三世界国家只要未能完成这个任务，就无法跨越“中等收入陷阱”，晋升为发达国家。

第二，拉美国家独立两百年都未能跳出“中等收入陷阱”的根本原因就是在每次世界工业革命期间总是脱离工业化的轨道，掉进了依附性发展或单一外源发展的陷阱。基于这一教训，发展中国家要始终坚持以内源发展为基础的方针，致力于本国的内源工业化。所谓内源工业化，就是立足本国的、由本国市场推动的、以利用和开发本国经济资源为基础的工业化；就是在工业化进程中始终坚持自主发展、一体化发展的方针，要在现代化进程中实现发展代价与发展收益的合理分配，调动全民的积极性，要通过各种渠道打破中心发达国家对世界科技革命、产业革命成果的垄断，并推进本国的科技创新，赶超世界先进水平。这既是一个国家现代化建设的动力，也是一个国家参与国际分工和国际贸易竞争的实力基础。只有很好地解决了这个内源发展的问题，才能建设本国的、一体化的、结构合理的经济体系，才能有国内的经济稳定，才能为国家的现代化提供良好的社会和政治的条件。事实证明，一个国家内源发展的工业部门所占国民生产总值的比例越大，说明这个国家的经济实力越雄厚，现代化水平越高。拉美国家经济脆弱性的一个突出的表现，就是内源性工业发展不足，对外依赖性太大。

第三，历史的经验告诉我们，第三世界国家工业化的最大难题就是如何突破资本主义国际经济秩序中中心（工业）与外围（初级产品出口）的国际分工，达到生产力（技术）的高速发展。但是我们知道，资本主义世界的国际分工是一种既定的、现实的秩序，无论哪种战略选择都不可能超越它，而只能创造条件改变自己在这种秩序中的地位，从而逐步改造它。因此，在现代化进程中，最重要的是要能把握机遇，并有扭住工业化这个现代化核心任务不放的战略坚定性。机遇在哪里？最好的机遇出现在世界工业革命期间，因为在工业革命期间，发展中国家即使不能创造技术进步，至少也可以加入技术进步，达到技术进步的飞跃。20 世纪 70 年代以来，世界已进入第三次工业革命，也就是以原子能、电子计算机、空间技术、信息技术、新材料技术、和生物技术的发明和应用为主要标志的工业革命。这是又一次划时代性质的伟大革命。前两次工业革命所提供的机遇拉美国家都失之交臂，第二次世界大战后的拉美现代化（工业化）运动到 20 世纪 80 年代又遭到了一次大的挫折，现在若再不抓住机遇，迎头赶上，实现一再断裂始终未能完成的现代化，那么拉美的历史又可能是一次新的边缘化。所以，墨西哥经济学家雷内·比利亚雷亚尔警告，现在的挑战是要加入 21 世纪的第三次工业技术革命，在这次工业革命中，发达国家将有可能产生一种新的、国际规模的生产结构，面对这种生产结构，墨西哥工业如果不加速改革进程，它将有可能陷入过时和解体。也就是说，墨西哥就会有再次陷入中等收入陷阱的可能。现在，对于拉美国家和第三世界其他国家来说，这的确是一个紧要的历史关头。

参考文献

Arocena R. 1995. La Cuestión del desarrollo vista desde América Latina. Una introducción，Ediciones Universitarias de la Republica，Uruguay.

科学理解工业化在现代化中的地位

王今朝[1]　龙　斧[2]　马绵远[3]

1 武汉大学　2 美国杜克昆山大学　3 武汉大学

现代化本身是对自然界和人类社会的改造，是既定科学目的的达到。了解西方的现代化对于理解中国过去 60 年的工业化和现代化是非常有好处的。在这个参照之下，我们再来衡量中国的现代化和工业化进程。

一、美国的工业化发展道路

美国尽管有大国衰落之嫌，并在2007年后又因经历了金融和经济危机而尽显衰颓之态，但它在长期工业发展历程中所积累起的社会基础设施依然非常雄厚。我们从它的工业化发展道路的三个阶段可以得到较好的教益。①

第一阶段：独立之前。在1776年独立之前，美国经济主要以农业为主，虽然有一些不同形式的手工业，但大量劳动力在农业部门，这与1949年前的中国的经济结构类似。但在美国独立之前一些城市已经有一些小型的钢铁冶炼业了。虽然美国此时的国民生产总值（Gross National Product，GNP）大概只有英国的1/3，但它的GDP在西方世界排名第三，仅次于英法。而且，由于人口少，它的人均GNP已经是英国的4/5了。美国在工业发展上领先了中国至少173（1949—1776）年，所以，在20世纪中期已经颇为落后的技术放在173年前都是先进的。中国有一句古话："万事开头难。"西方工业发展早期的铸铁业和纺织业尽管与现代的钢铁工业不可同日而语，可后者一旦开始发展，即使以每年3%的速度增长，它的产值也可以达到发展之初的166倍。

第二阶段：1777—1913年。在这段时期，美国工业化发展缓慢。中国人通常把美国看成是最大的自由资本主义国家，但美国政界要人早就有政府干预主义的思想。1791年，美国财政部长发布了一份关于制造业的报告，确认了制造业的成长和发展带来的大量收益（斯坦利 • L. 恩格尔曼，罗伯特 • E. 高尔曼，2008：272）。只是尽管美国政府知道制造业的利益，并加以推动，但美国的工业化仍然相当缓慢。1800年，美国东部主要河道两岸已经熔炉林立，但大部分炼铁厂只是生产铁的旧式炼铁企业。在随后的十年中，新英格兰地区和宾夕法尼亚州的铸造厂才开始生产简单的厨具和农具。在纺织业里，1809年，美国费城的6家纺织厂只年产6.5万码布，而附近村庄家庭作坊的布产量高达23万码（斯坦利 • L. 恩格尔曼，罗伯特 • E. 高尔曼，2007：304），一些村子里还有自己的纺织漂染厂。也就是说，美国的工业集聚到城市边缘和城市中还要等待一段时间。这份关于制造业的报告尽管在美国国内的影响力似乎不大，却影响了其他国家的思想家。比如，经济思想史上著名的德国历史学派的先驱和代表人物李斯特就受到了这个报告的影响。

美国工业化在这段时期虽然发展缓慢，但确实表现出了活力。首先，集制造商和商人角色于一体的人所管理的企业通过把手工业者挤出市场显示了自己的

① 有些西方经验与中国的发展已经不相关了。比如，在西方，蒸汽动力的使用使工业能够进入水力资源比较有限的区域，这就为城市的兴起提供了条件。动力的这种改变也改变了生产的周期模式，比如不会因依赖水量的大小而具有季节性。这些经验与中国的工业化没有什么相关性，因为中国作为后进的社会主义国家，其现代化的投资太多、太大、太复杂。

实力。由此证明，马克思的观点是对的，即分散式的小规模的生产关系不可能适应大的生产力的发展，不可能与大企业的生产力相竞争。这种趋势一直到21世纪仍在美国各种新兴的行业重复发生。其次，在19世纪，尽管工厂制度表现出相对手工业和家庭制造业的优势，但制造业的规模较小，资金需要相对有限，所以企业进入市场相对自由。[①]美国也没有欧洲国家那种名门望族对企业发展的限制。所以，即使美国在19世纪还没有取代英国的世界工厂的地位，它对英国的追赶也是比较迅速的。只是由于原来的差距太大，到20世纪初，英国还能维持其世界人均GNP最高的地位，到1913年，英国的人均GNP才变成美国人均GNP的95%。应该指出，美国在这136年的人均GNP上的追赶，只依靠比英国高两个百分点的经济年平均增长速度。而由于更多的人口、更大的国土面积——美国国土面积是英国国土面积的40倍，美国GNP早在1870年之前就超过了英国。具有讽刺意味的是，1870年正是标志英国等欧洲国家发生所谓经济学边际主义革命的年份。

第三阶段：1914—2014年。在这个时期，美国在成为世界第一经济强国之后，又享受到两次世界大战以及中国现代化、政策改革等给它带来的巨大经济利益。从社会关系来说，在英国，工业革命使依附于落后生产方式的自耕农阶级消失，工业资产阶级和工业无产阶级形成和壮大起来；在美国，由于得天独厚的土地面积条件，资本主义发展的过程保持了相对于英国的更大的平等性，即使1929年的资本主义危机也没有让这个资本主义国家失去元气。相反，随后的第二次世界大战以及战后的科技发展反而给这个资本主义国家打了一针又一针的强心剂，让美国得到快速发展。

经济史学家很少能够从理论的层面来阐明问题。从经济理论的角度看，伴随着工业化，美国还享受到了巨大的经济利益。

首先，从新制度经济学的角度看，企业这种组织形式的出现就是一种巨大的效率效益增进。相对家庭作坊式的生产，企业生产是一种专门化生产，因而本身就是效率效益的增进。在专门化生产的同时，企业还集聚了更多的社会成员，这种聚集本身也能带来效率效益的增进。如果集聚的社会成员本身具有从事这种生产的专业化技能，那企业就又多了一种效率效益增进的源泉。这三种机制下产生的效率效益增进使得企业这种形式的生产主体（法人）可以得到尽可能快的发展。同时，它也可以给普通的劳动者和管理者提供改善经济状况的可能性。而美国可能是西方国家中把企业制度的效率效益发挥到极致的国家。

其次，从经济自身发展的规律看，企业的生产活动改变了经济结构，这种

① 有西方著名学者试图用交易成本的概念解释企业的兴起，如果交易成本的新古典范式可以解释企业组织，那资本主义国家的企业组织将会处于持续的变化之中。事实上，它们却较为稳定。

经济结构转变本身就是效率效益增进。比如，企业生产往往需要大的厂房，这本身对建筑提供一种需求，工人聚集又对住宅产生需求，当企业生产活动变得日渐复杂，以至于需要写字楼，社会就产生了对建筑的更进一步的需求。人口、物资的流动让交通设施这种特殊的建筑也变得重要起来（公路、铁路、航空、水运、管道运输等等）。再如，在生产技术上，效率提高一开始可能源于对生产组织的一系列改进，源于对传统资本设备和产品特性相对细微的改进，但渐渐地，企业家就会发现，资本投入提高、劳动分工加强、劳动强度加大、技术工人替代非技术工人、一种能源替代另一种能源、工具和设备改进、产品生产标准化、管理手段多样化、规模扩大、资本结构改善可以提高效率效益。用马克思的哲学术语说，就是发生了质变（依然是在一定范围内的，即有些方面并没有发生质变）。在这个过程中，美国经济在20世纪初逐渐形成了一种由大型公司构成经济中心而由业主经营的较小厂商构成经济外围的二元经济结构。[①] 在这种二元经济结构中，管理这只“看得见的手”代替了市场这只“看不见的手”。一些西方著名经济学家认为，大企业发展有利于节约交易成本。在许多重要的经济部门，经济活动的速度和方向成为管理决策的主要内容，经济的健康发展开始依赖于少数非常大的企业的组织能力。一些产出甚至远远超过许多小国的GDP的巨型跨国企业出现。

最后，工业化国家很容易把上述优势用于生产控制他国的手段。在人类历史中，最赚钱的生意就是抢劫，而抢劫者或者依靠自己的力气、技能，或者依靠武器，或者依靠精神枷锁。19世纪，西方凭借坚船利舰打开了中国的大门。20世纪，中国共产党带领全国人民打破了帝国主义、封建主义和官僚资本主义所编织的统治之网。在经过多次较量后，资本主义国家承认，无法从武力上消灭社会主义国家。因此，它们就寻求从内部和平地攻破社会主义国家。为此，它们就利用工业化中发生的一切可以利用的东西给自己戴上光环。与以上小企业被驱逐出市场、生产日益复杂化的效率效益改进相联系的是，产品种类越来越多且质量也越来越好、消费品与资本品生产的日益分离、企业的销售环节和生产分开、城市发展、能源变化、产品结构改变（比如耐用品制造业的重要性大大提高）、制造业中工人占所有劳动力比重、制造业产值在GDP中比例、生产活动在不同地区的重新分布、不同产业之间的相对重要性的变动、广告业的发展、国际市场的开拓、产业在不同地区之间的转移、产业自身的包括组织形式在内的调整，以及税收系统和政府作用的变动。这些改变中有的是工业化的一般性规律，有的却只是在工业化过程中相伴随、衍生的现象，但它们可能被西方国家的意识形态代言人

① 列宁大概是最先描述这种现象的人。而西方人对它加以分析要到20世纪30年代。

笼统地宣扬为现代化的必经之路（真假参半的欺骗最容易欺骗人），从而给自己的工业化模式带上一道耀眼的光环。在这个光环的照耀之下，后发的国家就可能走上歧路，而其发展目标也就难以实现，而美国世界强国的地位也就稳固了。

二、新中国成立后工业化发展道路的确定

从事后看，新中国成立后工业化发展道路的确定要在与其他可能的道路的比较中进行。

中国革命的成功为中国现代化奠定了最基本的政治基础，这正如美国独立运动奠定了美国现代化的基础一样，也如英国资产阶级革命成功奠定了英国资本主义现代化的基础一样。革命的性质实际上决定了发展道路的选择。

早在 1920 年，即共产党成立的前一年，中国共产党的主要创始人之一李大钊就著文指出："中国以农业立国……中国的农业经济挡不住国外的工业经济的压迫，中国的家庭产业挡不住国外的工厂产业的压迫，中国的手工业挡不住国外的机械产业的压迫。"（李大钊，1999）毛泽东不仅继承了李大钊的这个思想，而且发展了这个思想。

然而这并不是说，在革命者及其同盟者内部就不存在着现代化道路的争论。在苏联，斯大林和布哈林等之间的争论以非常激烈的方式表现出来。在美国，也有着激烈的争论。在中国，虽然不同的人在探索着中国的不同未来和达到他们所向往的未来的途径，但令人庆幸的是，由于中国革命的独特历史进程，工业化在新中国成立的前夜第一次清晰地被上升到了国家战略的高度。

以毛泽东为核心的党的第一代中央领导集体虽然没有美国现代化史的详细知识，但他们对中国现代化道路的选择在逻辑上有多因一果的现象，正如西方有"条条大路通罗马"的谚语。他们虽然没有西方现代化史的知识，但因为革命战争的培养，做出了发展道路的正确选择。在长达 22 年的军事斗争中，中国共产党人在极端恶劣的物质条件下，特别是在极端简陋的武器装备条件下，需要从敌人手里直接夺过武器再月来反对敌人。就因为对于牺牲了的伟大战士和党员的感情，为了中国人在未来对外斗争中减少、避免牺牲，中国共产党义无反顾地选择工业化的发展道路。基于以上的种种经历中国共产党也能得出重要的结论，即工业化是中国未来现代化所无法回避的。关于西方发展经济学家的工业化理论，参见专栏。

专栏：20 世纪 50 年代西方发展经济学中支持工业化战略的一些基本观点

保罗·罗森斯坦-罗丹（P. Rosenstein-Rodan，1943）提出了现代化的大推进战略。他认为，产业投资决策是相互依赖的，要想投资成功，必须能够实现规模经济，而欠发达国家许多市场并不存在，因而应采取政府计划的办法去协调和鼓励，同时投资于互补性的产业。这不仅能够增加产出，而且能够使国内市场规模扩大。另一位西方著名经济学家泰伯·西托夫斯基（T. Scitovsky，1954）认为，投资于资本品生产部门，具有外部经济性，这种外部经济性会影响消费品生产的投资。这两种观点实际上都支撑重工业优先发展的宏观经济战略。雷格纳·那纳克斯（R. Nurkse，1952）认为，一个国家的贫穷将会导致这个国家继续贫穷下去。为了打破这种恶性循环，就需要采取在整个工业领域协调进行投资的平衡增长战略。另一位西方著名学者阿尔伯特·赫希曼（A. Hirschman，1958）则认为，由于投资资金短缺，落后国家实际上不可能同时在所有工业部门进行投资，所以必然会存在一个优先发展的问题，即不平衡增长战略。这也支持了重工业优先发展战略。法国著名经济学家弗朗索瓦·佩鲁（F. Perrpux，1955）提出了增长极理论。他认为，整个工业体系包括某些有活力的部门或有推动力的产业。这些部门或产业能够通过多种形式的关联效应和外部性推动其他产业增长。很显然，当重工业优先发展之后，它对轻工业提供了资本品，就可以推动轻工业的发展。而且这种本国生产的资本票品价格更为低廉，更适用于本国市场，而且很多的管理和技术人才在这个过程中也同时培养出来。尤其值得指出的是，后来的西方许多知名经济学家对这些早期的现代化理论家都非常尊重中国一位年轻的学者在 20 世纪 40 年代在美国哈佛大学攻读博士学位期间研究了中国工业化的问题，这位学者就是武汉大学校友张培刚。

参见欧曼那，韦格纳拉加．战后发展理论．北京：中国发展出版社，2000：13-20.

三、社会主义工业化是中国现代化的上上策

在专栏中，那些西方学者所主张的工业化战略与毛泽东在《论联合政府》中所设想的工业化战略似乎是完全一致的，但二者还是有一个根本性的差别。这个差别就是，实现工业化到底相信谁、依靠谁的问题。一位获得诺贝尔经济学奖的发展经济学家有意无意地传递出资本家是实现工业化的重要条件的信息，这就与毛泽东在《论联合政府》中的依靠工人阶级的主张有了天壤之别。二者不但在主张上具有根本性的差别，而且在结果上也有根本的差别。从中国历史看，“师夷长技以制夷”（买外国炮舰，建兵工厂、船政局）、立宪救国、工业救国（由官员、商人办铁厂，开矿山，修铁路，建纺织企业）、教育救国都是由于依靠错误的力量而失败了。从这个角度看，毛泽东的工业化战略更加完整，更胜一筹，而且足够保证中国工业化战略的成功，因而是中国在一穷二白条件下进行现代化的上策。1956 年，中共八大通过的《中国共产党第八次全国代表大会关于政治报告的决议》表达了这个观点：我国在近百年间，经济和文化的发展远落在世界先进水平之后，广大的觉悟的爱国人民一直要求把我国从落后的农业国家变为先进的工业国。我们党早就指出，为了达到这个目的，必须首先推翻束缚社会生产力的半封建半殖民地的政治制度和经济制度，并且指出在现代中国的条件下，只有建立社会主义制度，才能真正解决我国的工业化问题。

在三年经济恢复的基础上，新中国开始实施“一五”计划。“一五”计划的基本任务是集中主要力量建设苏联帮助设计的约156个工业企业。“一五”计划奠定了中国社会主义工业化的物质基础，培养了经济管理干部、企业人才、技术人才、中国熟练工人。“一五”计划的实施还改变了中国工业布局的不合理状况，使内地与沿海得到了协调发展、资源得到了更有效利用。这些项目的建成和投产使我国建立了较为完备的国防工业体系，同时也为我国以后发展核工业、电子工业、航空航天工业奠定了良好的工业基础。

为了完成工业化的目标，中国政府选定了中国工人家庭的核心消费构成①，也确定了核心消费的价格，以及规定了工人、行政人员等领域的差别性工资制。李嘉图曾指出，在资本主义社会中存在工资铁律。中国共产党领导下的新中国政府为了实现工业化，也制定了与工资铁律所规定的类似的工资水平。这种水平使得全社会的储蓄主要集中在城市的工业部门，这是一种计划经济的形式。

为什么说在现代中国的条件下，只有建立社会主义制度，才能真正解决我国的工业化问题呢？这可以用经济史研究中一种著名的历史反证法来说明。在本章第二部分我们已经看到，贫穷国家有一种发展模式，美国也有一种模式。美国是通过对特殊进口商品征收关税以提高其相对价格从而支持国内的生产者、鼓励移民、鼓励妇女和儿童劳动，用专利制度鼓励发明和创新等来促进其资本主义的现代化的。那么，中国是否可以采取美国或其他国家的资本主义发展模式呢？

如果中国选择了资本主义的生产方式，那么，中国将有少数人（只占据总人口的5%～10%）占据1/3的GDP，而社会的90%～95%的人口只享有2/3的GDP。这样来看，前一部分人的平均收入就是后一部分人的平均收入的9.5倍。如果考虑前一部分人的收入也是高度不平等的，后一部分人的收入也是高度分化的，最高收入的1%的人就可能是最低收入的5%的人的收入的1万倍。不同收入的人、收入悬殊的人，同处于一个国家的屋檐下，既在许多方面面临着同样的生活需要，比如需要同样的教育，需要同样的饮食，也在许多方面面临不同的生活需要。造成社会分裂的巨大的经济不平等、政治不平等，就这样产生了，而这种社会必然出现经济危机。资本主义尝试了许多办法来度过经济危机，在大萧条时，其采取了把产品白白地处理掉、把产品倾销到海外、关闭生产线的办法。20世纪60年代，其采用了政府刺激的办法。在资本主义制度限度内，这些办法可以解决不太严重的经济危机。中国采用这种办法与采用社会主义的办法孰优孰劣呢？答案不言而喻。

① 关于核心消费的概念，参见王今朝，龙斧．2014．从消费结构扭曲与家庭收入分层看中国内需不足内涵和根本影响因素．管理学刊，（12）。

当然，工业化的过程是需要时间的，工业化的伟大意义的展现也是需要时间的。苏联当年尽管实行了工业化战略，但由于工业化时间短所以在遭受德国侵略的时候，不得不接受来自美英等国的援助；特别是当苏联几乎独自地在国土上抗击德国取得了优势后，为了避免更大的损失以及可能的德美英媾和而敦促英美开辟第二战场，从而不得不让因工业优势而占据了物质优势的英美国家来分享胜利的果实，而战后德国因此不得不划分为两个国家。我们可以推测，假如二战向后推迟五年，苏联的工业化因而能够再有五年的和平发展时间，二战后的国际秩序或有极大的改观。中国可以从这些历史事实中找到肯定自己工业化成就的依据，进而把自己的航船调整到科学的轨道上来。

四、中国今天依然要实现工业化

中国工业化无疑已经取得了长足的进展，但这并不是说，中国的工业化任务已经完成了。早在1914—1918年，英国工厂就生产了超过55 000架各种飞行器，包括代表当时工程思想里程碑的多发轰炸机和船式水上飞机。二战时期，英国在五年里一共生产了大约12 500架作战飞机。至于美国的情况就更不用说了。这样看来，如果中国没有自己的大飞机，不在世界飞机工业上占据一席之地，中国就不能称自己是一个取得了骄人发展成绩的大国。中国人口多、国土面积大、GDP高，却没有自己的飞机工业，就不能说实现了很好的现代化。因此，飞机制造是中国要必须发展的一种产业。

对中国最后完成工业化的一个重大干扰是对服务业的错误认识。20世纪90年代以后，由于西方服务业的发展，也根据配第·克拉克命题，一些学者认为，中国也要大力发展服务业。但西方服务业占据其GDP的比重达到60%以上，并不能证明中国的服务业占据GDP的比重也要达到60%以上。让还处于婴儿时期的人一下子变成幼儿、少年、青年甚至是成年人，无异于拔苗助长，会产生过犹不及的结果，中国现代化的路径选择必须根据自身的情况来确定。

对中国完成工业化的另一个重大干扰是对商品经济的错误认识。一种观点认为，商品经济既然是不可逾越的阶段，中国的工业化就只能由商品经济阶段来实现。其实，产品和商品是两个不同的概念。在资本主义条件下，商品是生产出来用于销售并获得私人利润的产品。在社会主义条件下，产品如果不是用于获得私人利润，即便是销售给私人使用，也与资本主义条件下的商品交换不同，因而不妨延续其产品的称谓，以与西方资本主义条件下的生产相区分。这就像交换在奴隶社会和封建社会都存在着，但在资本主义条件下具有不同的意义一样。所以，资本主义条件下的商品经济和社会主义国家条件下的产品经济在本质上是根本不同的。既然这样，中国为什么还要强调商品经济是不可逾越的阶段呢？

参考文献

吉拉德•M. 米耶，都德莱•西尔斯 . 1990. 经济发展理论的十位大师 . 刘鹤，梁钧平，杨焕昌等译 . 北京：中国工人出版社：6.

李大钊 . 1999. 李大钊文集（第 3 卷）. 北京：人民出版社：141-146.

龙斧，王今朝 . 2011. 社会和谐决定论：中国社会与经济发展重大理论探讨 . 北京：社会科学文献出版社 .

龙斧，王今朝 . 2014. 对“崩溃边缘论”“大锅饭论”“凭票供应论”的历史与辩证唯物主义再认识：三评“国有企业效率效益必然低下”. 河北经贸大学学报，35（6）：26-34.

龙斧，王今朝 . 2014. 整体主义方法论下的企业效率效益决定及差异性衡量：一评“国有企业效率效益必然低下”. 河北经贸大学学报，35（5）：22-32.

斯坦利•L. 恩格尔曼，罗伯特•E. 高尔曼 . 2007. 剑桥美国经济史：殖民地时期（第 1 卷）. 高德步等译 . 北京：中国人民大学出版社 .

斯坦利•L. 恩格尔曼，罗伯特•E. 高尔曼 . 2008. 剑桥美国经济史：漫长的 19 世纪(第 2 卷). 高德步等译 . 北京：中国人民大学出版社 .

王今朝 . 2013. 中国经济发展模式：政治经济学解读 . 北京：社会科学文献出版社 .

王今朝，龙斧 . 2011. 中国经济发展模式转型：理论与政策 . 北京：科学出版社 .

王今朝，龙斧 . 2014a. 基于逻辑和历史反证法的企业效率效益比较分析与衡量：二评“国有企业效率效益必然低下”. 河北经贸大学学报，35（5）：33-40.

王今朝，龙斧 . 2014b. 中国“国有企业效率效益”问题的理论误区与认识论、方法论原因：四评“国有企业效率效益必然低下”. 河北经贸大学学报，35（6）：35-44.

现代化与创新人才

——浅议 21 世纪的大学教育

陈永申[1]　李二秋[2]

1 国有资产管理局研究员　2 美国乔治城大学教授

创新是现代化的动力，人才是根本。教育是人才成长的沃土，大学是创新人才和社会精英的摇篮。

在浅议21世纪大学教育时，我们首先考察21世纪人类面临的问题、挑战与机遇，通过回顾以往成功的教育思想，继承优良传统和革新教育以适应新的时代需求。

一、21世纪人类面对的重大问题、挑战、危机与机遇

1）四百多年前形成的牛顿－笛卡儿的机械论哲学和洛克－斯密的经济理论推动了经济的蓬勃发展，使人类社会进入市场经济和资本主义社会。但同时其也使人们对自然资源进行非理性、为所欲为的掠夺性开采等，破坏了生物代谢机制，破坏了自然界可承载恢复能力，导致自然资源与生态环境遭受严重破坏：气候反常，灾害频发，江河泛滥，农田干裂，大量土地沙漠化并日益扩展，森林锐减，空气、河湖、土壤污染严重，大量物种死亡，一些疾病广为传播，资源、淡水、粮食严重短缺等。这一切严重危害着人类的健康安全，使人类深陷生存危机，否定了牛顿关于人类社会系统与自然系统是两个互不关联的哲学思想和洛克-斯密关于人类可以为所欲为开采自然资源的经济理论。所以，以新的哲学思想教育学生变得极为迫切。

2）近百年来，地区、国家间的贫富差异，发达程度差异，国家、民族间的文化信仰与价值观的矛盾不断增加，导致文明冲突发生，不时发生的小规模冲突和战争严重危害地区、国家和世界秩序以及人民的正常生活与安全。

3）20世纪以来，社会经济快速发展，科学与技术的不断创新发展形成海量信息让人迷惘，真假难辨，规律难寻；信息智能技术的快速、深入发展将引发“头脑风暴”，也挑战人的条理和传统科学思维。

4）21世纪，科学研究探索已由20世纪单学科不断细分转变为多学科间的互相交叉，大融合的集群团队合作研究较为常见；人类已进入以纳米技术为基础，信息技术、生物技术、数学模拟与虚拟技术相互交融，团队集群攻坚的知识创新裂变时代。21世纪的大学教育必须进行创新，以适应上述时代特征，把握机遇。

二、大学办学思想

1）一切以培养人才和社会精英为中心。关注学生的人生价值、社会公德和责任感；使学生具有广阔的世界视野、创新意识；培养学生关注国家、社会的发展，能为国家社会服务并敢于担当。

2）遵循人才成长规律。倡导学术思想自由，对学生进行启发、诱导和个性

化教育，让学生明白为什么要学习、如何学习，在教学上求实，全面与个性化相结合，让学生有良好的“学习力”，追求卓越。

3）在大学教学中进行通才教育。让学生大学毕业时，拥有“宽而博”的科学与文化知识，“深而专”的专业知识。学生毕业后，既能适应专业工作，又能通过自觉学习或研修不断挖掘自身潜力，去适应专业外的其他工作。

4）学生自主、自由学习。学生自由选择专业、选修课程、制订学习计划，让自己有浓厚的学习兴趣与好奇心；可与指导老师商讨，制订学习计划，接受指导老师的帮助、引导。

5）着力建设以大师为核心的教师队伍。网罗著名学者是校长的一项重要工作，是培养一流人才的必要条件；开放教学，建设“教学－科研－实习与开发”一体化的教－研－产业链，以教学促研究、开发，以研究促教学、开发，以开发促教学、研究。学生有机会广泛参与科研、开发，有机会了解最新学术思想和动向，有机会接触先进设备，了解社会需求。

三、学制、课程、教学活动与招生

本文仅浅议四年制大学的通才教育。在美国，通才教育始于20世纪70年代的工同工、理同理、工同理，到20世纪80年代发展为文同理、文同理工。通才教育的培养要重点做好学制、课程、教学与招生方面的工作。

1. 关于通才教育

通才教育不是要造就某种固定专业人才，而是要培养通才，即有较全面、完整的基础知识和理论的人才，使其毕业时有较丰富的人文文化与科学文化。毕业后其既能从事专业工作，又能从事专业以外的工作，不论向何种方向发展，从事何种工作、事业，有了上述基础，通过自学或短期研修，便能适应新的工作，找到感觉和努力方向进而做出成绩。

美国第二任总统约翰·亚当斯指出，美国教育的目标，是培养20%的社会精英。任何社会都需要20%的社会精英的引领。这也成为哈佛大学等著名常青藤大学的办学目标。

四年制大学的通才教育分为两个部分：一、二年级的“通识教育”和三、四年级的“专业教育”。

2. 通识教育课程

按照办学思想的目标，通识教育的课程分为必修课和选修课。必修课是所有学生，不论文、理、工的学生都必须学习的课程。21世纪以前的必修课多为哲学、历史、数学。面对21世纪的时代特征、需求，我们认为应加上信息技术（包括互联网、大数据、云计算、智能技术）和地理学。21世纪，信息技术是无业不需，无处不在，将改变人类的思维、行为，生产结构与生产方式和效益，改变科研的方式和大大提高效率，方便人们的交流、出行，改变人们的消费方式等。今天地理信息已成为国家经济与国防建设不可缺少的重要资源，而地理学是一门组合学科，非常重要。学习地理学不仅有利于开拓全球视野，了解人类与自然关系，还有利于培养学生的综合（组合）思维，建立区位理念等，对战略、规划和经济发展非常重要。

选修课有数十门供学生选修(有的著名大学多达60余门)，分为十大类左右。每个学生、每类必须选修至少两门课程，并取得学分才能毕业。在通识教育中，文科生必须学习2～3门理科课；理科生必须学习若干门文学、艺术课，以培养其品味文艺的能力、想象力和陶冶情操。

3. 教学与教学活动

教授必定给一年级学生上课。每节课讲二三十页讲义，只讲重点，然后作为作业给学生推荐四五本参教书，回去学习。在下次上课前，学生与指导老师讨论自己的学习心得。

建立导师制以便更好地进行个性化教育（导师由在一领域有所建树，才德兼容的教师担任）。每四名左右学生配一位指导老师。指导老师由教师、高年级优秀研究生或聘请校外研究人员、知名企业的工程技术师担任。学生与指导老师每周见一次面，讨论根据自己的兴趣和需求制订的学习计划、学习心得体会、问题和作业完成情况以及实验、社会实践情况，接受指导老师的帮助。指导老师对有关问题进行启发、诱导和商讨；同时关注学生的人生价值、目标和学习力的培养；引导学生思考为什么要学习，如何学习，将来为社会做什么；关注培育学生的世界视野，使学生关注社会，有敏锐的洞察力，强烈的好奇心，丰富的想象力；引导学生培养“尊重”“条理”“联想”“辩证”“层次”“系统”“发散”“边缘”“综合（组合）”思维等科学思维；让学生有独立见解，敢于质疑理论、挑战权威，追求卓越，能不断挖掘自身潜力、创造力，有创新意识和创造力；关注学生的健康，有强壮的身体；让学生“竖毅”“执着”“勤奋”“思想开放”“善于沟通”“尊重他人”，尊重“文化多元”和不同的“信仰”与不同的价值观；培养学生有良好的组织、协调能力。

4. 建造良好的学习条件和浓郁的学术与学习氛围

大学有要大师，也要有大楼，为学生提供良好物质条件、学习环境与浓郁的学术、学习氛围。大楼应具有下述各种平台：教学平台，实验与设计实习平台，学术讲座与研讨平台，创新创业与投资洽谈平台，咨询与校友接待平台，图书、文献、信息收集、分析与远程教学、交流平台，餐厅与咖啡屋，各种文艺演出与电影院，舒适的学生宿舍等。各种平台的结构、布局应宁静、学术氛围浓郁，有利于不同学科教师在课间的交流，使设备共用于学生、教师有良好的学习与学术氛围，经常举办各种小型讲座、学术讲座、动态介绍。学校每年举办若干次讲座、学术讨论会，由研究生或高年级学生组织，聘请教师、校友、校外教师、研究人员或著名企业家、工程技术师主讲。

5. 招生是大学教育的重要环节

招收有一定知识基础、有志成才、可造就的学生，这样才能培养出一流创新人才和精英。招生时不唯分数论，以学术测试综合素质为标准。考查学生的已有知识和学习认知能力；考查学生的人生追求、学习欲望、为人处世的态度、将来在社会上的发展潜质、合作精神等。

参考文献

何传启 . 2014. 第六次科技革命的三大“猜想”. 科学与现代化，(2)：54-56.
林德宏 . 2004. 科学哲学十五讲 . 北京：北京大学出版社 .
路易丝·伯兰斯卡姆，杰姆斯·凯勒 . 1999. 为创新投资：21 世纪的创新战略 . 陈向东译 . 北京：光明日报出版社 .
路甬祥 . 1998. 创新与未来 . 北京：科学出版社 .
钱时惕 . 2007. 科学革命的历史、现状与未来 . 广州 . 广东教育出版社 .
余谋昌 . 2001. 生态哲学是一种新的哲学范式 . 科学新闻，(31)：20.
张向渠 . 2010. 常青藤精英教育法 . 北京：新世界出版社 .
Hayes W. 2011. What's Ahead in Education? An Analysis of the Policies of the Obama Administration. Georgetown：Georgetown University Library.
Sternberg R J. 2001.Yale University. Georgerown：Georgerown University Library.

面向绿色制造的中国化工现代化

刘 雷
中国科学院中国现代化研究中心

2015 年 5 月，中国政府发布《中国制造 2025》，其任务之一就是全面推行绿色制造，要求重点加大先进节能环保技术、工艺和装备的研发力度，加快制造业绿色改造升级；积极推行低碳化、循环化和集约化，提高制造业资源循环利用率；强化产品全生命周期绿色管理，努力构建高效、清洁、低碳、循环的绿色制造体系；全面推进化工等传统制造业的绿色改造。然而，目前中国的化学工业虽然已经建成了门类齐全、上下游完整的产业体系，有力地推动了中国工业化和国家现代化的进程，但在资源能源利用效率、产业结构水平、自主创新能力等方面仍差距明显，特别是传统粗放式发展模式带来的资源能源浪费和生态环境的负面影响，已经严重影响中国经济发展的质量和生态文明建设。因此，发展面向绿色制造的中国化工已经成为提升中国化工国际竞争力和推动中国经济绿色发展迫在眉睫的任务。

一、中国化学工业发展现状

化学工业是指以化学反应作为主要生产活动的生产部门。化学工业涉及的领域相当广泛，广义的化学工业包括化学品及化学制品的制造、焦炭和精炼石油产品的制造、基本医药产品和医药制剂的制造、橡胶和塑料制品的制造、纸和纸制品的制造、基本金属的制造、其他非金属矿物制品的制造等诸多部门；狭义的化学工业特指化学原料及化学制品的制造。本文所指的化学工业仅限于表 1 中列举的化工行业。

表 1　化工行业子行业分类（国际标准行业分类 4.0）

行业及代码	子行业及代码	行业描述
20化学品及化学制品的制造	201基本化学品、化肥、氮化合物、初级塑料和合成橡胶的制造	本组涵盖采用热解、蒸馏等基本工艺进行化学品的生产、化肥、相关氮化合物以及树脂、塑料材料和非硫化热塑弹性体的制造，定制的树脂的混合，以及非定制化合树脂的制造
	202其他化学制品的制造	本类涵盖通过除基本化学品和人造纤维外的其他化学品的制造，主要包括杀虫剂、油漆、墨水、肥皂、洗涤剂、香水、盥洗用品、炸药、烟火、摄影用化学制剂（包括胶片和感光纸）、明胶、诊断用的复合试剂等
	203人造纤维的制造	本组包括合成或人造长纤维束的制造、未经粗梳成精梳的或其他方式作纺纱加工的合成或人造短纤维的制造、合成或人造纤维长丝纱的制造、合成或人造单丝纤维制品或带状制品的制造

注：中华人民共和国《国民经济分类标准 GB/T4754-2011》中将化学原料及化学制品制造业划分为基础化学原料制造、肥料制造、农药制造、涂料油墨颜料及类似产品制造、合成材料制造以及专用化学产品制造六个子行业

1. 中国化学工业的经济规模与国际竞争力

中国化学工业持续快速发展，统计数据表明：2005—2014 年，中国化工行业增加值增长率始终高于中国经济的整体增速（GDP 的增长率），基本保持两位

数的增长速度；其中，2008 年受全球金融危机以及由此产生的全球经济衰退的影响，中国化工行业增加值增长幅度较小，为 5.6%，而 2015 年第一季度面对中国经济下行压力，化学工业增加值增长率仍然保持高位，达 9.8%（图 1）。

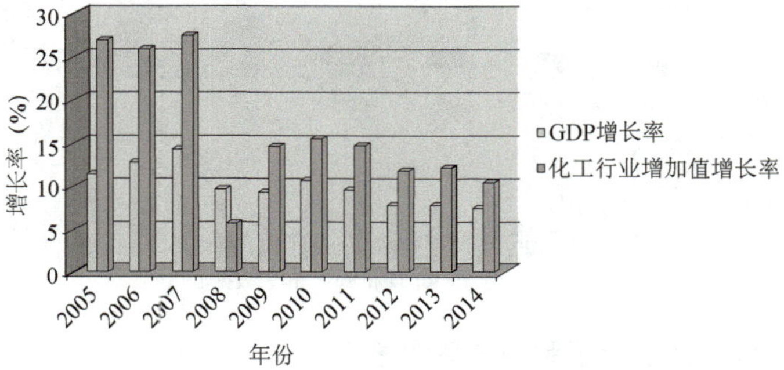

图 1　中国 GDP 以及化工行业增加值增长率
资料来源：国家统计局、国家发改委

从国际比较来看，中国化工的行业产值远高于国际平均水平。近十年来全球化工行业产值年增长率为 3% ～ 5%，而中国化工的行业产值年平均增长率高达 24%，发展迅猛。据联合国工业发展组织（United Nations Industrial Development Organizaticn，UNIDO）和世界经济合作与发展组织（Organization for Economic Cooperation and Development，OECD）统计，2010 年全球化学工业产值为 41 200 亿美元，而中国同期化工行业产值达到 7540 亿美元，占全球化学工业产值的 18.3%；同年，美国化工理事会（American Chemical Council，ACC）发布的《2010 年年终状况与预测》指出，2010 年，美国化工行业产值为 7340 亿美元，中国化工经济总量已经超过美国，跃居世界第一位。同时，世界经济合作与发展组织和美国化工理事会预测：2020 年，中国化学工业产值将突破 17 000 亿美元。

中国虽然是化工大国，但不是化工强国。从工业生产总值和产品产量等规模指标衡量，中国是世界上位居前列的工业产品生产大国，但是从横向国际比较不难发现，中国化工国际竞争力仍相对不足。虽然 2000 年以来中国化工产品出口总量不断增加，中国化工的国际市场占有率也在不断攀升，但是与美国、日本、欧盟这三个化工巨头比较，中国化工的国际市场占有率仍然比较低。尽管 2009 年中国已经在国际市场占有率方面超越日本，但是与美国、欧盟各国相比，仍然存在相当大的差距。2013 年，美国的国际市场占有率为 10.4%，中国为 5.97%，日本为 3.8%，欧盟为 48.6%（图 2）。

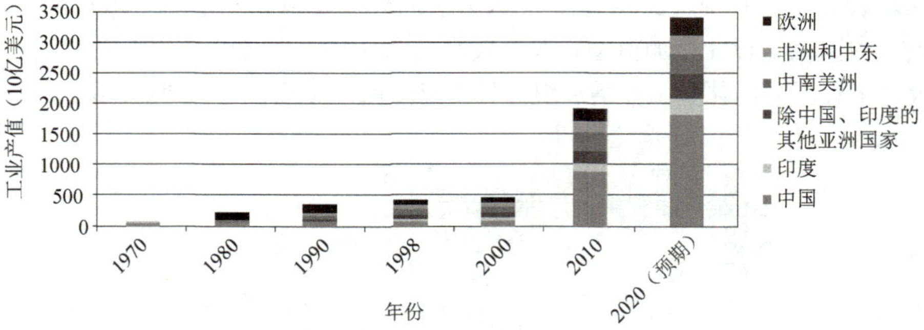

图 2　近五十年化学工业产值统计表
资料来源：根据 OECD 和 ACC 相关数据汇总

2. 中国化学工业的能源利用与环境影响

化工行业不仅是与国计民生关联度强的支柱产业，也是典型的高耗能高排放行业。正如图 3 所示，2000—2012 年，中国化工行业能源消费总量不断攀升，2012 年已经达到 36 995 万吨标准煤。在三废排放与综合利用方面：2013 年中国废水总排放量为 90.8 亿吨，而化工行业废水排放量高达 26.6 亿吨，位居全行业第二（图 4）。在气体排放方面，据中国碳排放交易网显示，2006 年以来中国化工碳排放总量持续增长，仅 2012 年中国化工碳排放就超过 11 亿吨。在固体废弃物排放方面，2013 年中国化工行业固体废物产生量为 2.8 亿吨，综合利用 1.8 亿吨，处置量为 0.44 亿吨，储存 0.6 亿吨；化工行业工业危险废物产生量 681.4 万吨，占全国工业危险废物产生量的 21.6%，位居全行业首位（图 5）。

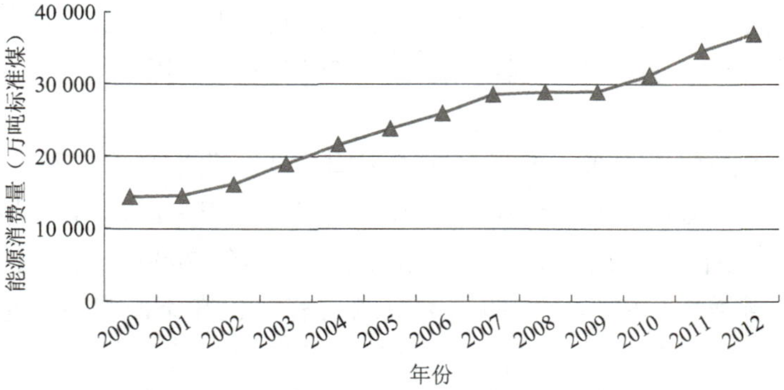

图 3　2000—2012 年中国化工行业能源消费总量
资料来源：根据国家统计局相关数据汇总

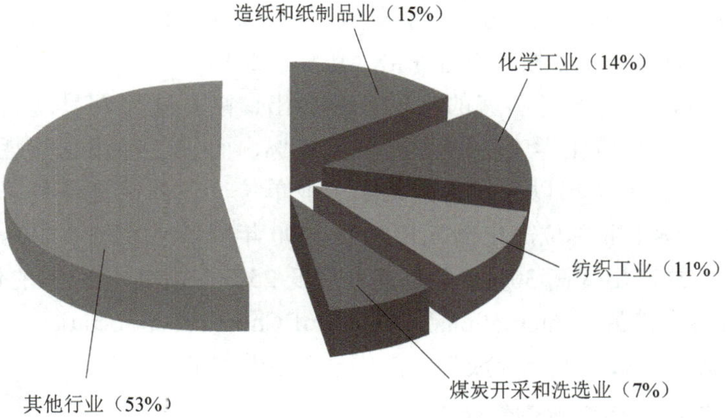

图 4 2013 年重点行业废水排放情况
资料来源：根据国家环境保护部相关数据汇总

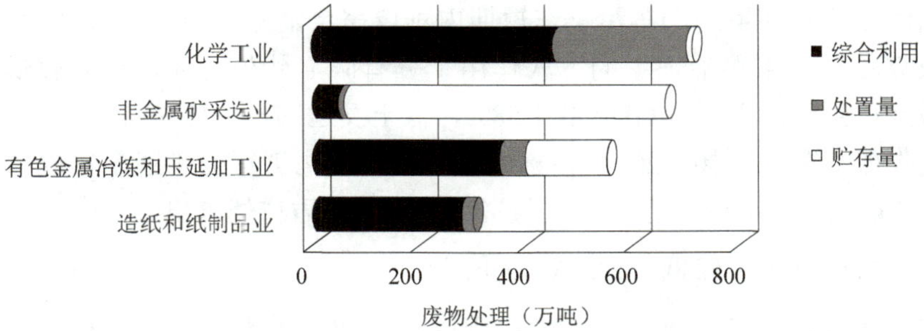

图 5 2013 年工业危险废物处理情况
资料来源：根据国家环境保护部相关数据汇总

以上分析表明，化学工业作为中国国民经济的核心部门之一，尽管起步较晚，但是近些年持续快速发展，产值产量稳步提升。然而，其整体国际竞争力与美、欧等发达国家相比，仍存在较大差距。此外，多年来粗放式的发展模式使中国化学工业始终存在高耗能、高污染、高环境风险的行业问题。

二、中国化学工业发展中存在的主要问题

1. 资源能源效率低

中国化工行业持续快速增长的同时能源消费总量也在不断攀升，能源效率与世界先进水平相比差距较大。截面分析来看，2005 年中国化工行业单位产值能耗高达美国、加拿大和墨西哥的 4.1 倍（李晓华，2006）；而 2008 年按照化

工行业电力需求计算，中国化工的能源效率为6350千瓦时/万元，日本化工为1089千瓦时/万元，二者相差将近5倍（伍亚，2014）。

与此同时，一些典型国家的化学工业产出、能耗变化却呈现另一番景象：1990—2005年，欧盟化学工业产出提高了60%，而化工行业总能耗保持不变，年均降耗3.6%；1974年以来，美国化学工业单位产出的能源消耗降低了50%；2006年日本化学工业单位产出能耗相对于1990年降低了82%；2001—2007年，巴西化学工业总产出提高30%，而总能耗降低25%，2007年50%的化工生产能源来自于可再生能源（International Council of Chemical Associations，2009）。相比之下，资源能源效率低已经成为中国化学工业发展的主要瓶颈。

2. 对环境的负面影响仍然深重

中国化工资源能源效率低，但污染物排放数量大，近年来已表现出超过环境承载力的迹象，且近期难有根本改观。这是因为，多年来化工行业粗放式的发展方式使得其对环境的严重污染在短期内难以完全消除；而生产过程缺少控制，仅仅依靠传统“末端治理”的方式作用十分有限；此外，环保投入较低，2012年中国全社会环保投入占GDP的1.58%，低于发达国家的比例（2%～3%），环保工作收效甚微（李扬，2014）。整体而言，中国化工行业“三废排放”仍居全国诸行业前列，中国化工行业发展与资源环境的矛盾依然突出。

3. 研发投入强度较低，创新能力不足

化学工业属于技术密集型产业，中国化工的技术附加值和创新能力仍然落后于世界先进水平。这主要表现在两个方面：一方面，中国化工国际市场占有率仍然较低，2013年中国化工出口占全球化工总出口的5.97%；另一方面，高端、高附加值的化工产品主要依赖进口，特别是中国化工企业原创型的核心技术较少，一些重要的化工生产技术和尖端大型成套设备都需要进口，2013年中国化工进口占全球化工总进口的9.20%（图6）。

技术附加值低和创新不足的根本原因在于研发投入强度低。虽然近年来中国化工企业用于科研投入的比例不断提高，但与国际先进企业相比仍存在很大差距。2012年中国规模以上工业企业研究与开发（R&D）投入占主营业收入的比重仅为0.82%，而世界著名化工企业均保持较高的研发强度，如美国陶氏化学公司研发投入比例为3%、杜邦为5%、日本三菱化工为4%、德国拜尔为6.5%（中国社会科学院工业经济研究所，2014）。

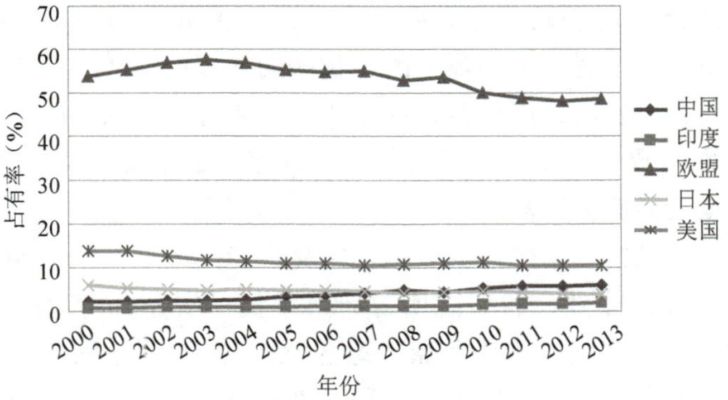

图 6 典型国家和地区化学工业的国际市场占有率

资料来源：根据世界贸易组织历年数据汇总

三、绿色制造背景下的中国化学工业前景

绿色制造（green manufacturing）也称环境意识制造（environmentally conscious manufacturing）、面向环境的制造（manufacturing for environment），最早由美国制造工程师学会（Society of Manufacturing Engineers，SEM）于 1996 年提出。目前，国内外学者对于绿色制造的概念具有基本共识，认为绿色制造是一个综合考虑环境影响和资源效率的现代制造模式，其目标是使得产品在设计、制造、包装、运输、使用到报废处理的整个产品生命周期中，对环境的负面影响极小，资源效率极高，并使企业经济效益和社会效益协调优化（Gungor，Gupta，1996；刘光复等，2000）。换句话说，绿色制造追求两大目标，即资源能源的综合利用和环境的保护；包括四个基本过程，即研发设计、制造生产、成品使用、废品回收；涉及三个基本问题，即制造问题（包括产品生命周期全过程）、环境保护问题、资源优化利用问题。

绿色制造的兴起使人类的生产模式步入了全面控制能耗和预防污染的新阶段，而绿色制造实现的根本是面向四个基本过程的绿色技术创新，亦即将先进的节能环保技术嵌入到产品的研发设计、制造生产、成品使用和废品回收的技术体系之中。绿色制造背景下的中国化工需要通过绿色技术创新，包括化工产品的创新、化工生产技术的创新以及化工生产零排放，来彻底根除中国化工发展的两大顽疾——高耗能和高污染，进而提高中国化工的国际竞争力。

1. 化工产品的创新

19 世纪以来，化工产品从化肥、农药过渡到橡胶、塑料制造，直至升级为当前的功能材料的生产，化工产品创新在不断满足社会进步的需求。在绿色制造的背景下，化工产品的创新一方面要迎合不断变换的市场需求，研发更加专业化、特色化的新产品；另一方面需要改革传统的化工产品体系，寻求新的无污染的新产品或替代品，实现经济效益、社会效益和环境效益的共赢。

在宏观层面，政府应坚持“发展与淘汰并重”的方针，优化化工产品结构，一方面，通过政策措施鼓励高技术含量、高附加值产品的创新；另一方面，严格控制化肥、农药等供需基本平衡的大宗化学品产能的增长，积极淘汰落后传统化学品。在微观层面，企业、科研院所等研发单位，应充分考虑产品全生命周期中的成本和收益，在研发过程中借鉴“绿色化工的 12 项原则”优化新产品的合成路径，从源头上实现对化工产品能耗和污染的控制，避免“绿色非绿”的尴尬局面。

2. 化工生产技术的创新

化工生产技术的创新包括生产工艺的创新和生产装备的创新两个方面。节能减排的关键一方面来自于工艺条件的优化；另一方面取决于技术装备的革新，前者是基础后者是补充。一套完整的化工生产过程设计应首先以优化工艺条件为基础，进而研发与之配套的生产装备。

鉴于化工生产工艺是以化学反应和分离为基础的生产活动，加强化学学科的基础研究是提高化工生产工艺水平的根本。近年来，我国通过研究新型反应技术、探索新型分离技术，将新的催化体系、离子液体、超临界流体等诸多新技术应用到大宗化工产品的生产工艺优化方面，并已经取得重大突破，相信沿着这个方向继续走下去，会取得更大的成果。

3. 化工生产零排放

“三废转化、变废为宝”，化学工业是绿色制造的践行者、同时也是绿色制造的有力推动者。在工业“三废”的处理问题上，传统的末端治理往往处理设施投资大、运行费用高，使企业生产成本上升、经济效益下降，而且许多时候不是彻底的治理而是污染物的转移，不能根除污染。绿色制造背景下的三废处理将使化学工业与新兴节能环保服务产业深度融合，充分发挥化学工业独到的物质转化本领，利用回收转化技术，将工业废气、废水、废渣转化为可利用资源，进而实现资源、能源和物料的可再生循环。以二氧化碳排放处理为例，近年来，碳一化学的深入研究为二氧化碳的回收再利用创造了良好条件。目前全球二氧化碳的年转化率约为两亿吨，为减少碳排放做出了重要贡献。

参考文献

李晓华 . 2006. 化学工业“十五”发展回顾与“十一五”展望 . 化工技术经济，（8）：1-9.
李扬 . 2014. 2014 年中国经济前景分析 . 北京：社会科学文献出版社 .
刘光复，刘志峰，李钢 . 2000. 绿色设计与绿色制造 . 北京：机械工业出版社 .
伍亚 . 2014. 能源需求和碳排放 . 北京：经济管理出版社 .
中国社会科学院工业经济研究所 . 2014. 中国工业发展报告 2014. 北京：经济管理出版社 .
Gungor A，Gupta S M.1996. Issues in environmentally conscious manufacturing and product recovery：A survey. Computers & Industrial Engineering，（36）：811-853.
International Council of Chemical Associations. 2009. Innovations for greenhouse gas reductions. Focus on Surfactants，（10）：5-6.

新型现代化道路的三个着力点

米格平
北京工庄文化中心

一、着力繁育新型社会运行主体

新型现代化道路的根本问题之一，是着力繁育新型社会经济体，包括宏观体和微观体。在中国的新型现代化道路上，是一个十几亿人的巨大方阵。在这一巨大方阵中，十几亿中国人民是新型现代化道路上的主力军，中国共产党是组织者和领导核心，这是从宏观层面而言。就微观层面而言，谁是社会运行的主体，谁是社会经济运行主体，谁是社会文化运行主体，现在还是问号。虽然客观社会错综复杂，但要向明确的目标迈进，必须阵容清晰，条理明晰，而不能秩序杂乱，步伐无章。在这个巨大的方阵中，组建什么样的团队，这些团队又是什么样的组织结构，这些是需要首先解决的组织系统问题。谁是复杂社会巨系统和分系统的运行主体？社会经济运行主体又是什么样的微型社会结构？它又具有什么样的机理、机制？具有什么样的表达体系？用通俗的话来讲，就是说，国家细胞、社会细胞是什么？经济细胞、文化细胞又是什么？这些是一道必须解析的社会方程，是有着复杂结构的社会排列、组合的微分与积分。

目前，我国仍然处于传统现代化的中后期。信息化时代要求我们必须走新型现代化道路，必须把现代化和信息化相融合，必须把工业现代化和农业现代化有机结合，必须进一步提高现代工业、现代农业、现代国防、现代科技、现代社会治理水平。

物质资料生产是人类社会赖以存在的前提，物质资料的生产方式是人类社会赖以运动的基本形式，社会生产方式的变革是人类社会历史发展的内在动因。高举习近平新时代中国特色社会主义思想伟大旗帜，坚定不移地走中国特色社会主义道路，为实现全面小康社会生活的宏伟目标而奋斗，其根本在于完善社会主义市场经济体系。完善社会主义市场经济体系的根本在于形成和繁育新型的社会主义经济体。新型的社会主义经济体必须是既代表先进生产力，又体现先进的生产关系。正所谓“周虽旧邦，其命维新”，这种新型社会经济体是推进第一产业、第二产业、第三产业协调发展的联合体、利益共同体，即“命运共同体”。

新型现代化道路与传统现代化道路的区别在于，新型现代化道路是现代化和信息化的有机结合，是两步并作一步走，而不是信息化化掉工业，也不是信息化化掉农业，而是信息产业的自身发展的过程，是工业信息化、农业信息化、国防信息化、科技信息化、治理信息化的过程的有机统一。新型现代化道路的关键是走好新型信息化条件下的制造业之路，即实现信息生产方式变革，下好由制造向创造转变这盘棋。而由制造转向创造的核心问题则是“设计”问题，没有“设计”，则创造就无从谈提起，有了“中国设计”，才能引领中国创造。而中国创造的必由之路则是由制造向“智造”提升，全面迎接和引领“智造业革命”。智造业革命是新型现代化道路的集结号和冲锋号，智造业革命的曙光已经来临，智造业革命的动力之源来自信息社会健康运动的倒逼逻辑。

二、着力运用新型社会倒逼机制

走新型现代化道路需要完善、自觉的社会倒逼机制。社会倒逼机制是一种社会发展的运行规律。对于“倒逼”一词，人们早就熟悉，但真正理解其科学含义，却需要一个深化认识的过程。我对“倒逼”一词的理解得益于 2002 年在北京召开的国际数学家大会。当时来自世界各地的数千名一流数学家云集北京，以陈省身为领袖的数学家在谈到理论数学与应用数学的关系时，最响亮的一个词就是“倒逼”。尔后，2003 年陈省身先生在北京大学对 S^6 复杂结构方程进行新的解析，人们普遍认为 S^6 方程中的整体结构非常复杂，复杂到无以复加的程度，而陈省身先生则认为，如果用倒逼思维，其实并不复杂。后来，“倒逼”一词开始流行。本来倒逼思维是科学界的数学家、物理学家、理论物理学家、计算物理学家、生命科学家的一种思维模式，后来又逐渐成为现代经济学家企图建立经济学数学模型的猜想。当今，又在现代化研究语境中的开始流行，“倒逼机制”的研究愈来愈受到现代化理论工作者高度重视。

究竟什么叫倒逼、倒逼机制、倒逼思维？在汉语语系中，倒逼原是指一种被动行为，是“迫使”与“被迫使”。其实，倒逼并不完全意味着被动。用陈省身先生的数学家语言来说，叫“倒推”或“反推”，以区别于“类推”或“正推”。用彭桓武先生的物理学家语言来说叫“逆向结构”，以区别于“正向结构”。倒逼是反推和逆向结构等词语从科学概念到哲学概念的升级版。该词强化了反常规、逆向促动之义。倒逼机制原来是在生命科学上指有机体的一种被动表达体系，倒逼机制是一种不得已而为之的生命现象，现在已经被称为生命自觉现象。倒逼机制被经济学家用来解释社会经济现象和规律，被社会学家用来解释社会结构及其运动现象和规律，被历史学家作为历史研究的一种方法。倒逼思维就是一种反向思维、逆时空思维。

在许多领域，倒逼的确已经大显身手。中国科学院遗传与发育所的小麦种子专家运用倒逼思维研究抗旱小麦种子，已经取得显著成就。总而言之，倒逼、倒逼机制、倒逼思维已经成了引起广泛争议、热议的“非常规”方式。本人对倒逼、倒逼机制和倒逼思维，持积极、乐观和肯定态度。我认为，所谓的倒逼，其实质也是一种正逼。《红楼梦》有云：“假作真时真亦假，无为有处有还无。”关键所在是自觉：倒逼行为是一种自觉行为，倒逼机制是一种自觉机制，倒逼思维是一种自觉思维。

从本质上讲，在自然界，倒逼是一种自然运动，是一套自然运动的法则。如果没有倒逼这种运动和倒逼机制，就很难解释清楚辩证法、自然辩证法和对立统一规律，也很难解释清楚作用和反作用、作用力和反作用力。

在人类社会以及人类历史进程中，倒逼是一种社会存在、社会运动，也是一种社会运动形式、社会运行机制、社会运行法则、社会运行规则，是一种不以人们的主观意志而转移的社会客观规律。

总之，新型现代化道路离不开倒逼机制，同时，倒逼机制也是一种健康机制。

三、着力维护新型社会健康结构

从小康社会迈向健康社会，这是不以人们的主观意志为转移的客观规律。健康社会是人类社会发展的必然趋势。随着信息化社会的深入发展，人类将进入智慧型社会。从 20 世纪末至 21 世纪初的智慧城市运动，尽管问题不少，但仍然是中国现代化历史进程与新型现代化道路上浓墨重彩的一笔。然而，智慧与健康具有内在的必然联系，使得智慧城市与健康城市互为归宿，智慧社会与健康社会互为里表。这里所讲的健康不仅是传统意义上所说的健康，更是指健康是一种运动形式，是一种自然逻辑、社会逻辑和思维逻辑，也是一种结构形态和伦理道德。健康社会是和谐社会和智慧社会的运动形态和存在形式。

一部人类社会的历史，纵观是一部智慧发展史，横观是一部健康发展史，同时也是一部智慧提升、健康扩展、智慧与健康交织的历史。

让我们在新型现代化、新型信息化道路上，谱写智慧与健康交织的新华章，但愿我们能够借鉴先贤哲人的智慧并不断提高，冷眼观察、低头思索，昂首阔步、挺胸生活，智慧健康地生存、生产。总之，在追求智慧健康社会的生命过程中，提高生命质量，提高全人类的生命质量，创新健康文明。

工业现代化与环境影响综合评价指标体系研究

张珍梅[1]　陈　志[2]　宋化民[3]

1. 中国地质大学（武汉）　2. 加拿大康考迪亚大学　3. 中国地质大学（武汉）

一、世界现代化历程的回顾

伴随人类社会的不断进步和科学技术的飞速发展，人们对现代化和工业现代化的理解和认识也在不断地深化和提高。纵观世界现代化的历史过程，大体可将其划分为四个阶段。

1）现代化初始阶段。该阶段为18世纪后期至19世纪中期，现代化的中心区域集中于西欧，突出的体现是人类社会开始由以传统农业生产为主体向以工业生产为主体的社会转变，由以手工业为主的作坊生产向以采用机器为主的工厂化生产转变。蒸汽机得到应用后，工厂生产产值首次超过传统农业和手工业生产的产值。此阶段的现代化在很大程度上是初始工业化，是人类社会现代化的开端。

2）工业化阶段。该阶段为19世纪中后期至20世纪初期，现代化的中心区域由西欧扩展到欧洲其他部分及海外殖民地，突出的体现是不同类型的工业迅速发展，电气技术开始并逐渐得到广泛应用，工业品生产成倍地增长，西欧和北美等西方现代化先行国家率先完成以工业化为标志的初步现代化。

3）全球性趋向现代化阶段。该阶段为20世纪中期至后期，现代化由先行国家波及全球，中心地区为东亚，不少东亚国家和地区提出并逐步实现自己的工业化目标。微电子技术、计算机技术逐渐得到广泛应用，尤其是在制造行业中的应用，提高了制造业的自动化程度，促使制造业进一步走向现代化。

4）可持续发展的现代化阶段。由前面三个现代化阶段不难看出，每个阶段的现代化都与工业化紧密联系在一起。然而，传统的工业化虽然为人类社会的进步和经济发展起到了重大的推动作用，但同时也使人类社会面临全球性生态环境危机。为此，1992 年 6 月，联合国在巴西里约热内卢召开了环境与发展大会，提出了可持续发展的战略，通过了《环境与发展宣言》，产生了《21 世纪议程》。因此，21 世纪的现代化、工业化以及工业现代化都应与生态环境和谐发展。

二、21 世纪我国工业现代化的基本特征与要求

21 世纪工业现代化是可持续发展的现代化。就我国现状来说，它既包括对传统工业的技术改造和技术创新，乃至进行必要的工业结构调整，更包括建立和发展与环境和谐一致的新型工业。这样的现代化工业应具有如下基本特征与要求。

1）满足市场需求的适宜性。我国是一个具有近 14 亿人口的世界第一大国和世界第二大经济体，伴随国民经济的快速发展、社会的文明进步、文化教育的繁荣昌盛以及人民生活质量的改善提高，各方面的需求也在迅速增长，我国现已成为世界第一消费大国。因此，满足这种日益增长的精神和物质需求，包括中近期的需求和长远的需求，应是我国 21 世纪工业现代化追求的首要目标。

2）工业技术上的先进性和创新性。这是工业现代化的基本特征，也是 21 世纪工业现代化的前提条件。回顾世界历次现代化的突破，无一不与先进的技术或重大的技术革命密切相关。目前是知识经济时代，知识和信息服务业将在 21 世纪占有越来越重要的位置，先进的工业为其制造必要的设备和工具，否则寸步难行。值得强调的是，落后的传统工业技术是无法满足新时代的要求，必须加以调整和改造。

3）经济效益核算的合理性。21 世纪现代化的工业生产成本不应仅限于原材料、固定资产、劳动力的投入等传统成本，还应考虑必要的质量成本和环保成本。目前，多数工业企业的会计科目中缺乏这方面的记载，相关经济效益的核算还不完善。

4）环境影响的和谐性。我们要吸取工业现代化先行国家的经验和教训，避免走先污染后治理的老路。

5）人力资源的适应性。传统的工业经济时代，企业增加生产产量和获取高额利润的唯一途径在于提高劳动者的劳动强度和延长劳动时间。当今世界正由工业经济时代进入知识经济时代，社会财富的增长和利益的再分配主要取决于劳动者拥有的知识、信息、智力和创造力。因此，不断提高劳动者的素质，增强人力资源的适应性是我国工业现代化的迫切要求。

三、工业现代化与环境影响综合评价指标体系的构建

一般来说，全社会现代化和工业化都是一种时代性的宏观概念，其评价标准在不同的阶段是有区别的，但是在相同阶段或相同时期，其评价的标准理应是相同或统一的，以达到可比性。由于不同国家或地区的社会制度或组织管理体系存在明显的差异，评价标准很难实现完全的统一。本文在研究建立工业现代化与环境影响综合评价指标体系时，在参考国际有关评价指标的同时，更加侧重考虑我国的国情。另外，工业现代化虽然通常是指一个国家或一个地区在工业化方面达到当今国际先进水平的过程，但对一个具体的工业企业推进现代化也是具有实际意义的。因此，本文将前者称为宏观工业现代化，亦即全社会工业现代化，将后者称为微观工业现代化或工业企业现代化。在考虑综合评价指标体系时，作为两个不同的评价指标体系分别构建，二者的部分评价指标虽然相同，但其涵盖范围及其取值的方法不完全相同，另外，通过部分工业企业现代化的抽样调查和评价，可以获得某地区乃至一个国家社会工业化的评价结果。因此，构建微观评价指标体系对推进工业企业现代化和评价全社会工业现代化都具有实际意义。

关于宏观工业现代化（全社会的工业现代化）的评价指标体系，陈佳贵等学者已经做了比较深入的研究，提出了工业现代化评价指标体系的构造。本文在已有研究成果基础上，提出我们的基本构想，具体的宏观评价指标体系如表 1 所示。

表 1　宏观工业现代化与环境影响综合评价指标体系

一级评价主因素	二级评价主因素	三级评价指标
1.市场需求	1.1供需的适应性	1.1.1销售收入总额/工业总产值 1.1.2进出口比
2.科技含量	2.1技术先进性	2.1.1高新技术产品销售额/工业产品销售总额 2.1.2主要设备国际水平率
	2.2科技创新能力	2.2.1R&D经费投入强度 2.2.2 R&D人员数/从业人员数 2.2.3 科学家、工程师数/R&D人员数 2.2.4万名从业人员拥有专利数
	2.3技术改造和引进	2.3.1技术改造经费支出额/工业生产总值 2.3.2技术引进支出额/工业生产总值

续表

一级评价主因素	二级评价主因素	三级评价指标
2.科技含量	2.4信息化程度	2.4.1百人移动电话数 2.4.2百人计算机数 2.4.3百人上网数
3.经济效益	3.1工业在产业结构中的比重	3.1.1工业GDP占三产业GDP的比例
	3.2劳动生产效率	3.2.1工业全员劳动生产率
	3.3全额成本	3.3.1全额成本/销售收入总额
	3.4工业资金收益	3.4.1资金利润率
	3.5工业从业人员收益	3.5.1工业从业人员收入增长率
4.环境影响	4.1资源消耗	4.1.1单位工业产值原材料的消耗下降率 4.1.2单位GDP的能源消耗量（标准煤）
	4.2污染物排放	4.2.1单位GDP工业废水排放量 4.2.2单位GDP工业固体废弃物量 4.2.3工业三废综合利用率
	4.3职业病	4.3.1职业病人数/从业人员总数
5.人力资源	5.1从业人员能力	5.1.1平均文化程度 5.1.2平均工龄 5.1.3从业人员年度受教育和培训的比例
	5.2劳动就业率	5.2.1年就业劳动人员数/适龄劳动人员总数 5.2.2应届毕业生就业率

注：①上述指标数据可以通过多个渠道获得：一是通过全国统计部门有关年鉴和抽样调查获得；二是通过财政、环保、海关等部门获得；三是污染物的排放量可通过类比分析法或物料衡算法进行估算；四是通过微观评价指标体系评价结果中获取。②全额成本＝传统的人力投入和原材料、设备投入的成本＋质量成本＋环保成本。③销售收入总额可由国家或地区的工业税收总额推算获得

关于微观工业现代化与环境影响综合评价指标体系的建立，本文出于两个方面的考虑：一是通过微观工业现代化与环境影响综合评价入手，有助于宏观的全社会工业现代化与环境影响综合评价；二是通过微观工业现代化与环境影响综合评价促进工业企业向现代化迈进。具体的微观工业现代化与环境影响综合评价指标体系见表2。

表2　微观工业现代化与环境影响综合评价指标体系

一级评价主因素	二级评价主因素	三级评价指标
1.市场需求	1.1供需的适应性	1.1.1销售收入总额/工业总产值 1.1.2市场占有率
2.科技含量	2.1技术先进性	2.1.1高新技术产品销售额/产品销售总额 2.1.2主要设备国际水平率
	2.2科技创新能力	2.2.1研究与开发费用/销售收入总额 2.2.2研究与开发人员/从业人员总数 2.2.3研究与开发人员中科学家与工程师的比例

续表

一级评价主因素	二级评价主因素	三级评价指标
2.科技含量	2.3技术改造与引进	2.3.1技术改造经费支出额/生产总值 2.3.2技术引进支出额/生产总值
	2.4信息化程度	2.4.1百人移动电话数 2.4.2百人计算机数 2.4.3百人上网数
3.经济效益	3.1劳动生产效率	3.1.1全员劳动生产率
	3.2全额成本	3.2.1全额成本/销售收入总额 3.2.2全额成本下降率
	3.3税金贡献	3.3.1上缴税额/地方税收总额
4.环境影响	4.1资源消耗	4.1.1原材料的消耗额/销售收入 4.1.2单位销售收入能源消耗量（标准煤） 4.1.3年均产品合格率
	4.2污染物排放	4.2.1废水排放量的下降率 4.2.2废水净化循环利用率 4.2.3污水排放达标率 4.2.4废气排放达标率 4.2.5三废回收综合利用率
	4.3职业病	4.3.1在岗人员中职业病发病率
5.人力资源	5.1从业人员能力	5.1.1平均文化程度 5.1.2平均工龄 5.1.3从业人员年度受教育和培训的比例
	5.2劳动就业	5.2.1因产品转型和技术更新产生的富余人员的再就业率 5.2.2新增员工数/从业人员数

注：①微观评价指标数可通过对企业的调查直接获取；②微观评价指标和宏观评价指标具有某些相同性，但数据涵盖的范围不同，还有些指标，如全额成本的统计方法也是不同的

四、评价模型的建立、权重的确定及评价实例

1. 评价模型的建立

所谓模型，就是对客观事物的一种简要描述、模仿和抽象处理。常用的模型有许多种，这里采用指标化的加权求和数学模型。

$$
\begin{aligned}
S &= \sum_{i=1}^{n} W_i X_i = W_1X_1 + W_2X_2 + W_3X_3 + \cdots + W_nX_n \quad (i = 1,\ 2,\ 3\cdots n) \\
&= \sum_{j=1}^{p} W_{1j}X_{1j} + \sum_{j=1}^{q} W_{2j}X_{2j} + \sum_{j=1}^{r} W_{3j}X_{3j} + \cdots + \sum_{j=1}^{m} W_{nj}X_{nj} \quad (j = 1,\ 2,\ 3\cdots n)
\end{aligned}
$$

式中，S 为工业现代化与环境影响综合评价结果；X 为指标值；W 为权重；n 为一级指标数；p、q、r、m 为每个一级指标下属指标数。

2. 权重的确定

上述各一级主因素的权重 W_i 和每个一级主因素下属二级主因素的权重 W_{ij} 由德尔斐法和层次分析法相结合确定。具体权重分配如表 3、表 4 所示。

表 3　宏观工业现代化与环境影响综合评价指标的权重分配

一级评价主因素	权重	二级评价主因素	权重	三级评价指标	权重
1.市场需求	0.15	因素1.1	1.00	指标1.1.1	0.50
				指标1.1.2	0.50
2.科技含量	0.25	因素2.1	0.35	指标2.1.1	0.50
				指标2.1.2	0.50
		因素2.2	0.20	指标2.2.1	0.30
				指标2.2.2	0.20
				指标2.2.3	0.20
				指标2.2.4	0.30
		因素2.3	0.15	指标2.3.1	0.50
				指标2.3.2	0.50
		因素2.4	0.30	指标2.4.1	0.35
				指标2.4.2	0.35
				指标2.4.3	0.30
3.经济效益	0.25	因素3.1	0.20	指标3.1.1	1.00
		因素3.2	0.25	指标3.2.1	1.00
		因素3.3	0.25	指标3.3.1	1.00
		因素3.4	0.20	指标3.4.1	1.00
		因素3.5	0.10	指标3.5.1	1.00
4.环境影响	0.25	因素4.1	0.40	指标4.1.1	0.50
				指标4.1.2	0.50
		因素4.2	0.40	指标4.2.1	0.30
				指标4.2.2	0.30
				指标4.2.3	0.40
		因素4.3	0.20	指标4.3.1	1.00
5.人力资源	0.10	因素5.1	0.60	指标5.1.1	0.40
				指标5.1.2	0.30
				指标5.1.3	0.30
		因素5.2	0.40	指标5.2.1	0.40
				指标5.2.2	0.60

表 4 微观工业现代化与环境影响综合评价指标的权重分配

一级评价主因素	权重	二级评价主因素	权重	三级评价指标	权重
1.市场需求	0.15	因素1.1	1.00	指标1.1.1	0.50
				指标1.1.2	0.50
2.科技含量	0.25	因素2.1	0.35	指标2.1.1	0.50
				指标2.1.2	0.50
		因素2.2	0.20	指标2.2.1	0.35
				指标2.2.2	0.35
				指标2.2.3	0.30
		因素2.3	0.15	指标2.3.1	0.50
				指标2.3.2	0.50
		因素2.4	0.30	指标2.4.1	0.35
				指标2.4.2	0.35
				指标2.4.3	0.30
3.经济效益	0.25	因素3.1	0.35	指标3.1.1	1.00
		因素3.2	0.35	指标3.2.1	0.50
				指标3.2.2	0.50
		因素3.3	0.30	指标3.3.1	1.00
4.环境影响	0.25	因素4.1	0.40	指标4.1.1	0.30
				指标4.1.2	0.30
				指标4.1.3	0.40
		因素4.2	0.40	指标4.2.1	0.20
				指标4.2.2	0.20
				指标4.2.3	0.20
				指标4.2.4	0.20
				指标4.2.5	0.20
		因素4.3	0.20	指标4.3.1	1.00
5.人力资源	0.10	因素5.1	0.60	指标5.1.1	0.40
				指标5.1.2	0.30
				指标5.1.3	0.30
		因素5.2	0.40	指标5.2.1	0.50
				指标5.2.2	0.50

3. 实例分析

（1）全社会工业现代化试评实例

表 5 为某省 1990 年和 2000 年工业现代化与环境影响综合评价比较结果。

表 5 某省 1990 年、2000 年工业现代化与环境影响综合评价比较 （单位：%）

年份	市场需求	科技含量	经济效益	环境影响	人力资源	试评结果
1990	7.28	3.46	9.74	3.74	6.56	30.78
2000	12.00	5.68	7.24	7.30	7.26	39.48

（2）工业企业现代化试评实例

表 6 为 2000 年某市 A、B 工业企业现代化与环境影响综合评价比较结果。

表 6 2000 年某市 A、B 工业企业现代化与环境影响综合评价比较 （单位：%）

分类	市场需求	科技含量	经济效益	环境影响	人力资源	试评结果
A企业	12.98	20.61	20.80	9.82	9.02	73.23
B企业	9.03	7.46	5.63	−7.80	5.63	19.95

表 7 为 A 企业 2000 年与 2014 年工业现代化与环境影响综合评价比较结果。

表 7 A 企业 2000 年与 2014 年工业现代化与环境影响综合评价比较 （单位：%）

年份	市场需求	科技含量	经济效益	环境影响	人力资源	试评结果
2000	12.98	20.61	20.80	9.82	9.02	73.23
2014	14.10	25.88	42.85	11.65	10.36	104.84

通过上述表 5 的试评，可以了解本文构建的宏观工业现代化与环境影响综合评价指标体系，能说明一个地区在两个不同时期的工业现代化都在深入发展，其现代化的程度有明显提高；通过表 6，可以看出两个不同类型的企业在相同时期的现代化与环境影响协调发展方面存在明显的差异，A 企业是一个新型工业企业，B 企业是一个传统企业，前者的现代化与环境协调发展程度远优于后者；表 7 清楚地表明，A 企业通过 14 年的艰苦奋斗，在工业现代化的水平方面有了大幅度提升，现在已经超前达到了国际先进水平，完全实现了现代化。这些结果共同表明，本文构建的评价指标体系能够客观、定量地用于当今工业现代化评价，具有明显的实用价值。

五、当前我国工业现代化进程中存在的主要问题及建议

1. 存在的主要问题

1）某些地区和某些工业企业在工业现代化的进程中，片面追求经济收益和利润最大化，忽视对环境的有害影响，对与环境有关的法律法规贯彻实施不力。

2）地区之间和不司企业之间的工业现代化进程存在明显的差异和不平衡，

直接影响到全国“四化”的发展速度。突出表现在观念更新、高新技术尤其是信息技术的应用、技术创新和劳动者素质提高等方面。

3）低素质的劳动力过剩。符合工业现代化要求的高素质人才明显不足。同时，企业内部重生产轻员工教育和培训的现象普遍存在。

4）高等教育重视知识的传授，对创新能力和实际技能的培养明显不足。教育与生产劳动结合不紧密，某些院校缺乏实验设备、实验室和实验指导教师等必要的办学条件，毕业生无法适应社会需要，直接影响就业率的提升。

5）有些企业对高新技术的引进和吸收以及对研究开发的资金和人力投入明显不足，信息应用程度低，技术创新能力不强。

2. 对策建议

为加速实现工业现代化与环境和谐发展，现提出以下建议。

1）大力倡导工业现代化新观念，力戒单纯追求利润最大化，力求综合考虑工业现代化与可持续发展之间的平衡和协调一致。

2）为力免工业现代化对环境的有害影响，必须加强法制建设，加强新环境法的实施力度。

3）在加强工业现代化相关技术的开发、技术改造和高新技术应用的同时，加强环境保护与可持续发展研究。

4）加强工业“三废”的综合利用，如二氧化碳、二氧化硫、氮氧化物的催化转化，食品加工过程中的壳类、鳞类等转化为生物制品（如化妆品、保健品、医药等），木材加工工业中出现的边角废料和残存的枝、叶进一步加工为填料、肥料等。工业现代化的决策层宜运用系统思想进行统筹规划，以工业现代化与生态环境和谐发展为指导思想，找准稳增长和结构调整的平衡点，加强技术改造和技术引进，尽可能使相关企业形成链条，这将有利于减少原材料的耗费，降低“三废”排放量，提高综合利用效率和经济效率。

5）加强工业现代化与环境和谐发展的科学技术教育、培训和人才培养，转变高等教育培养模式，重视教育与生产、理论与实践的密切结合。

6）大力开展科学普及和宣传教育活动，在全民中逐渐形成新世纪工业现代化必须具备的基本理念和文化，人人关心工业现代化与生态环境和谐发展，处处从自我做起，自觉遵守相关法律法规，并起相互监督作用。

参考文献

阿尔伯特•马蒂内利，何传启．2014. 世界现代化报告．北京：科学出版社．

陈佳贵，黄群慧．2003. 工业现代化的标志、衡量指标及对中国工业的初步评价．中国社会科学，（3）：18-28.
国家统计局，科学技术部 . 2002. 中国科技统计年鉴 2002 中英文本 . 北京：中国统计出版社 .
湖北省统计局 . 2001. 湖北统计年鉴 2001（总第 17 期）. 北京：中国统计出版社 .
李春明，翁行德，陈昆满 . 1999. 湖北 21 世纪经济发展研究 . 北京：中国地质大学出版社 .
全国全社会 R&D 资源清查办公室 . 2002. 2000 全国 R&D 资源清查工业资料汇编 . 北京：中国统计出版社 .
深圳市统计局 . 2001. 深圳统计信息年鉴 2001（总第 11 期）. 北京：中国统计出版社 .
宋化民，杨昌炎 . 2011. 环境管理基础及管理体系标准教程 . 北京：中国地质大学出版社 .

工业现代化的国际经验
——基于 CAFTA 对成员国贸易流量和贸易模式影响的实证研究

祝文娟　徐文海　袁德胜
中南财经政法大学

一、引言

关于成立中国－东盟自由贸易区（China-ASEAN Free Trade Area，CAFTA）的构想由来已久，早在 2002 年，中国与东盟领导人就签署了相关协议，就经济合作框架的部分设想达成了共识。2010 年 1 月 1 日，CAFTA 正式成立，这是全球第三大自由贸易区，同时也是世界上最大的发展中国家间的自由贸易区。CAFTA 的建立对成员国的经济发展是把“双刃剑”。一方面，CAFTA 的建立为中国和东盟各成员国之间创造了更多的贸易机会，大大降低了双方产品的交易成本。在取得巨大经济利益的同时，还可以使双方产业优势互补；另一方面，CAFTA 的建立将加剧各国之间的贸易竞争，使一国的产业结构和布局形式可能发生改变，这使得部分处于相对劣势的生产企业无法继续生存，进而出现工厂倒闭、就业机会减少和人才流失等现象。基于此，CAFTA 的建立对包括中国在内的 11 个成员国的影响到底是利大于弊，还是弊大于利，以及对中国和东盟成员国的贸易流量和贸易模式有何影响等问题的研究有助于 CAFTA 内的贸易向更高层次发展，并推动中国进一步加强与其他国家、地区的经济交流与合作。

目前，已有很多学者利用引力模型来分析研究 CAFTA 对双边贸易的影响，但主要是从宏观层面分析 CAFTA 产生的贸易效应。本文则从微观层面出发，将诸如要素资源禀赋、贸易自由化程度、文化契合度等因素引入引力模型，同时采用固定效应和随机效应消除个体层面的异质性偏差，以此来讨论 CAFTA 的建立对中国和东盟成员国贸易流量和贸易模式的影响。本文主题框架安排如下：第一部分为引言；第二部分是文献述评；第三部分是理论模型的构建与方法的选择；第四部分是数据说明与描述性统计；第五部分是实证分析结果；第六部分是主要结论和对策建议。

二、文献述评

关于自由贸易协定（free trade agreement，FTA）对成员国贸易流量和贸易模式影响的已有研究主要集中在两个大的方面：一是以中国为研究对象，分析 FTA 的建立对中国贸易流量的影响；二是以机电产品为基础，讨论 FTA 的建立对成员国机电产品贸易流量的影响。具体如表 1 所示。

表 1　FTA 对成员国贸易流量和贸易模式影响研究概况

研究内容	具体层次	代表性文献	主要结论
FTA的建立对中国贸易流量的影响	中国工业现代化福利	曹亮等（2010）	贸易自由化协定的建立和实施创造了更多的贸易机会，提高了经济效率，有利于形成区域内的专业分工和资源的优化配置，促进了中国贸易流量的增加，并有利于中国工业现代化福利的增长
FTA的建立对成员国机电产品贸易流量的影响	贸易创造效应和贸易转移效应	曹亮等（2013）	贸易自由化协定的实施和逐步深化有力地促进了双边机电产品贸易增长，对中国机电产品的进口存在着显著的贸易创造效应，但贸易转移效应较小

资料来源：笔者根据表中所列文献整理而得

不可否认，现有文献为本文关于 CAFTA 对成员国贸易流量和贸易模式的影响分析提供了很好的借鉴，然而就规范性、全面性而言还存在一些的不足。①在研究主体上，对 FTA 笼统的分析结果缺乏针对性，由于各种主客观因素的限制，不同的贸易自由化协定产生效力的作用机制有所差别，不加区分的研究不能很好地显示不同自由贸易协定对成员国经济影响的作用点，进而不利于有效完善措施的提出。②在分析视角上，基于单一产品的研究，虽然在很大程度上解释了 FTA 影响成员国贸易的主要构成方面，却忽略了其他看似微小、实则影响不容忽视的产品结构，从而很难在整个贸易模式上进行宏观把控，进而导致决策失误等问题。③在计量分析上，研究的样本年份跨度较短、研究客体较少，回归结果受限，因此计量回归结果并没有很强的说服力。基于当前的理论及现实背景，本文在前人研究的基础上进行了完善，所做主要贡献如下：①研究主体不再是笼统的 FTA，而是针对某个具体的贸易自由化协定进行展开，本文以 CAFTA 为例；②本文通过对 CEPII 数据库中包括中国在内的 11 个 CAFTA 成员国进口的相关贸易数据的整理，选定19年的微观产品数据，从而减少了已有研究中因样本选择不足带来的缺陷，使得实证分析结果的说服力更高；③考虑了要素资源禀赋等具体因素，并通过时间固定效应的引入弱化了经济中不随时间变化的因素带来的干扰。此外，我们还在计量回归中具体引入了随机效应和固定效应，从而减弱了异质性偏差造成的偏误。

三、理论模型的构建与方法的选择

1. 理论模型的设定

近年来，随着各国之间经贸往来日益频繁，测度国际贸易对各国经济影响的模型也越来越多，其中较为常用模型是贸易引力模型，其主要观点是两国的贸易流量大小与两国经济规模成正比，与其之间的距离成反比。传统的贸易引力模型重点关注于国际贸易对产业间贸易流的影响，然而在国际贸易日趋频繁的背景下，各国之间的贸易模式发生了很大变化，产品内贸易逐渐盛行，因此以往的贸易引力模型已不能很好契合于当前经济形势。为了更好地估计当前各国间的经贸往来，本文将要素资源禀赋、文化契合度、贸易自由化程度指标等因素加入到贸易引力模型中，同时为了更好地衡量产业内贸易，测量产品内分工程度，本文将贸易引力模型进一步深化，充分包含了满足当前经济分析的因素，从而使本文研究结果有更高的理论及现实意义，具体模型设定如下：

$$\begin{aligned}\ln X_{jikt} = {} & \beta_0 + \beta_1 \ln(\mathrm{GDP}_{jt}) + \beta_2 \ln(\mathrm{pGDP}_{jt}) + \beta_3 \ln(\mathrm{GDP}_{it}) + \beta_4 \ln(\mathrm{pGDP}_{it}) \\ & + \beta_5 \mathrm{WTO}_{jt} + \beta_6 \mathrm{WTO}_{it} + \beta_7 \mathrm{CAFTA}_{ijt} + \beta_8 \mathrm{Area}_j + \beta_9 \mathrm{Area}_i + \beta_{10} \ln(\mathrm{Dist}_{ij}) \quad (1) \\ & + \beta_{11} \mathrm{Contig}_{ij} + \beta_{12} \mathrm{Lang}_{ij} + \beta_{13} \mathrm{Comcur}_{ij} + \varepsilon_{ijkt}\end{aligned}$$

其中，k 指代进口的产品类别，并且对于不用的进口来源国，产品 k 是差异化的，也就是每个出口国生产的产品种类是唯一的。

随着国际贸易往来的频繁，各国之间的生产联系日益密切，产品内贸易逐渐成为近几年各国之间经贸往来的主流形式。一般国际贸易理论认为，比较优势是产品内分工的重要考量因素，产品内的分工有不断强化的趋势（曹亮等，2008）。为了使这种作用机制具体化，本文参考徐文海和王书飞（2013），采取零部件贸易来测度产品内分工强度，具体将 export_{jkt}、import_{jk-it} 这两个变量引入贸易引力模型。考虑到所研究的样本时间跨度较大，不同年份的经济动态对具体计量回归结果可能产生差异化作用，为了更准确地衡量贸易自由化协定对成员国经济影响，本文在实证研究中引入了时间效应：

$$\begin{aligned}\ln X_{jikt} = {} & \beta_0 + \beta_1 \ln (GDP_{jt}) + \beta_2 \ln (pGDP_{jt}) + \beta_3 \ln (GDP_{it}) + \beta_4 \ln (pGDP_{it}) \\ & + \beta_5 WTO_{jt} + \beta_6 WTO_{it} + \beta_7 CAFTA_{ijt} + \beta_8 Area_j + \beta_9 Area_i + \beta_{10} \ln (Dist_{ij}) \\ & + \beta_{11} Contig_{ij} + \beta_{12} Lang_{ij} + \beta_{13} Comcur_{ij} + \delta_1 \ln (export_{jkt}) \\ & + \delta_2 \ln (import_{jk-it}) + \sum_t \mu_t YR_t + \varepsilon_{ijkt}\end{aligned} \tag{2}$$

其中，YR_t 表示时间个体效应。δ_1 反映了某国进口产品 k 的贸易流量对该国总出口贸易流量变化的反应程度，δ_2 反映了贸易双方和第三国对该种产品的替代效应或互补效应。根据经验可知，进口国对该种产品总出口的增加，一般会促进其对世界其他国家该种产品的进口增长，因而 δ_1 预期显著为正。对于该种产品 k，出口国 i 和其他国家对 j 国的出口存在着一定的竞争效应，即产品存在替代性，那么 δ_2 预期为负；如果出口国 i 和其他国家对 j 国出口的产品 k 存在互补性，则进口国 j 从其他国家进口的增加会导致 j 国从 i 国的进口流量，那么 δ_2 预期为正。总的来说，δ_2 的正负性及大小取决于各国间此种产品的替代效应或互补效应。

2. 产业内贸易模型

由于因变量 $\ln X_{jikt}$ 对零部件贸易和最终产品贸易并没有明确的界定，为了更好地测度产业内贸易，本文将参照在国际标准产业分类（standard international trade classification，SITC）中零部件贸易一般属于同一个产业，而且零部件贸易和 SITC 分类中的产业内贸易契合度极高，所以在度量零部件贸易时，可以由 SITC 分类中的产业内贸易近似替代（徐文海，王书飞，2013）。那么方程（2）的贸易引力模型可进一步演化为：

$$\begin{aligned}\ln I_{jiht} = {} & \beta_0 + \beta_1 \ln (GDP_{jt}) + \beta_2 \ln (pGDP_{jt}) + \beta_3 \ln (GDP_{it}) + \beta_4 \ln (pGDP_{it}) \\ & + \beta_5 WTO_{jt} + \beta_6 WTO_{it} + \beta_7 CAFTA_{ijt} + \beta_8 Area_j + \beta_9 Area_i + \beta_{10} \ln (Dist_{ij}) \\ & + \beta_{11} Contig_{ij} + \beta_{12} Lang_{ij} + \beta_{13} Comcur_{ij} + \delta_1 \ln (export_{jkt}) \\ & + \delta_2 \ln (import_{jh-it}) + \sum_t \mu_t YR_t + \varepsilon_{ijht}\end{aligned} \tag{3}$$

其中，h 指代的是按照 SITC Rev.3 前三位数分类的产业种类；I_{jiht} 即表示 j 国在 t 年从 i 国进口的产业内贸易额。

四、数据说明与描述性统计

1. 资料来源与处理说明

2002 年，中国和东盟签署了《中国 - 东盟全面经济合作框架协议》，CAFTA 贸易效应逐步显现，因此 2002 年被认为是 CAFTA 正式启动的年份，本文选取

1995—2013年的数据进行研究，以期对CAFTA成立前后中国和东盟成员国贸易流量和贸易模式做对比分析。数据库来源于CEPII-BACI数据库，通过整理总海关数据，并与中国、东盟成员国代码相匹配，进而得到中国和东盟成员国的进出口数据。[①] 东盟成员国除中国外具体为印度尼西亚、马来西亚、菲律宾、新加坡、泰国、文莱、越南、老挝、缅甸、柬埔寨等十国。

在数据处理过程中，根据WDI（世界发展指标）提供的参考值，名义GDP、人均GDP用各国每年的GDP平减指数进行平减；贸易额单位统一为美元，并且用美国各年的CPI进行平减；距离、陆地面积、共同语言、是否接壤、共同货币等变量数据来自于CEPII-DISTANCE数据库。由于这些指标变化幅度很小，本文选择以2006年的数据为基准（2006年为该数据库中的最近年份），其中两国间的差距以人口为权重进行加权。

2. 描述性统计

（1）中国与世界贸易流量总体概况

自中国2001年加入WTO以来，中国国际经济一体化进程加快，中国与其他国家之间的经贸往来越来越频繁，进出口贸易额增长迅猛。表2报告了1995—2013年中国与世界进出口贸易额的基本情况，总体来看，中国与其他国家的进出口额在总量上呈现跨越式增长。其中，中国对其他国家的出口额在总量和增长速度上都略高于中国从其他国家的进口额，这表明中国的产品出口在日益激烈的国际竞争中优势比较明显。

表2还报告了中国与东盟进出口贸易额的变化情况及其所占世界份额的比重。从出口份额看，中国出口到东盟的贸易额自CAFTA成立后也出现了大幅增加，1995年中国出口东盟的贸易额仅占中国出口世界贸易总额的5.8%，到了2013年其所占份额已上升到8.3%，增速较大；从进口份额看，其所占份额从1995年的8.2%上升到2013年的8.9%，增速较为缓和。总体上说明了中国与东盟经贸关系的不断加深，东盟已经成为中国进出口贸易中极其重要的贸易伙伴。

表2　1995—2013年中国与东盟及世界进出口贸易额

年份	东盟进口（亿美元）	世界进口（亿美元）	东盟进口比例（%）	东盟出口（亿美元）	世界出口（亿美元）	东盟出口比例（%）
1995	119.20	2 039.01	5.8	104.01	1 263.95	8.2
1996	119.56	2 171.51	5.5	109.51	1 296.31	8.4
1997	145.58	2 482.70	5.9	118.81	1 351.64	8.8

① 关于CEPII-BACI数据库的具体介绍可参考徐文海等《FTAs对成员国贸易流量和贸易模式的影响：基于中国参与FTA事实的实证研究》。

续表

年份	东盟进口（亿美元）	世界进口（亿美元）	东盟进口比例（%）	东盟出口（亿美元）	世界出口（亿美元）	东盟出口比例（%）
1998	126.09	2 539.72	5.0	117.15	1 301.19	9.0
1999	141.72	2 771.59	5.1	131.69	1 443.78	9.1
2000	192.30	3 480.47	5.5	191.34	1 893.00	10.1
2001	203.82	3 645.13	5.6	194.46	2 032.01	9.6
2002	266.95	4 262.88	6.3	272.97	2 494.83	10.9
2003	339.57	5 531.89	6.1	407.34	3 482.79	11.7
2004	468.10	7 336.47	6.4	515.33	4 562.75	11.3
2005	595.79	9 094.75	6.6	621.34	5 258.87	11.8
2006	750.41	11 271.97	6.7	687.73	6 265.07	11.0
2007	955.98	13 764.16	6.9	788.63	7 434.87	10.6
2008	1 156.20	16 262.21	7.1	874.64	8 861.96	9.9
2009	1 004.29	13 724.71	7.3	877.93	8 051.13	10.9
2010	1 378.97	17 708.02	7.8	1 202.90	11 182.86	10.8
2011	1 236.10	18 133.59	6.8	1 456.48	15 661.43	9.3
2012	1 679.61	20 129.27	8.3	1 542.93	16 254.00	9.5
2013	1 914.93	23 056.96	8.3	1 705.90	19 129.93	8.9

资料来源：根据 CEPII-BACI 数据库整理，或与其他渠道获得的统计数据不一

（2）中国与东盟成员国的贸易流量分析

图 1 展示了 1995—2013 年中国与东盟进出口贸易额及贸易总额的变化趋势，从中可以更直观地看出，随着 CAFTA 的建立实施，无论从进口角度分析还是从出口角度探讨，抑或从总额角度出发，中国与东盟的贸易额都在大幅增加。此外，中国与东盟进出贸易额虽然都在逐年增长，但随着 CAFTA 的不断深化，中国对东盟成员国的出口贸易额逐渐高于中国从东盟成员国的进口贸易额，这表明 CAFTA 对中国与东盟成员国进出口贸易的作用效果有所差异。

总的来说，CAFTA 的建立对中国和东盟成员国贸易流量都产生了重大的影响。对于中国来说，一方面，作为出口国，中国对东盟成员国的大量出口贸易在一定程度上缓解了中国市场内需不足问题，为中国劳动力就业提供了更多的机会，同时有利于提高中国出口产品的市场竞争力，促进中国工业现代化持续较快发展；另一方面，作为进口国，中国的进口贸易机会不断扩大，有利于中国进口产品成本的降低，中国产品市场不断丰富完善，从而促进中国工业现代化福利的提高。

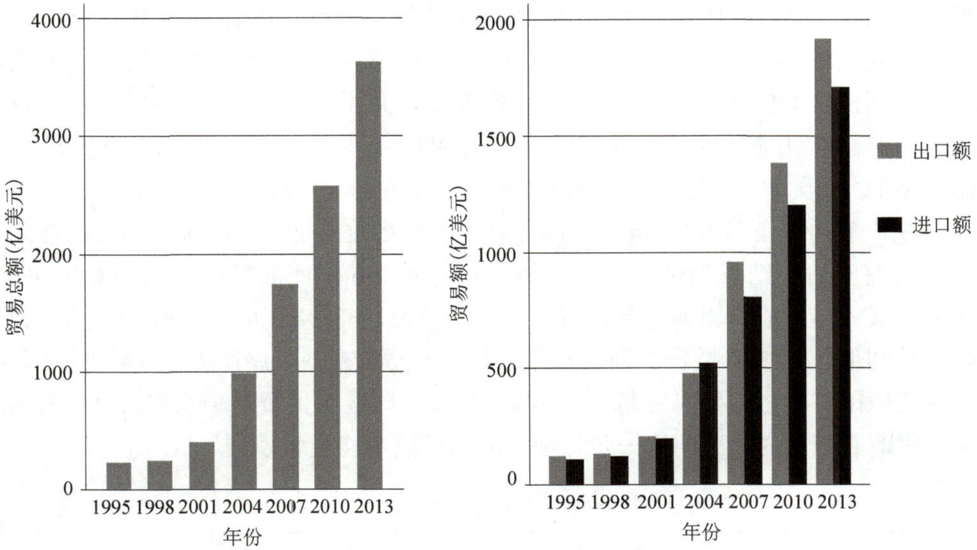

图 1 中国与东盟贸易趋势图

五、实证分析结果

在面板数据分析中，为了差分掉时间上恒定的效应，以下的实证分析中引入固定效应法；然而固定效应法也存在一些缺陷，如固定效应假定非观测异质性与一个或多个解释变量相关，这就违背了严格外生性假定，所以此处也引入了随机效应法，进行拟合回归对比。以下从一般产品贸易层面进行实证分析研究。

表 3 报告了总体贸易回归结果。从引力模型的基本变量分析，总体上看，出口国较高的 GDP 和人均 GDP 对双边贸易流量产生显著的积极效应，由于 GDP 在一定程度上反映了一国的经济发展水平，而人均 GDP 则反映了一国的产品供求能力，这说明出口国的经济发展水平和产品供求能力越高，双边贸易的发展越成功。虽然进口国部分 GDP 和人均 GDP 的回归系数出现了显著的消极效应，但其影响相对较小，并不妨碍整体回归结果的稳健性。两国之间的差距在一定程度上阻碍了双边贸易的发展，以随机效应的估计结果为例，两国之间的差距每增加 1%，将使 CAFTA 成员国的进口贸易流量平均降低 0.555%，这表明两国之间的距离越远，贸易成本就越高，越不利于双边贸易的发展。此外，进出口国家的陆地面积、是否接壤、是否有共同语言、是否有共同货币等影响因素对 CAFTA 成员方的贸易流量分别有着不同程度的积极效应。

从贸易自由化程度对 CAFTA 成员国贸易流量的影响上看，同是 WTO 成员的进口国和出口国对 CAFTA 成员国的进口贸易流量产生了不同程度的促进作用，其中出口国为 WTO 成员对 CAFTA 成员国的进口贸易影响比同为 WTO 成员的进口国对其影响更显著，虽然 WTO_{it} 的回归系数在混合 OLS 估计结果中为负，但考虑到混合 OLS 估计本身存在异质性偏误，并不影响结论的可靠性。以随机效应为例，在其他条件不变的情况下，从 WTO 层面上看，进口方为 WTO 成员比非 WTO 成员对 CAFTA 成员国进口贸易流量的影响平均增长 37.58%。

从产品内分工角度看，ln（$export_{jkt}$）的回归系数高于表 3 所报告的回归结果，以固定效应估计结果为例，进口国每年在每种 hs6 位产品层面的出口总额每增加 1%，CAFTA 成员国的零部件贸易将平均增长 0.683%；而 ln（$import_{jk-it}$）的回归系数却低于表 3 所报告的回归结果，同样以固定效应为例，CAFTA 成员国从世界其他国家的进口贸易额每增加 1%，其成员国零部件贸易平均增长 0.0988%，这表明随着产品内分工的进一步加深，零部件贸易将更快发展。

表 3　产业内贸易回归结果（N=1 307 314）

变量	混合OLS	随机效应	固定效应
ln（GDP_{jt}）	0.435*** （126.86）	0.0148** （2.62）	−0.616*** （−13.33）
ln（$pGDP_{jt}$）	0.045 0*** （23.79）	0.00449 （0.95）	0.582*** （12.94）
ln（GDP_{it}）	0.758*** （402.52）	0.626*** （155.38）	0.126*** （5.40）
ln（$pGDP_{it}$）	0.044 0*** （20.69）	−0.0927*** （−20.21）	−0.0632** （−2.77）
ln（$Dist_{ij}$）	−1.055*** （−246.35）	−0.856*** （−87.71）	—
$Area_j$	1.41e−08*** （15.79）	4.29e−08*** （17.76）	—
$Area_i$	−0.000 000 228*** （−165.98）	−0.000 000 153*** （−51.58）	—
ln（$export_{jkt}$）	0.433*** （375.35）	0.634*** （686.88）	0.683*** （672.74）
ln（$import_{jk-it}$）	0.396*** （195.53）	0.117*** （61.48）	0.098 8*** （43.15）
WTO_{jt}	−0.145*** （−17.72）	0.099 9*** （15.39）	0.058 0*** （8.25）
WTO_{it}	0.456*** （40.72）	0.424*** （45.42）	0.434*** （43.57）
$CAFTA_{ijt}$	0.802*** （80.47）	0.420*** （59.37）	0.461*** （63.57）
$Lang_{ij}$	0.615*** （77.68）	0.976*** （40.66）	—

续表

变量	混合OLS	随机效应	固定效应
$Contig_{ij}$	0.356*** （30.27）	0.341*** （10.73）	—
$Comcur_{ij}$	−0.521*** （−19.16）	−0.812*** （−11.43）	—

注："（）"内表示 t 统计量，$*p < 0.05$，$**p < 0.01$，$***p < 0.001$

六、主要结论和对策建议

本文采用 CEPII 数据库中 1995—2013 年包括中国在内的 11 个 CAFTA 成员国从其他国家进口的贸易流量数据进行研究，估计结果表明，从贸易自由化角度看，加入 WTO 对一般产品贸易发展有着积极的促进作用，对产业内贸易发展其促进作用微弱；相比 WTO，CAFTA 的建立不仅对 CAFTA 成员国的进口贸易有着显著的积极作用，对产业内贸易仍然有较大的促进作用。从产品内贸易角度看，相比一般产品贸易，产品总出口的增加对 CAFTA 成员国零部件贸易的积极作用更为明显。而且，更高程度的产品内分工进一步细分了各国的比较优势，强化了其在国际市场中的竞争力，促进了国际贸易的更深层次的交流与发展。此外，两国之间的距离增加了贸易成本，不利于双边贸易的发展，而陆地面积、共同语言、是否接壤、共同货币等变量对 CAFTA 成员国的进口贸易流量有着不同程度的促进作用。

以上的研究结果为中国工业现代化的进一步发展提供了很好的思路。一方面，中国应处理好各种区域合作关系，努力拓展多领域、多形式和多层次的经济技术合作，为推动中国经贸发展创造更好的国际环境和条件；另一方面，中国应加快经济结构和产业结构的调整，积极参与国际市场产品分工体系，推动中国工业现代化向更好的方向发展。此外，中国在与东盟成员国进行经贸往来时，应针对不同发展阶段的各成员国因地制宜地选择不同的合作模式、合作内容以及合作层次，从而促进 CAFTA 各成员国经济向更好方向发展。

参考文献

曹亮，蒋洪斌，陈小鸿 . 2013.CAFTA 的贸易创造和贸易转移效应研究 . 宏观经济研究，（6）：29-34+71.

曹亮，席艳乐，王贺光 . 2008. 产品内分工理论研究新进展 . 经济学动态，（12）：100-106.

曹亮，曾金玲，陈勇兵 . 2010.CAFTA 框架下的贸易流量和结构分析——基于 GTAP 模型的实

证研究 . 财贸经济，（4）：76-84.
徐文海，王书飞 . 2013. FTAs 对成员国贸易流量和贸易模式的影响：基于中国参与 FTA 事实的实证研究 . 宏观经济研究，（7）：90-100.
Anderson J E，Van Wincoop E. 2003. Gravity with gravitas：A solution to the border puzzle. American Economic Review，93（1）：170-192.
Baier S L，Bergstrand J H. 2007. Do free trade agreements actually increase members' international trade?. Journal of International Economics，71（1）：72-95.
Caliendo L，Parro F. 2012. Estimates of the trade and welfare effects of NAFTA. NBER Working Paper，82（1）：1-44.
Carrère C. 2006.Revisiting the effects of regional trade agreements on trade flows with proper specification of the gravity model. European Economic Review，50（2）：0-247.
Chirathivat Suthiphand. 2002. ASEAN-China Free Trade Area：Background，implications and future development. Journal of Asia Economics，13（5）：671-686.
Clausing K A. 2001 Trade creation and trade diversion in the Canada-United States free trade agreement. Canadian Journal of Economics，34（3）：677-696.

生态约束与新式融合下的现代工业体系构建

朱孟晓　王成利　徐光平
山东社会科学院

一、新阶段工业化提升的背景和要求

当前，世界经济技术革命处于新的发展周期，各个经济领域所面临的发展局限需要技术体系重整和再构来获取新突破。着眼国际形势，产业发展包含以下主题：一是以基础性的重大科技创新为支撑，革新旧的生产方式，有效缓解和突破经济社会发展所面临的资源、环境瓶颈；二是加快推动原有产业的技术改造，促进产业体系综合调整升级；三是通过技术创新重构产业体系的新型物质技术基础，奠定产业未来发展的基本架构；四是寻求新的经济增长点，创造和迎合新兴市场需求。这些发展主题构成了产业多元化调整的内容。在推动战略性新兴产业发展中，以基础技术重大创新为支撑的产业发展将对其他多数产业带来脱胎换骨的革新，而以新兴需求为导向的产业发展将成为拉动其他产业发展的新增长点。

移动互联网、云计算、大数据、物联网等新一代信息技术的深化发展和新式应用，深刻地改变了资源的配置方式，以数字化的方式再造了产业发展体系。

以数字化、网络化、智能化为核心内容的《中国制造2025》战略与新一代信息技术融合高度相关。互联网技术加快向各个产业领域嵌入，推动产业组织方式与业务模式向智能化、高效化和人性化转变，促使产业形成以人为本、创新发展的核心竞争力。传统的产业发展思维需要加快转变，重视与互联网融合，以发现和创造出更多经济产值。

现代工业发展的使命是以创新驱动为核心，不断提升工业的科技化、信息化水平，使工业化成为产业经济的中坚支撑，使工业化创造更大的就业需求，实现经济社会发展系统的协调、互促、同步发展。在新的国际分工格局和全球价值链的形成阶段，发展中国家工业调整的挑战和机遇并存。后发国家应抓住新一轮科技革命和产业革命机遇，掌握参与产业国际竞争的主动权。

二、现代工业体系发展的战略与思路

1. 现代工业体系发展的基本战略

1)“多元化”战略。各发展实体要基于客观条件和基础优势，科学合理发掘各类基础禀赋，应用新型科技，发挥市场机制，多领域、多方式地培育新型产业以及改造升级原有产业。

2)“融合化”战略。各发展实体要以自身的工业生态系统为平台和依据，发现和发挥不同产业之间的互融和联合效应，增强产业间的融合共生能力。

3)“集群化”战略。各发展实体要基于产业和区位特点，以重大项目和重点企业为核心，推动具有区域主导性的龙头产业集群崛起。以产业关联为核心，加快建设产业集群内部分工协作的生态系统。具有协同性的各区域可以通过联合联动，推动跨区域产业集群化模式，在更高层次的区域范围上产生空间集群效应。

2. 现代工业体系发展的关键思路

1）对接全球产业。优化工业结构，提高产业创新能力，全面对接全球产业的重整和再构，依此培育构筑现代产业体系。

2）扩展结构和规模。以市场效益和规模经济为导向，原有产业拓展和新引产业振兴相结合，逐渐扩展工业的结构和规模。

3）提高科技创新支撑。以科技创新为根本动力，以两化融合为重要手段，提高产业竞争实力，推动工业升级和优化。

4）增强外向度。在开放的环境、统一的市场中提升产业实力，全面提高产业的外向度及市场竞争力。

5）坚持生态化。适应低碳经济发展的要求，改变以资源型工业为主体的产业格局，积极发展环境友好型工业，高位规划建设生态工业园区、开发区，强化产业关联度，强力打造生态加工和生态制造产业链。

三、现代工业体系发展的重要方式

1. 制造服务化

无论从产业演化规律还是从实践进步体验来看，制造的服务化都是生产力发展的基本趋势。工业的发展为服务业发展提供了现实可能和市场需求，服务业反过来也为工业生产水平的进一步提高提供了支持，因为服务业的诸多业态正是从工业环节中分离出来、以专业化的组织方式支撑新的生产体系，进而主导产业发展升级和创新。服务业和制造业是相辅相成的，一方面，制造业某些模块就需要具有专业化水准的服务业支持；另一方面，制造业水平的提升也是相关服务业得以衍生的源泉，二者的有效配合也导致以服务为中心的生产制造方式的产生，使得生产更多地面向终极服务，生产活动由制造为中心趋向以服务为中心、由供给主导走向需求主导。服务业和制造业的互为发展机制成为一个重要的实践课题。

2. “互联网 +” 化

“互联网 +” 将构成中国制造业转型升级的关键环节和重要支撑。搭建好工业互联网发展的框架，推动制造企业应用互联网技术，对于中国制造由大变强、提高整体竞争力具有巨大潜力。“互联网 +” 行动将重点促进新一代信息技术与现代制造业、生产性服务业等的融合创新为制造智能化提供支撑。“互联网 +” 可以促使信息技术渗透到制造的各个层面提升产业价值链。“互联网 +” 与制造的深度融合将大大提高制造精度和效率，保障工艺最优化和标准化，促进研发设计创新、业务流程优化和商业模式创新，实现智能化制造。

3. 生态系统化

在现代工业体系构建上，要注重绿色生态制造产业的发展，适应低碳化、环保型的经济发展要求。在生态保护优先的前提下，合理发展环境友好型制造产业，强化产业关联度，强力打造生态加工、生态制造以及制造服务的综合产业链。各发展实体要从本地经济发展的现状出发，面向新兴市场需求，着眼于培育新经济增长点，对接原有的主要产业基础，推动制造产业向生态化、环保化发展。

四、现代工业体系的分类发展导引

1. 资源依赖型工业的发展导引

对于资源依赖型工业，应在进一步巩固原有优势的基础上，依托原有的产业和技术优势，延伸和拓展产业的生存发展空间。在现有产业基础上不断地巩固强大接续替代产业，围绕产品配套体系最终向终端延伸，实现价值链再造。

实施资源替代战略。一是开拓发现外部资源，替代本地资源储量不足；二是扩展资源产业链，推动资源初级生产的延伸；三是向清洁能源生产等领域转移，实现资源和能源生产多元化。

根据市场需求变化，适时调整产品和技术方向，提高产业技术创新水平。基于现有产业基础，发展高端装备制造业，实现向高端、大型、综合制造的转型过渡。

2. 一般工业制造产业的发展导引

对于一般工业制造业，应在新的技术经济条件和需求环境下推动其转型升级。以市场需求为导向、以核心产业链条为轴线，丰富产业的门类、优化产业的结构。以技术开发和创新为动力，引导产业向科技化、精深化方向发展。

培育核心型企业，提高大中小企业关联度，通过集群发展提升产业规模。加快产品升级，支持产品研发投入，提高自主创新水平，打造自主品牌。推动生产向终端产品延伸，走质量竞争和差异化竞争相结合的道路。

突出产业发展的特色化，通过高附加值的产品创新，加快提高市场占有份额。

3. 战略性新兴产业的发展导引

对于战略性新兴产业，应力争通过基础领域、关键技术和新兴产业的战略突破，推动产业创新和升级，推进战略性新兴产业发展的重点突破，形成新经济增长点。各发展实体应从本地经济发展的现状出发，对接原有的主要产业基础，推动战略性新兴产业向科学化、高端化、市场化发展，使其成为新型工业体系的新生力量。

着眼技术进步前沿，科学论证、精细规划，找准技术攻关方向，优化科技资源配置。在前沿科技项目上依托科研院所技术力量，发挥骨干企业龙头带动作用，加强研发合作，提高成果转化效率。

五、现代工业体系发展的保障

现代工业体系发展重在突破资源环境约束、加快产业优化升级。在现代工业体系构建中，政府必须不断优化发展环境，提高政府服务水平，有效协调生态保护与科学发展的关系，保障工业化发展的生态效应和质量效应。

1. 加强生态环保约束，在产业准入和排放治理两个方面坚持原则、严格标准

为了增强产业的科学发展、协调发展和可持续发展能力，各发展实体应把转方式、调结构作为产业调控的主线，把加强生态建设和环境保护摆在突出位置，实现经济发展、资源高效利用和生态环保“多赢”的目标。

在产业调控思路上，应在产业准入和排放治理两个方面坚持原则、严格标准，把好“进口”和“出口”两道关，使产业加快转向生态、环保、可持续的发展路径。一是需要明确区域分工，控制产业准入；二是严格环保标准，完善淘汰退出机制；三是强化生态监管，推行信息披露制度。

2. 以用地结构优化和节约集约用地为重点，为产业发展提供空间支持

完善合理、有效利用土地的土地供应机制，加强土地集约利用、助力产业高效发展以及促进生态环境优化，提高单位土地面积的利用价值和投资强度，实现产业的规模化和集聚化发展。

3. 充分发挥各项政策措施的“组合效应”，强化工业化升级的创新激励建设

在经济全球化以及产业全球分工体系再构的背景下，要对国家创新体系进行战略调整，加快改善创新发展环境，积极适应全球经济创新趋势，加快提升自主创新水平，使自主创新成为产业转型优化的根本支撑和动力。要加强政策的支持和引导作用，凝聚自主创新发展所需的人力和物质资源。政府在技术成果转化应用环节要发挥积极的作用，创造有效的创新成果产业化转化平台。

参考文献

邓可斌，丁重．2010. 中国创造性破坏缺乏的理论成因及实证检验．经济学家，(7)：60-68.
冯之浚．1999. 国家创新系统的理论与政策．北京：经济科学出版社．
林毅夫．2013. 新结构经济学的理论框架研究．现代产业经济，(Z1)：18-23.
刘明宇，芮明杰．2012. 价值网络重构、分工演进与产业结构优化．中国工业经济，(5)：148-160.
陆国庆．2003. 基于信息技术革命的产业创新模式．产业经济研究，(4)：31-37.
钱纳里等．1988. 发展的模式：1950—1970. 北京：经济科学出版社．
熊彼特．1990. 经济发展理论．张培刚译．北京：商务出版社．
徐鑫，刘兰娟．2014. 新一代信息技术影响经济转型的作用机制研究．经济纵横，(5)：55-58.
杨高举，黄先海．2013. 内部动力与后发国分工地位升级——来自中国高技术产业的证据．中国社会科学，(2)：25-45，204.
杨蕙馨，冯文娜，王军．2015. 产业组织与企业成长——国际金融危机后的考察．北京：经济科学出版社．

Ⅲ　工业现代化的模式与经验

美国金融危机与经济人假设的反思 ①

方竹兰
中国人民大学

美国金融危机导致的经济危机席卷全球，全球经济至今还没有走出衰退的困境。纵观美国金融危机到全球经济危机的形成过程，我们不难发现，西方经济学中的经济人假设构成各种市场主体行为的基本理论支持。西方经济学的经济人假设的一般含义包括：①人都是自私自利的，都追求自身利益的最大化；②人都是努力计算自己的收益与成本的，无论是无限理性，还是有限理性，主体的利益计算总是尽可能最大化；③只要有私有产权的制度保障，人追求自身利益最大化的行为会导致社会利益的最大化。经济人假设长期以来成为西方经济学的理论主线和哲学前提，同时也成为社会公认的市场经济主体的行为准则。按照西方经济学的经济人假设，在2008年美国金融危机中，从事金融衍生品交易的各个市场主体都在合法地谋求个人利益：房屋购买者谋求房子的增值，银行谋求贷款利益，投资银行谋求证券收益，保险公司谋求保险收益，对冲基金谋求风险利益，各个市场主体的行为都符合经济人假设揭示的追求个人利益的最大化。但是看似合法的行为不仅没有促进如经济人假设所许愿的社会公共利益的增进，反而严重侵害了社会公共利益，引发了金融危机进而演变成全球经济危机。这种与经济人假设的理论预期相悖的社会结果不得不使我们反思：经济人假设对人类经济行为关系的解释是否过于肤浅，不能完全反映市场经济正常运行需要的主体行为特征，反而有可能误导市场主体的行为，影响现实经济的健康发展？经济危机的严峻现实不仅急需我们在实践上用各种有效的政策解决眼前的经济困难，恢复经济的正常发展，更需要我们对于危机产生的根源进行冷静深入的理论反思，修正现有理论中已经不适应现实发展需要的部分，为未来经济的复苏和繁荣提供新的理论体系。

第一，金融危机中表现出的对金融衍生品狂热追捧现象需要我们反思：经济人假设是否在一定程度上扭曲了社会财富概念内涵，强化了货币形式的财富概念，弱化了实体形式的财富概念，致使在现代产业结构的发展中，误将金融衍生

① 本成果受到中国人民大学“985工程”中国经济研究哲学社会科学创新基地的支持。

品产业看作新兴产业发展的最前沿标志，助长了人们追求和放纵金融投机的社会心理和社会惯性。

从经济人假设提出和发展的轨迹，我们可以看到货币形式的财富概念随着市场经济发展的历史而逐步强化。如果说斯密提出了经济人假设的初步概念，约翰•穆勒给出了经济人假设的基本定义时还有意识地强调货币财富依附于物质财富，那么之后的古典经济学家和新古典经济学家的补充和完善，逐步将经济学从具有道德和社会属性的学科转变成具有浓厚工具性色彩的市场主体利益计算器，"经济人"变成了赤裸裸的追求利润最大化的自私自利的人，经济学也逐步侧重于货币形式的交换价值的分析，而忽略了使用价值的分析，更没有了任何道德良心的制约。货币成为财富价值标志的理念被社会精英和社会大众所认可，与之相伴的是，随着资本市场的发展，货币形式的财富异常丰富起来，不仅包括现金，也包括股票、债券、期权、掉期等虚拟货币，从而现实地强化了货币形式的社会财富概念，弱化了实体形式的社会财富概念，逐步导致国家与国际层面的货币拜物教。

我们从各国对金融投机的管理实践中更多看到的是各国对货币金融投机有意无意的追捧，连各国政府都在运用国家力量把大量的注意力放在金融业而不是实体经济的有效发展上。大片的土地被用于金融产业发展，大量的自然资源用于金融业，大量的社会精英从事金融业，甚至大量的高科技用于金融业。

从金融衍生品产生的历史看，为了商品价格的套期保值，为了市场运行风险的防范，市场经济在一定程度上认可金融投机的存在。但是认可一定程度的金融投机，并代表不认可货币成为全社会财富的终极标志。经济发展的终极指标是使用价值而不是价值。如果说个人将货币作为自身财富的终极标志情有可原，因为个人可以用货币交换需要的物品，那么从国民经济宏观层面绝不能够片面地将货币增值作为管理的最终目标，国家层面的生产生活资料必须实实在在地存在，货币才有交换的价值。只有实体经济的发展为主导，虚拟经济的发展才有根基。如果一方面是实体经济领域的资金不足，尤其是大量中小企业创业资金不足、贫困人群的救助资金匮乏和科技创新需要的资金短缺；另一方面则是用钱炒钱盛行，金融衍生品日新月异，大量的社会人力资本与货币资本被用于金融衍生品产业活动，越来越脱离对实体经济的有效对接，这不能说是一个健康高效的可持续发展的国民经济系统。

从人的发展角度看，个人将货币作为财富的标志也存在问题：货币可以交换到需要的任何东西不假，但是货币交换到的东西不一定符合个人利益最大化，有时候是损害个人利益的。比如有钱而大吃大喝，损害了健康，只能是对个人利益的损耗；有钱而生活堕落，也没有个人的幸福、舒适、安宁。个人利益最大化的内容是什么需要新的阐释，一味地追求货币形式最大化可能造成个人利益的增加，也可能造成个人利益的减少，甚至可能是个人利益的损害。好的市场经济应该导向人的货币利益与实际利益的一致性，能够促进人的全面而自由的长远发展，这样才可以体现人类发展经济的真正价值。

鉴于美国金融危机的现实，人类需要有正确的财富观，需要将财富的交易形式与财富相区别。经济学不是投机学，即便是在市场经济中也是如此。经济学是通过物质利益的获得而使人们生活幸福的科学，是使大多数人都能够得到基本生活资料，并能够全面自由发展的科学。有了科学的财富观，国民经济管理者才能理直气壮地界定虚拟经济发展的边界，才能对金融投机行为进行及时而有效的监控，将金融投机限制在有利于实体经济发展的限度，而不是让金融投机本身成为经济发展的主角。因此，吸取金融危机的教训，我国既需要从国民经济宏观层面研究虚拟经济与实体经济的关系，研究人力资本与货币资本配置在实体经济与虚拟经济的适当比例，研究金融衍生品产业的发展限度，也需要从国际社会层面研究建立什么样的财富观和财富管理规则，才能形成一个有利于人类全面发展的健康的全球经济调节系统。

第二，美国金融危机暴露出的虚拟市场价格被投机家肆意操控的现实证明，建立在经济人假设基础之上的、适合实体经济运行的价值规律已经不能涵盖虚拟经济的运行过程，虚拟经济的发展已经使我们所处的市场环境发生了重大转变，无形之手的作用需要重新审视。建立在实体经济基础上的无形之手讲的是物质产品生产过程中的价值与价格的波动关系，物质产品的价格波动是以人们对于物质产品的生产供给与消费需求相关的，价值规律通过价格的波动反映出商品的供给与需求关系，反映商品的内在价值；同时通过价格变化，调节社会的供求矛盾。通过价值规律作用，促进生产与消费之间的和谐。但是在虚拟经济领域，特别是金融衍生品领域的价格波动一开始就不是反映人们的物质供给和物质需求之间的关系，而是反映金融衍生品之间的供给与需求关系，是对投机的供给与需求。实践证明这种需求具有自膨胀倾向，极有可能完全脱离实体经济运作的轨迹，破坏经济活动的健康运行，危害人们的生产生活。现在的西方经济学基本没有对虚拟经济运行规律的深度研究，误认为实体经济运行的价值规律也适用于虚拟经济，这是一个错觉，更是一个理论空白点。我们需要认识到，在虚拟经济的环境中，即便表面上投机主体是按照商品交易的供求关系行事，但供求之间的价格波动实质上已经与实体经济中的价值规律作用有根本区别。在虚拟经济市场上，我们首先需要研究的不是价格波动与供求之间的关系，而是投机范围和投机程度的限度：什么条件下，投机是需要存在的；什么条件下，投机是不能存在的。虚拟经济中的市场主体已经不是就已经存在的商品进行交易，他们所交易的只是对未来房价，股价，债券价格甚至股票期权，股指期权的预期，参与者凭借自己的心理期待和主观判断去购买未来收益，带有严重的主观性和随机性。

比如目前比较普遍采用的金融机构的“杠杆”交易，很难用价值规律加以概括。美国金融危机前大约有 62 万亿的信用违约掉期（credit default swap，CDS）。其起因是许多投资银行为了赚取暴利，采用 20 ～ 30 倍杠杆操作，由于杠杆操作高风险，所以按照正常的规定，银行不能进行这样的冒险操作。一个变通的办法是，把杠杆投资拿去做“保险”。这种保险就叫 CDS。经过保险后的 CDS 就像股票一样流到了金融市场之上，可以交易和买卖。假设市场交易者为 ABCDG 依次排列，CDS 的一连串反复的交易都源于对始作俑者 A 的盈利预期。如果 A 为房屋所有者，次贷危机使房价涨到一定的程度就涨不上去了，后面没人接盘。房子卖不出去，高额利息要不停地付，终于把房子甩给了银行，此时违约就发生了。违约效应传递到最后一个 CDS 购买者 G，G 经不起如此巨大的亏损，G 濒临倒闭，影响到采用了杠杆原理投资的 A，A 赔光全部资产也不够还债。因此 A 立即面临破产的危险，A 反过来开启了倒闭的多米诺骨牌，逼得政府出来救市。可见，一开始虚拟经济就建立在沙滩上。

在这样一个十分复杂的交易过程中，古典经济学和新古典经济学原意上的价值规律已经不能概括虚拟经济领域的现状，经济人假设中的经济人已经变成了纯粹的投机人，各种主体行为的基础不是普通的商品，而是天马行空式的投机衍生品，所从事的交易内容、交易价格、交易关系、交易主体与传统的商品交易大相径庭，是不能用价值规律的作用简单解决的。如果说传统的商品交易还可用斯密价值规律这只“看不见的手”调节个人利益与公共利益的关系的话，那么虚拟经济甚至投机经济中个人利益与社会利益的关系调节显然是人类遇到的新问题。虚拟经济的出现也反过来影响了实体经济领域的价值规律作用，扭曲了价值规律作用的惯性，甚至使价值规律失去作用。时至今日，全球市场经济中经济人主体本身的类型和范围已经大大扩展，各种经济活动的复杂性已经远远超出西方现有经济学的解释范围。

第三，美国金融危机暴露出经济人假设忽视了经济主体私利性之间的相互制约和相互依赖关系，从而缺乏对社会财富配置公平性的深度分析。经济人的社会关系的互相制约性带来了经济人利益的相对性，经济人追求私人利益的行为都是在与其他经济人追求私人利益的相互制约中进行的。这种制约超越简单的交换关系，蔓延到分配、消费、财政、金融等生产和再生产环节，构成利益关系的相互依赖和互相制约，内在地需要市场主体认可并建立利益相关者之间互相均衡的利益机制，以保证市场经济的正常运行。以经济人假设为前提的西方经济学没有解释清楚相关利益者之间的制约和依赖关系，只是在外围用政府的公共利益决策来解决市场失灵，但是政府本身也是有私利的，并不必然为公共利益服务。这样一来，西方经济学陷入了市场失灵政府管、政府失灵谁来管的理论疑团。

忽视经济主体利益相互制约关系的经济学必然过分关注生产领域的分析而忽视分配、消费等其他领域的分析。着重于生产领域分析的西方经济学给人们这样的错觉：只要社会财富生产有效，分配的公平性可以通过市场交换自动解决。而现实却呈现出与西方经济学的设计相反的状况。即便生产是有效的，也需要有公平的分配使再生产的过程通畅，分配的不均衡不仅影响社会财富分享的公平性，同时也影响再生产过程的正常运行。这次美国金融危机实际上是产生于相关利益人之间利益链条的破裂，而利益相关者关系的破裂导致全球经济的衰退。经济人假设缺乏分配、消费环节的理论设计没有揭示出各种利益相关者之间的依赖关系，恰恰成为经济主体利益关系断裂的理论根源。

事实告诉我们，国家与国家之间的利益相关关系远比单一的商品交换关系复杂得多。从国际经济关系的角度，我们不仅需要理清生产与再生产过程中的生产关系、交换关系，也要理清分配关系、消费关系。从整个生产再生产关系的角度解释国际经济关系的均衡，尽可能避免国际经济秩序的失衡，防止一国经济危机向其他国家的快速蔓延，应建立相对公平的国际经济关系。这次美国金融危机迅速向全世界蔓延的事例说明：经济主体在国际范围既互相依赖也互相制约的关系我们至今没有认识清楚。比如富国可能只觉得被穷国需要，被穷国依赖，实际上，富国也需要穷国，也依赖穷国，它们之间的关系是互相依赖、互相循环的。经济人假设严重忽视了这种利益链条的分析研究，把市场经济当成了商品交易的自动转化器，以至于富国可以在全球范围内利用强势地位对相对弱势的国家巧取豪夺。

经济人假设之所以忽视人们之间利益关系复杂性的研究，原因在于该假设以单个自然人为基本分析单位，忽视了社会关系的多面性。在现实生活中，每个人都是社会人而不是单个自然人，是有一定社会职业、社会角色、社会组织和社会需求的社会人。这种社会关系的多面性可解释单个经济人与其他经济人之间在个人利益追求中的相互制约关系、相互依赖关系，更可以解释利他性的价值效益与利己性之间不是绝对对立的关系，而是互相转化的关系。利他而利己不仅仅在使用价值的交易中体现出来，还需要在市场的制度建设中，从而在国民经济管理中体现出来：一方面是公司业绩在下降；另一方面是高管薪酬在上升。公司高管与普通员工的薪酬差距过大，不以为耻，反以为荣，这种即便是普通人也认为不正常的现象在西方经济学中却被看作正常，恰恰是不正常的。

经济人假设长期以来强调的是经济人追求私人利益对于社会利益的一致性，淡化了私人利益对于社会利益侵害的可能性。从斯密教条到科斯定理，从供求价格到产权界定，污染本应是公共性较强的话题，但即便是在公共性比较强的问题上，也应追求私人性与公共性的一致。这种对于私人利益追求导致公共利益的一致性假设与现实经济主体利益严重失衡形成强烈反差的现实已经促使许多企业家走在理论家的前面在探索解决之道，促使理论家的反思尽快展开：实现个人利益追求中与社会利益之间的良性转化，市场经济主体需要制度激励。制度的有效性甚至可以通过个人利益的一定时段，一些方面的牺牲换来其他时段、其他方面的利益的获得，比如捐赠和社会认可、社会尊敬之间的转换。比尔·盖茨实际上认识到相关利益人之间的制约不仅是指短期和现实交换当中的制约，而且是指长期和本质上的利益均衡性制约，所以他没有将巨额资金用于投资金融衍生品，而是用于慈善基金会的运作。他早看到如果这种利益均衡被打破，整个社会的利益链条就会出现断裂，引起社会经济的失衡，所以他认识到富国帮助穷国、富人帮助穷人就是在帮助自己。

第四，美国金融危机中的道德风险表明市场主体的自治性品质是市场经济健康运行的内在需要，不是可有可无的。市场主体可以没有利他性品格，因为市场主体不是慈善家，但是市场主体追求个人利益不能肆无忌惮，利己与自治应该是市场主体人格的两个相辅相成的方面。市场经济的健康发展需要市场主体具有能够约束自身疯狂利己的品质，能够有所节制。经济学是人学，不是动物学，如果经济学完全认可人们的贪婪，而不对贪婪进行适度的约束，那么，这种经济学充其量是初级发展阶段的具有动物特性的人的经济学，而不是发展到成熟阶段的人类经济学。人类与动物的区别是人懂得克制，公然让贪婪变得既合理又合法的经济学不是我们这个时代所需要的，时代需要我们研究经济学的道德性。经济学需要引入关系到市场主体的人格发展所需的羞耻感、尊严感、道德感、健康感、快乐感、幸福感。而国民经济管理需要研究如何激励人们的道德自律，需要有耻辱管理、尊严管理、认可管理、自治管理、名誉管理等，而不仅仅是财富管理。经济主体可以不主动利他，但决不允许名正言顺地蓄意损人、坑人，甚至把蓄意损人、坑人当成生财之道。由于经济人假设的道德评判缺失，社会还隐性认可道德上的某种逆淘汰机制，道德高尚反而成为不正常。一个非常令人担忧的现象是：一些富人赚到了钱，却丢失了人格。

从人性假设的角度看，经济人假设只是揭示了市场经济中人的利益追求的浅层特征，忽视了人的利益追求的深层特征，经济人假设对于人的特性的揭示是初步的，只能说明随着市场经济的发展，经济学需要对经济主体人性作进一步的揭示。所谓市场经济中的初级人性特征，就是市场经济主体对于个人物质利益最大化的追求，对人性的初级层次特征的解释反映市场经济发展阶段的初级性，在高级阶段的成熟的市场经济中，人性的更高层次需要被揭示出来，人性的高级层次具有自由人的特征，包括对健康，安全，尊敬，认可，个人成就的实现等。如果我们认识到市场主体的高层次特征，就可以推断，社会公益性产品的创造者不一定是政府，也可以是社会自组织，甚至是社会个人。这样就可以破解西方经济学认为的市场失灵只能由政府来解决的难题，让社会自组织和社会个人也参与解决市场失灵问题。关注市场主体的高级人性特征是建立成熟市场经济机制的必要前提，也是处理市场经济机制之间的多样性和均衡性、建立利润机制和非利润机制之间的沟通关系，转换关系和协调关系、培育市场自组织体系、形成市场自治与政府合作关系的理论基础。

经济主体的高级人性特征，是人类经济与社会可持续发展的需要，也是人类根本的与长远的利益所需要的。比如创新经济的发展动力从表面上看具有商业利益的追求动机，但更深远的动机源于其对科学探索的爱好、兴趣、天赋、激情，是对人类未来的憧憬。如果缺乏更深远的动机支撑，迄今为止的人类不可能有如此多的发明创造，我们的生活也就不会日新月异。从时间和空间状态看，人类的自我克制可以更全面丰富地完善利己性，自治和利己共同起作用才能有利于社会利益的增进。经济人假设证明了利己能够促进社会利益的实现，但忽视了利己必须自治，忽视了利己也可能损人。市场经济的制度建设不仅需要激励人们利己，还要在防止损人利己上下功夫。如何防止损人利己成了理论空白点，西方经济学没有讲清利己与自治如何统一运作，如何转化，致使在市场经济实践中有将贪婪无耻合法化的倾向。经济人假设没有给出经济与道德结合的解释，已经人为地造成了许多人对道德的轻视与亵渎。美国金融危机给我们教训是，道德不是外在于市场经济的，而是内在于市场经济的。在信息不对称条件下，制度如何激励道德自律，让道德自律者胜出，让不道德者落败，不把无耻当成生财之道，不让道德自律者吃亏，是经济学面临的挑战。

第五，美国金融危机启示我们，私有产权制度既不能保障个人追求物质利益，也会导致社会利益的自动实现。经济人假设认可私人产权制度是迄今为止最好的产权制度，可以在激励人们追求个人利益的最大化过程中，使公共利益得以实现，认为只要确立了私人产权制度，个人利益与社会利益的和谐就能实现，美国金融危机的现实却表明，这种理论判断过于武断。以美国为例，美国是私人产权制度相对比较完善的国家，自称是世界私人产权制度的典范，但是美国金融危机就是产生于美国私人产权制度没有妥善解决好个人利益与公共利益之间的矛盾。私人产权仅仅解决了每个个体追求利益的权利配置，至于每个个体在追求个人利益的过程中的相互制约、依存关系，对最大限度个人利益追求可能引起的社会利益的伤害如何解决，对于非个人利益的公共利益产权如何维护，还是缺乏一套有效的制度系统。从美国金融危机引起全球经济危机的结果，我们还看到，美国私人产权制度的缺陷已经不仅影响到本国，而且影响到世界。

从历史教训看，私人产权制度虽然能够激发人们追求个人利益的积极性，增加人们追求个人利益的自由度，在一定程度上能够增加公共利益，但是私人产权追求到达公共利益和谐的过程有许多环节：私人产权的适用范围、公平配置、信息透明、制约监督机制、私人产权与公有产权之间的结构、公有产权对私有产权的约束等。一言以蔽之，经济人假设关于私人产权必然带来公共利益和谐的结果需要许多约束条件，而西方经济学并没有对这些条件做出科学的分析。

实际上，私人产权与公有产权之间的关系并不是绝对对立的，人类发展到现在，还是用一种非此即彼的哲学理念思考亦此亦彼的复杂现实，这表明人类对经济活动的制度奥秘认识的初级性、幼稚性。人类认知模式的发展成熟程度决定了人类制度发展的成熟程度，单纯鼓吹私人产权制度必然促进公共利益和谐的经济人假设不仅表明人类利益的局限性，也表明人类知识的局限性。经济制度不仅是利益的产物，而且是知识的产物，也就是说，经济领域的人不仅是经济人也是知识人，经济人属性需要加上知识人属性。不仅私人利益的无限扩张会导致制度的恶，知识的谬误也会导致制度的恶。知识有限性揭示知识的局限可能会与私人利益的局限一样侵害社会，侵害公共利益。私人产权所有者的知识局限不仅侵害公共利益，也可能侵害个人本身。自以为是的私人产权拥有者也许一无所知，所以知识需要合作，利益需要合作，产权自然也需要合作，需要合作的产权就可以在私人产权基础上发展出各种混合的，公共的产权形式。

综上所述，经济人假设对于市场经济主体特征的解释具有片面性。这一片面性导致西方经济学在分析经济现象时的表面化，以及分析工具的不足和浅显。经济人假设需要新的经济学假设替代，以我之见，可以用相关利益人替代经济人假设，尝试建立一套新的经济学理论体系。也许这就是当今时代需要中国经济学家做出的努力。

参考文献

保罗•海恩 . 2008. 经济学的思维方式 . 史晨译 . 北京：世界图书出版公司 .

道格拉斯•诺斯 . 2008. 理解经济变迁过程 . 钟正生，刑华，高东明等译 . 北京：中国人民大学出版社 .

杰弗里•M. 霍奇逊 . 2008. 经济学是如何忘记历史的 . 高伟，马萧鹏，于宛艳译 . 北京：中国人民大学出版社 .

克鲁格曼 . 2001. 克鲁格曼国际贸易新理论 . 黄胜强译 . 北京：中国社会科学出版社 .

曼昆 . 2002. 经济学原理 . 梁小民，梁砾译 . 北京：北京大学出版社 .

斯蒂格利茨 . 1997. 经济学 . 高鸿业，吴易风，刘晓西等译 . 北京：中国人民大学出版社 .

加强县域治理能力建设要有新思路

邹力行
国家开发银行研究院

县域治理是国家治理的基础，也是国家治理的薄弱环节。县域治理包括县（市）、乡镇、村三级治理，构成国家治理基层体系。基层稳固，国家稳固；基层发达，国家发达。顺乎时代潮流，适应形势变化，继承优秀传统，积极探索加强县域治理能力建设新思路，对国家长治久安和可持续发展有重要意义。

一、县域治理概况

1. 县域治理内涵

县域治理是国家在县域范围通过建立县域政治体制、运行机制、管理制度进行的综合行政管理。这里的县域指以县城为中心包括县、乡、镇、村在内的区域范围，其主体核心是县。这里的治理着重是指按照现代基层政府要求，调整行政构架和功能及其制度，对当地行使法定治权的方式。县域治理具有一定的人口地理和规模，拥有比较完整的行政功能，处于国家和社会的交界面，在整个国家政经体制中，担当起承转合的角色，不仅能够比较全面地反映整个体制运行和变迁，而且能够比较集中地体现国家与社会的互动。在计划经济向社会主义市场经济转型的过程中，在农业文明向工业文明转型的过程中，在传统社会向现代社会转型的过程中，县域治理作为上层建筑对县域发展，包括县域政治发展、县域经济发展、县域社会发展和县域文化发展，具有具体而深刻的影响。主要表现在：一是县域政府能力和角色，二是机构设施和工作效率，三是基层民主的发展。

县域治理既涉及纵向关系（上级政府与县级的关系），也涉及横向关系（县域与其他区域的关系）。在各种关系中，县域政府作为关联的一方，行使一方权力，具有基础地位，如果不能完善县域政府功能，单纯地“强县扩权”，在加强县域政府自主权的同时也可能增加政府权力损害公共利益的风险；如果不能提升县域治理能力，县域作为大市场的重要组成部分必然缺乏内在的活力。因此，我们研究的着力点是县域内部的体制改革、机构调整和能力建设，重点研究在新时期如何构建与中国国情和现代化相适应的县、乡镇、村三个层级相互作用的区域体制，促进县域治理能力建设。在县域治理结构中，县、乡镇、村三个层级的治理功能不一样，治理内容也不一样。

在县（市）政府层面，着重从七个方面培育治理能力：一是强化法治意识，提升县级政府依法治理社会的能力；二是倡导共同精神，提升县级政府以德治理社会的能力；三是规划先行，提升县级政府对县域经济的规划和执行能力；四是增强公共服务，提升县级政府提供公共产品和服务的能力；五是坚持市场导向，提升县级政府对治理工具的选择能力和办事效率；六是增强安保意识，提升县级政府维护地方治安和社会稳定的能力，以及抗击风险和化解公共危机的能力；七是增加行政透明度，提升县级政府反腐倡廉的能力。

在乡镇政府层面，着重能力建设，包括对当地社会的管理能力，解决村级组织“不好办和办不了的事”的能力，以及为当地经济建设和社会发展提供公共服务的能力。

在村级组织，着重村民自治，包括引导村民发家致富的能力，解决一家一户“不好办和办不了的事”的能力，以及保护当地生态环境和历史文物的能力。基层治理能力实际上还包括其他很多方面。我们着重从经济社会可持续发展角度，探讨基层的自治性、主动性和能动性，分析基层的内生活力。

20 世纪 80 年代，中国农村实行家庭联产承包责任制，极大地释放了农民种田的积极性和能动性，对全国各行各业改革发展产生巨大的推动作用，为中国三十多年的高速发展奠定了基础。在新时期，从县域基层着手，深化县域政治经济体制改革，探讨符合国家现代化要求的具有地方特色和功能的县域治理新模式，推进县域治理体系和治理能力建设，加快建立和完善以当地人民根本利益为出发点的政治、经济基础，调动广大干群的积极性和创造性，增强基层的治理能力，将对 21 世纪中国稳定健康发展产生不可估量的影响。

2. 县域治理沿革

在中国五千年文明发展史中，对县域治理有丰富的论述和宝贵的经验。县域治理历来是安邦治国的基础。春秋战国时期以来，经过两千多年演变，县级建制在政治、经济、社会、文化等方面形成了相对独立的地域实体，比较集中地体现了国家政治体制功能。

自秦以来，“皇权止于县政”，县级政权是中国最基础的行政组织。县以下实行自治，中国古代“乡”不是国家政权行政组织部分，而是一种类似于国家行政机构的社会自发组织。乡级组织与乡里体制、保甲制度等相结合，构成一个集政治、军事、教育功能于一体的乡村治理体系，形成一套完备的乡村基层管理系统。在乡村管理系统中，大家族、乡绅和地方名流占有重要的地位，乡村自有一套相对独立的“族权”。因此，在乡村实际上存在两个既有联系又相对独立的“皇权”和“族权”体系。其中，“皇权”通过特殊的委托代理方式控制乡村，具有更多的文化象征；“族权”拥有实际管辖与治理权，形成“士绅自治”模式。

清末民国时期，在全国范围内展开了一场规模宏大的地方自治运动。在民族救亡与现代化的召唤下，国家政权在县级试行“地方自治”①，同时企图在乡村社会建立基层组织，将国家正式权力伸延到乡村社会内部，对乡村进行新的分区编号，打破封闭自治的村落社会，形成当时条件下的“乡政治理”模式。

新中国成立初期，为了加速国家工业化发展，中央政府致力于中国社会、经济、政治的根本性改造，把革命战争时期的政治工作经验应用于经济社会发展，将党务渗透到县、乡、村具体的组织工作环节，形成“政经合一”的县治模式。特别是在乡和村，从1958年到1983年，实行了长达25年的以人民公社为主体的集体经济模式。人民公社时的“公社、大队、生产队”三级管理很类似于部队的“营、连、排”垂线式管理。这种模式在当时为国家工业化体系的建设和农村基础设施建设起到了一定的推动作用，但这种模式也在一定程度上压抑了农民生产的积极性和主动性，束缚了生产力的发展，导致农村生产效率低下，农民生活贫困，加上户籍流动禁锢，形成城乡二元社会结构，进一步拉大了城乡差距。

改革开放后，全国广泛推广家庭联产承包责任制，农民积极性和主动性高涨，农业生产效率有了很大改善，农村进入一个新的发展时期。1982年12月，第五届全国人民代表大会第五次会议通过的新宪法第九十五条规定：省、直辖市、县、市、市辖区、乡、民族乡、镇设立人民代表大会和人民政府。1983年10月，中共中央、国务院又根据这一规定，发布了《关于实行政社分开，建立乡政府的通知》，乡镇政权建制在全国农村重新恢复。1987年11月，第六届全国人民代表大会常务委员会第二十三次会议又通过了《村民委员会组织法（试行）》，并于1988年6月1日开始试行，在全国农村基层普遍建立村民委员会，目的是希望改变过去政府直接指令和干预农村、村民事务的做法，转变政府职能，使政府职能适应新时期行政权调整的需要，把属于村民自己的事务交还给村民自己解决。这种思路是对的。但由于改革不配套、难深入，县—乡—村不能形成互动，下面改了上面没有改，块块改了条条没有改，致使改革的整体效果不佳，产生很多新的问题和矛盾。

3. 县域治理困状和原因

近些年来，中央和各级政府一如既往地高度重视县域经济社会发展，特别重视“三农”工作，每年都发一号文件，强调“三农”的重要性，并颁发相关政

① 1928年，国民政府颁布《县组织法》，启动“县自治”，以地方自治作为政治建设的基础。由于“根本说不上自治而强要举办自治”（梁漱溟），“县自治”最终变成土豪劣绅狂欢的舞台。国民党败退台湾后，总结教训，于1950年在中国台湾省颁布所谓的“台湾省各县市实施地方自治纲要”，促进台湾地区政治体制和民主转型。

策。县域经济社会总体是发展和稳定的，但也存在很多严重问题。最突出的问题是县、乡镇、村基层组织和群众缺少内生的活力。改革开放初期农村政策效应逐渐释放完毕，县域经济可持续发展的能力减弱，县域治理减弱。在市管县体制中，市级政府往往借助行政力量扣减、截留资源，制约县域发展。在实施新农村建设中，国家取消农业税，且每年有越来越多的资源流入农村，但是社会管理矛盾仍然很尖锐，“干群关系”“社会稳定”“农民负担”仍是社会最关注的热点问题。乡村社会无序力量有快速成长之势，社会泄愤事件和“无直接利益冲突”群体性事件时有发生，其原因如下。

一是中国经济社会转型是一项长期艰巨的任务，农民收入增加、农业结构调整、农村社会管理体制变革也是一项长期艰巨的任务，指望一个时期通过一项政策或几项政策从根本上解决问题是困难的，需要递进的配套政策、科学合理的顶层设计及持之以恒的攻坚克难。

二是城乡发展失衡，农村经济社会发展明显滞后，大多数农村基础设施建设、教育、文化、卫生、社会救济等公共事业严重落后，一些农民仍缺乏基本的生活保障。

三是地方政权机构设置过多。县级政治行政系统有党委、政府、人大、政协、纪检五套领导班子，导致行政管理成本过高，公共资源效率低下，办事推诿拖拉、敷衍塞责，甚至弄权渎职、徇私舞弊等现象。一些政府机构和公务员办事只考虑自己个人和本部门的权利和利益，不考虑广大人民群众的利益，不考虑经济社会发展的全局。

四是县委书记是掌管数万、数十万甚至上百万人的地方官员，在有些地方，不仅干部提拔任用，就连重大工程决策，多是由县委书记决定。对于这样的权力，往往存在“上级监督太远，下级监督太险，同级监督太难，纪委监督太软，法律监督太晚”的现象。

五是有些基层组织涣散，失去了组织力和战斗力。一些基层干部滋生腐败和不良行为，失信于民，失去了做好基层工作的基础；有些乡村基础性规范严重丧失，不讲是非，没有底线，传统的宗族和村社内部规范不复存在，新的以法律为基础的规范没有形成气候，村庄内生的正气压不住邪气；一些乡镇领导缺少责任心，为了更好地完成上级任务，启用唯我是听的村庄狠人、恶人，两者结成日益蚕食乡村利益的共同体。

六是取消农业税后，集体经济进一步削弱，基层组织进一步弱化，农户家庭甚至个人得到进一步强化；在农村市场化程度日益加深背景下，农村普遍缺少联结农民与外界大市场的有效中介和机制，小农家庭经营无法与大市场有效对接的矛盾日益显露。

七是缺乏有效的乡村运行协调机制，上级政府在与农民直接互动中，在构建政府与农民的利益关系中，忽视了地方政府权威和农村基层组织建设。

八是乡镇和村级管理职能不清，有些乡镇文件和《村委会组织法》明文冲突，一些乡镇干部“奉命违法”，为了完成上级部署的各项任务指标，加强对村级组织特别是村委会的行政干预和控制。但村民委员会选举大多流于形式，不能严格按照法律规定进行。

九是有些地方治理丧失原则性，缺乏通过斗争施加教育的机制和通过批评求得团结的机制，缺乏打击少数、教育多数两个过程，缺乏教育农民、引导农民。

十是缺乏深入调查研究，一些媒体报道、信访制度过于简单化和表面化，短信和网络传播一些失真信息或不全面的信息，上级领导总是恩人，基层干部多是不对。对基层干部采取一票否决制等，增加了非正常的矛盾上移现象，加重了基层干群矛盾。

总体而言，中国目前的县政既有传统吏治的元素，又有革命战争时期军队化的作风，与现代化建设时期真正的政党政治、社会主义市场经济、民主法制要求相距甚远。县域治理是国家治理体系中的薄弱环节，关系着国家的稳定发展，应给予足够的重视。

4. 县域治理思路

中国县域经济社会管理和政治治理改革的思路是：在中国 21 世纪推进城镇化、农业现代化和新型工业化的大背景下，在确保遵守国家和中央政令的基础上，以当地人民群众的根本利益为出发点，按照县域经济社会现代化发展的需要，建立县域服务型政治经济社会行政管理体制。在政治上，确定县级地方政府自治原则，创新地方选举制度，促进县级政府既向上级负责也向县域居民负责，主要向县域居民负责。在机构上，精简机构、政经分开；党政合一、政表党里；社会参与、协同治理，充分发挥政党、政府、市场、社会的积极性和优势，实现县域管理公共利益最大化。在体制上，构建以县（市）为地方行政重心、乡镇为社会服务枢纽，村（自然村）为自治基础的县域治理体系，建立以民意为基础的中国现代县域政府与公民的新型关系。在职能上，加强和提升以县（市）政府为中心的公共管理和社会服务职能，创新以乡镇为枢纽（依托）的公共管理和社会服务网络，建设具有旺盛活力的村级组织，切实推动和加快县域治理民主化、精简化、社会化、服务化进程，为县域经济社会稳定发展创造条件。

为了使问题研究和试点工作相对简便，我们这里所指的县域主要是指与广大农村紧密相连的县（市）级行政区划，不包括城市的县级区。下面拟分三个层级分别论述。

二、县（市）政府体制改革思路

1. 促进全能型政府向服务型政府转变

县（市）政府职能由全能型政府转变为服务型政府，由当地经济社会发展的领导部门转变为规划协调服务部门，在政府与市场之间，做市场做不了的事，减少政府在经济事务中的直接操盘，增强政府对公共事务的管理和责任，包括发展规划、经济调节、市场监管、环境保护、社会管理和公共服务、保护弱势、促进社会公平。

在以经济建设为中心的改革开放发展年代，县级政府不可能不管经济。问题是政府管理的方式大多采取革命型政府的方式。革命型政府在政治上表现为长官意识，一锤定音；在经济上一是表现为发动群众、大干快上，忽视经济规律；二是党政直接参与经济事务的具体行动，造成政经不分。这种政府继承了革命战争年代的要素，在战争年代和过渡时期发挥了重要作用，在经济建设和社会发展中出现一些问题也是可以理解的。但在长期的现代化建设过程中，这种政府难以适应经济社会发展规律。因此，政府应适应现代化建设时期政治、经济和社会发展的需要，对自身进行系统性变革，包括政府组织的理念、结构、体制、功能和方法等。作为一个整体范畴，政府转型不是简单地对现有政府管理体制的修补，也不是一般性地调整政府职能，而是建立一个与经济转型、社会转型相适应的系统化改革后的现代县政府。

现代县政府的主要特征是，以民意为基础，代表人民的根本利益，妥当行使公共权力，正确履行政府职责。在经济社会发展的新时期，县政府的重要职责是管理公共事务，包括发展规划、市场建设、社会管理和公共服务。为此，需要创建一个有利于县政府功能发挥作用的县域政治生态环境。

2. 加强县域政治生态建设

党十八大报告提出，要积极发展党内民主，增强党的创造活力。党内民主是党的生命。以党内民主带动人民民主，是县域政治生态建设的核心。其基本思路是，通过加强党内民主建设推进县域民主建设，改代民做主为发动人民做主，推进协商民主广泛多层制度化，创新民众广泛参与的决策机制，优化县域权力资源配置，完善县级政府治理结构，维护县级政权结构平衡，转变县级政府职能，创新县级政府为人民服务的机制，改善县级政府体系整体功能，确保县级政府组织系统既能相互合作又能相互制衡，畅通民意表达渠道，充分发挥社会监督作用。

三、乡镇政府体制改革思路

1. 乡镇是社会安全的重要屏障

乡镇一级政府直接面对的大多是农民。农民是相对独立的市场主体，农民能办的事让农民自己办，农民办不了的事主要需要乡镇政府办。乡镇存在很多“一家一户办不了和不好办的事”，甚至“一村二村也是办不了或不好办的事”。中国农村在经济社会转型过程中，一方面乡村公共产品和公共服务需求快速增长，另一方面公共产品和共同服务供应严重不足，矛盾很大。乡镇政府的最重要任务是化解这些矛盾。这些矛盾如果能够在当地及时解决，就可能大事化小，否则，就可能小事变大，对全局造成重大影响。

2. 加强乡镇政府社会管理服务职能

为了履行县（市）政府在当地乡镇的社会管理和公共服务职能，国家有必要保持一个精干高效的乡镇行政机构，切实做好农业、农村、农民工作，促进经济发展、增加农民收入，弨化公共服务、着力改善民生，推进基层民主、促进乡村建设。为了减轻农民负担，建设服务型政府，增强乡镇履行职责的能力，有必要增加财政投入，保障工作费用。乡镇行政机构应该和城市社区组织一样，由政府财政供养，全心全力为当地群众提供行政服务。为了开发新的县域经济增长点，根据城镇工业化发展的水平和趋势，特别是根据当地主业和工业发展的情况及趋势，可以在县域经济社会发展规划的基础上，除了乡村贸易需要产生的小市镇之外，对乡镇布局作一定调整，或分流乡镇规模，或将较小乡镇相对集中，或设立县辖市，促进城镇化发展，提高行政管理效能。为了减少基层选举成本，乡镇政府可设定为县（市）政府的分支机构，由县政府直接任命乡镇主要领导（比较大的乡镇，也可直接选举乡镇长），接受当地群众和上级监督。为了更好地发挥乡镇政府在整个国家中的防火墙作用，有必要加强乡镇重要事业单位建设①，鼓励个人、集体提供社会化公共项目服务，构建覆盖本乡镇所辖区域的社会基本保障和公共服务网络，发挥城镇对乡村的辐射作用，切实为农民提供农业技术推广、动植物疫病防控、农产品质量检测以及其他急需的公共服务。

为了整合资源，提高服务效率，需要完善乡镇事业单位分类改革办法和配套措施，着力建设乡镇行政服务中心、农业服务中心和社会管理服务中心，为农民提供一站式便民服务。为了增强乡镇重要事业单位的责任心，提升技术服务水平，改善公共服务质量，有必要在政府支持农业农村款项中，安排适量比例资

---

① 乡镇重要事业单位包括七站十一所。七站指农机站、农经站、农技站、文化站、水利站、畜牧站和防疫站；十一所指派出所、税务所、民政所、财政所、土管所、林管所、邮政所、储蓄所、卫生所、消防所和土地交易所。

金，用于加强乡镇重要事业单位建设，加强对从业人员的培训，巩固和发展乡村技术人员队伍。在公共事务中既不能让农民在接受公共服务时有负担，又不能指望乡村技术人员“饿着肚子”做好事。国家在这方面适当增加一些投入，可以起到事半功倍的效果。为了确保公共资源的有效使用，有必要建立健全乡镇财务公开透明制度，公平合理使用公共资源，接受社会监督，避免暗箱操作，促进财政真正体现公共性的本质。

3. 乡镇政府枢纽角色

乡镇政府在县域治理中担负特殊角色。县（市）政府与乡镇政府的关系虽然是领导与被领导的关系，但是，乡镇政府作为基层政权，一方面要承担上级指标任务，另一方面对本乡镇事务行使相对独立的行政管理服务职能，特别要负责大量的对当地社会管理和服务。乡镇政府与村级治理虽然是指导和服务的关系，但是，村级治理出了问题，乡镇政府仍要负责。上级对乡镇领导往往实行“三个一票否决制”。因此，乡镇政府工作是最艰难的。加快县域治理改革，从根本上梳理改革县—乡—村三级管理模式，有助于舒缓乡镇政府压力，健全乡镇政府枢纽功能，进一步巩固基层政权。具体措施如下。

一是将村委会与县、乡镇人大衔接起来。县、乡镇人民代表大会是县、乡镇国家机关，是本地人民行使当家作主民主权利的主要形式。通过人大对人大代表（村委会成员）构成组织上的约束力，实现村委会与县、乡镇政府的良性互动关系。

二是在贯彻执行《村委会组织法》过程中，进一步制定或完善乡镇政府指导村委会工作条例，防止村委会出现“附属行政化”和“过度行政化”两种不良村治倾向。

三是改革县、乡、村三级政绩考核指标。从当地实际出发，充分考虑当地干部群众的意见和要求，特别是涉及村委会的事，事先应与村委会进行协商，广泛征求村民意见。

四是加强宣传教育，培养基层干部群众的现代民主观念、法律意识和契约精神，提高素质，夯实地方政府实行善治的群众基础。

四、村级治理改革思路

村和自然村是中国区域管理的最基层，也是中国农村社会的最基层。村级治理是社会建设的重要内容。考虑到目前农村基层状况和社会发展趋势，有必要积极探讨村级治理改革新思路。主要内容包括：在治理区域上，以学区代替传统的村—自然村辖范围；在治理人才上，充分发挥乡村党员和贤能之士的作用；在治理方式上，坚持国家现代法律观念与优秀传统规范相结合；在治理结构上，探索基层政治组织与经济发展有机结合。

1. 根据学区调整村—自然村（小组）行政构思

中国的村—自然村（小组）格局是自然条件和历史沿革的结果，为民族的繁荣和历史的辉煌做出了重要贡献。随着工业化和城镇化的不断发展，农村的人口数量、生活条件和工作手段已经并还将进一步发生变化。不论发生何种变化，中国人对子孙的培养和关注永远不会变化，中国农村迫切希望有一种大的构思和办法来提升乡村教育水平，让乡村孩子能和城镇小孩一样分享现代化成果。因此，我在重构农村基层社会管理体制的思考中提出，根据小学和初中学生上学的方便程度，调整村—自然村（小组）行政格局。将来一个时期，即使中国达到了发达国家的现代化水平，中国村—自然村（小组）常住人口有可能会保持在占全国总人口的 20% ～ 35%，加上中国城乡的天然和特殊联系，城乡差距逐渐缩小，人员双向流动频繁，农村仍将是一个人丁兴旺之地，这是可以预见的。同时，相当一部分农村人口迁居到城镇，有的迁居到大中城市，有的就近迁居到县域和镇，这是不可逆转的大趋势。根据这种趋势，适当地整合农村多种资源，调整传统的村—自然村（小组）格局是必要的。选择适宜的村庄（或地点）应充分考虑生源范围和学生教育安全便利的需要，集中教育资源，改善教学条件，加强中心小学（可带上初中）的建设，并以学校为中心，合理规划乡村、交通、电力等基础设施建设。这两方面建设加上政策引导，有可能促进一些村舍的自然集中，促进农村耕地的连片调整，促进农村经济的相对集约经营，促进农村基层社会的相对集中有效管理，从而在继承的基础上发展，形成与中国现代化相呼应的乡村行政格局。

2. 发挥乡村优秀党员及贤能之士的作用

几千年来，在国家和农民接触的广阔地带，乡村贤能之士一直起着重要作用。乡村贤能之士既代表国家又代表农民，他们本身是农民，或祖辈是农民，与乡村社会有着天然的联系，在国家和农民之间，既是栋梁又是缓冲地带，是一种重要的非正式的乡村社会中坚力量。在新时期，要继承和发扬这种优势，大力发挥乡村贤能之士的作用，这是加强乡村治理的重要途径。

这里所说的乡村贤能之士，既包括农村优秀党员、当地德才智多的好人、当地学校的教员，也包括祖籍当地、家在外地但仍心系家乡的游子。这些游子，包括在外地工作和退休的干部、教员、技术人员、企业家等。如果我们有一条政策在不允许在职机关干部和其他在职人员兼职的同时，唯独允许这些人员到其家乡村级活动中兼职做点事，这必将形成一支建设现代乡村社会的强大力量。这些游子有一种家乡情怀，又有现代社会生活工作的知识和能力，只要条件许可是乐意为家乡做点事的。现代交通、通信技术以及城乡节奏化的生活工作特点，不断改进城乡联系，为游子服务家乡提供了条件。2013 年 9 月，国务院扶贫开发领导小组的同志在广东清远市保安镇熊屋村、石牯塘镇叶屋村调研时的发现，与我这项工作提案不谋而合①。因此，这种提案是有实践基础的。游子的力量与当地的父老乡亲密切结合，有可能催生中国农村内生的稳定发展力量，加速农村的现代化进程。

3. 探索基层政治组织与经济发展有机结合

在村级基层，一般是一个中心村加几个自然村（小组），或就是一个较大的村，人口几百或数千不等。治理这么一个范围和规模的区域，可考虑两个并行的组织。一个是以中心学校为重心的校董事会，由当地教育局任命的校长、当地村主任和在外工作的兼职董事，由 3 ～ 5 人组成，整合各方资源，增强传统文化、现代文明和道德引领，从孩子着手，在按一般规律传授知识的同时传承家乡文化，树立法律道德观念，学习现代文明知识和技术，为乡村可持续发展奠定坚实基础。乡村中心学校建好了，城镇家庭也愿意让孩子到乡村学校接受传统文化教育。

另一个是以村舍安居乐业、保护环境、维护文物为中心的村委会。村委会由村民按《村委会组织法》民主选举产生，充分发挥村民政治权力的作用。组成人员既可以是当地的村民，也可以是祖籍于此、愿意回乡做点事的游子，还可包括镇上派来的大学生村官和其他工作人员。其主要任务是负责全村的规划、发展、安全；管理和经营村中集体部分的资源，引导村民发家致富，尽量承担一家一户“做不好、不好做的事”；坚持生产经营和村级管理两不误。在相当一个时期，村委会居于乡镇和村民之间，扮演双重角色：既要为乡镇负责，又要为本村群众负责。因此，当地村干部薪酬以集体经营或家庭经营收入为主要来源，可从县乡获得适当补助；外来兼职人员可从集体收入中获适量酬谢，镇上派的人或大学生村官的薪酬可由县、乡解决。有了这两个组织，村民自治就有了组织保障。

---

① 2013 年 9 月 13 日，国务院扶贫开发领导小组曹洪民、接萍、苏娟同志在广东清远市所属连州市保安镇熊屋村、英德市石牯塘镇叶屋村驻村调研发现：熊屋理事会成员不仅有在家务农的村民，还包括了在外工作的佛山市公安局保安大队长和连州市法院审管办主任。这种外部力量的引入改进了内部治理结构，给村庄日常管理和事务决策带来了帮助和支持，在很大程度上拓展了村庄的社会资源，强化了乡村治理效果。几十年来，熊屋共有 160 多人外迁，分布在广东多个地市，还有人迁居国外。村民通过保留外迁人员祖屋等形式唤起了他们的家乡情结，巧妙地维护了与他们的根脉联系，不断巩固村庄的社会资源。“礼失求诸野”，熊屋的社会扶贫创新很有生命力。

4. 坚持现代法律观念与优秀传统规范相结合

坚持现代法律观念与优秀传统规范相结合的根本方式是教育村民。村民是复数，是由很多个体农户所组成的群体，教育农民是要让他们认识到自己的整体利益、长远利益和根本利益，不允许少数狠人恶事破坏全村的利益和共同的情感。既坚持法制教育，又善于从传统中发掘化解矛盾的解药。建立通过批评求团结的机制和通过斗争施加教育的机制。制定村规村约，坚持原则，在是非问题上不当“好好”先生，对少数人违法犯罪行为决不纵容，通过打击少数、教育多数，弘扬正气，压制邪气，创造乡村和谐、稳定、发展的环境。还可以借助乡村的特殊庆典，或创设新型的乡村活动和乡村标符，完善村纪，改善村规，增强传统与现代相结合的乡村文化氛围，增强共识，推动乡村治理走上一条现代化的康庄大道。

中国县（市）、乡镇、村治理改革是一项重大的系统工程，对国家的可持续发展将产生重大的影响。县域治理改革成功之日必是中国真正强盛之时，美好的乡村、美好的城镇、美好的县域就是美好的中国。

五、乡村变迁与变革

中国处在大变革的时代，城镇变化大，乡村变化更大。乡村变化不仅是乡村外观的变化，而且是乡村社会的变化。乡村社会正在由宗族乡亲社会（熟人社会）向家庭客居社会（半熟人社会）转变；以小家庭为核心的客居关系正在代替以宗族为核心的乡亲关系。这种转变当前主要表现为以下六个过渡性问题。

一是乡村人群生疏化。村庄开放，传统封闭的乡村群体、宗族、氏族、家族关系淡薄，乡村社会的熟悉度、信任度和可靠性不断降低；家庭联产承包责任制度使家庭独立性增强，村民相互联系减少；外出打工人员增多，在家乡住的时间减少，村民之间的熟悉程度降低，乡意乡情越来越弱化。

二是乡村劳动力无主化。农村中青年大量外出务工，村庄缺少主要劳动力，留下的多是老弱妇幼，农村社会对城市社会的依附性增强，村庄越来越难以内部力量维持基本的生产生活，传统的自给自足的小农经济难以为继。

三是乡村村庄空心化。不少人口迁移出去了，农村不少房屋的居住人口减少，甚至无人居住；一些返乡的农民工新建屋子并不是在原有的宅基地上，而是在传统村舍的周边，原有的村庄越来越空虚。

四是乡村经济多元化。村民的就业、收入、交往、喜爱、需求、习惯都出现了变化，与传统的乡村经济社会有很大不同。

五是乡村文化示微。传统的手工艺、习俗和记忆越来越少，社会和个人在乡村的感觉和礼俗越来越找不着了；地方性共识逐渐减少，传统规范越来越不受重视；村民与乡土的利益关联、情感眷恋和价值归属越来越淡化，不了解乡村的习俗也不那么不安了；村民以及籍贯于此的在外人员对村庄逐渐失去主体感，村庄昌盛与否与自己无关，自己得意与否也与村庄无关，人们的祖籍和根基观念越来越淡薄，乡村社会中人和人相处的基本方法和道理发生了很大的变化。

六是乡村社会萧条化。很多传统的村舍荒置；乡村人员不断减少；乡村的无序状况严重。

在大变革的中国，在传统社会转轨时期，在工业化和城镇化快速发展的过程中，乡村社会发生重大变迁是不可避免的，但这种变迁不是终止的。目睹正在急剧变化的中国乡村，见证中国乡村有史以来发生重大变迁的历史进程，我们难免产生一种慨叹，同时也增强一种责任。为了实现全面的现代化和中华民族的伟大复兴，我们可以借鉴、设想、引导，描绘出21世纪乡村变迁的蓝图。

目前的乡村状态是中国大变革中的过渡现象。随着现代化的深入推进、精心规划、革新体制、创新理念、协同发展，中国乡村将展现一幅传统与现代相结合的愿景。

1）乡村经济品牌化。发挥当地资源优势，“靠山吃山”，“靠水吃水”，开发和维护品牌产品，以品牌赢得市场。

2）乡村文化特色化。发挥历史传统优秀因素，创造个性化的文化生活，不但娱乐自我，而且吸引外面世界。

3）乡村社会法理化。国家法律深深地嵌入乡村社会之中，乡村彰显公民意识和公共伦理，与法律不冲突的乡规乡俗同样对村民的行为逻辑产生一定影响；村民不但遵循地方性共识，而且遵循国家法律共识，整个乡村具有比较对称的社会信息。

4）乡村环境宜居化。乡村人口减少，自然环境比较宁静，卫生条件得到根本改善，更具有生活气息，更适合人们居住。

当然，上述愿景不会一蹴而就。实现愿景，必须措施得当。一是在县域经济布局中精心做好乡村发展规划。二是在二元结构调整中统筹建立乡村保障制度，在乡村社会变迁中培育和倡导文明理念。三是在城镇化浪潮中提高政府治理能力，促进城乡协调发展。

六、小结

可以说，“县稳则国稳”。县域经济是最大的民生经济，是整个社会稳定发展的基础。县（市）政府不仅是联系城市和乡村的桥梁，而且在联系中央政府权力和当地治理方面发挥重要的作用。特别是在经济社会转型时期，县治理得好直接关系到国家的长治久安。

加强县域治理能力建设要着重要解决如何更好地为当地百姓负责的问题，调动基层内在的活力，提升县域经济社会可持续发展的能力。县治不是要与大市场割裂开来，在社会主义市场经济条件下，没有必要也不可能阻挡县治与市场之间的必要联系。加强县治恰恰是为了提升县域经济在大市场中的战略地位，更好地发挥县域经济的基础作用。县治也不是要与上级行政机关隔断联系，而是为了明确各级行政职责，更好地贯彻落实国家发展战略，为全面实现现代化创造条件。

党的十八届三中全会提出“推进国家治理体系和治理能力现代化”。县域治理能力建设是国家治理体系和治理能力现代化的基础部分，体现了政治体制改革的战略意义。县域治理能力建设的关键是深化县政改革，县政改革是社会主义民主政治建设的基础工程。经济发展到了一定程度时，基层群众对参政议政、当家作主的意识会进一步增强。顺势而为，深化县政改革是适应新时期社会主义市场经济和公共行政发展需求的应时之举，有助于满足民众越来越高涨的对善治和公共产品的要求，符合时代发展的潮流。县域治理中的干部和群众是一支至今相对比较好管理的队伍，把县政改革作为深化改革的突破口是一个比较好的策略选择，体现“由易到难、从下至上、规模适度、允许试验”原则。

在县域开展政治体制改革，中央有较强的主动性，如可通过建立和完善一套不受地方制约而相对完整的中央审计和法院系统，保持中央政府对地方的管理，并最终真正把各级政府行为活动置于法律之下。按照“责权统一、重心下移”的原则，扩大县级政府的职权，把部分省市经济和社会管理权下放给县级政府，不仅可以提高县政自治的能力，而且有助于提高国家行政效能，为全局性的深化改革创造条件。我国的理论和实践工作者为此奠定了一定研究基础。

总体来看，在试点的基础上，推进县域政治生态建设的条件是具备的。在市场经济发展基础上实现县域政府转型，改善治理和服务能力，增强县域经济社会内生活力，是完全可能的。作为关系到国家长治久安的大事，中央和省、市级领导部门很有必要抓住时机，把县域治理能力建设提到议事日程，抓紧试点，适时推进。

参考文献

贺雪峰 . 2013. 小农立场 . 北京：中国政法大学出版社 .

刘俊杰 . 2005. 县域经济发展与小城镇建设 . 北京：社会科学文献出版社 .

秦庆武，许锦英 . 2004. 中国“三农”问题的困境与出路 . 济南：山东人民出版社 .
张路雄 . 2011. 耕者有其田：中国耕地制度的现实与逻辑 . 北京：中国政法大学出版社 .
张正河，谭向勇，徐俊等 . 2005. 县域农村产业结构调整与资源配置 . 北京：科学出版社 .
邹力行 . 2009. 金融帝国——美国的发展与启示 . 长沙：湖南大学出版社 .

工业现代化与化工产业的“一体化”循环经济发展模式

——以天然气化工产业为例

刘发成
重庆社会科学院

一、“一体化”模式是化工产业循环经济发展的科学选择

1. 化工产业现代化发展必须走循环经济发展道路

“化工行业是国民经济发展的重要原材料产业，同时，也是资源密集型的高耗能产业，废气、废水、废渣排放量大，利用率不高，不但浪费资源，而且污染环境。这些特点决定了化工行业不仅是最有条件、最具潜力，而且也是最迫切需要发展循环经济的产业。”（冯武军等，2007）化工产业的发展与循环经济发展密切相关。化工产业的可持续发展和健康发展的出路在于发展循环经济。发展化工循环经济，不但是化工产业新型工业化发展的需要，也是转变化工业发展模式和发展化工经济观念的需要。“根据资源条件和产业布局，延长和拓宽生产链，促进产业间的共生耦合，化工企业要实现可持续发展，必须遵循循环经济发展模式，构建企业循环经济系统，重视循环经济发展的关键环节。”（陈伟亚等，2009）

2. 化工产业发展循环经济的不同模式

化工产业的发展离不开化工企业的发展，但化工产业的发展不仅在于化工企业的发展，而且在于化工行业整体的全面发展。化工企业的发展与化工产业的发展具有个性与共性、同一性与统一性的特点。“化工行业的产品具有极强的关

联度，因此，赋予化工产品极强的产业链协同效应的特征，比如说部分化工产品远距离运输明显不经济。”（贺传皎，李江，2007）因此，化工产业的发展，不但要求单个化工企业走循环经济发展道路，而且要求整个行业有循环经济发展的战略布局，需要有科学的循环经济发展模式。“在单个的化工企业根据自身特点，在内部实施循环经济具体发展措施的同时，还需要在战略高度考虑延伸产业链、建立上下游化工产品的积聚发展”（李宗柏，路策，2006），也就是说，化工企业的发展与化工产业的发展都必须走发展循环经济道路。化工企业发展和化工产业发展的统一性决定，化工企业循环经济的发展与化工产业循环经济的发展也具有统一性。因此，化工企业发展模式、化工企业循环经济的发展模式与化工产业发展及循环经济发展模式，客观上具有统一性或共性。

任何事物都有两方面的矛盾，在具有统一性的同时也存在差异。化工企业发展、化工产业发展及其循环经济发展的统一性也决定了化工企业循环经济发展模式与化工产业循环经济发展模式可能不同，不同的企业的发展模式及其循环经济发展的模式也可能不同。从单个企业来讲，从不同企业的发展状况和发展阶段来讲，其经济发展方式的不同也就决定了发展循环经济的方式的差异。这说明，对化工企业和化工产业来讲，循环经济的发展都存在采取各种不同的方式、措施和路径问题，存在相应的模式问题。循环经济发展的方式、方法和措施，与循环经济的发展模式具有相似性和关联性，但又是从不同的角度和层面讲的，它们有范围、规模、特征和层次等的差异。所以，“在宏观层面上，循环经济要求对产业机构和布局进行调整，将循环经济理念贯穿于经济社会发展的各领域，建立和完善全社会的资源循环利益体系，在微观层面上，循环经济要求企业节约降耗，提高资源利用效益，实现减量化，对生产过程中的废弃物进行综合利用，并延伸到废旧物资回收和再生利用”（胡山鹰，2006）。

单个化工企业发展循环经济，通常采取清洁生产模式、生态工业园区模式、绿色生产管理模式和企业内部物料再循环模式（陈伟亚等，2009）。其实，化工企业的循环经济发展实践并非如此，单个化工企业通常采取的循环经济发展手段、方式或措施多是一些节能减排和资源节约利用的局部措施。对一般的化工企业讲，其规模、经济、技术实力及管理能力还不能从战略高度和宏观层面全面地考虑或系统实施循环经济发展模式问题。所以，严格地讲，生态工业园区模式还较少地适用于单个的化工企业。如果化工企业采取生态工业园区模式和产品、产业链的循环经济发展模式，实际上，该化工企业已经向化工产业循环经济发展模式转变，也已开始实现规模化、产品、产业集群化的循环经济发展模式。

3. 化工产业循环经济发展的有效途径——“一体化”模式

循环经济的3R（减量化、再利用、再循环）原则及各实践模式可分别适用于企业层面、产业层面和社会层面。在企业和产业层面，主要是从技术上实现循环经济模式，从自然科学技术方面分析和研究资源及能源的减量化，产品的重复利用化，废弃物的资源化及无害化等具体技术能否实现和如何实现。从产业层面，还要考虑产业的集群效应和产品、产业链的形成、延展。因此，从产业循环经济发展角度，即使是单个企业充分考虑和采取了循环经济发展措施，化工产业还要考虑产业循环经济的系统发展问题。从化工产业角度讲，一个地区或区域的化工业可以将单个化工企业难以实施的生态工业园区等模式进行完善和提升，集中形成一种具有一定特色的产业循环经济发展模式，我们可以称之为“一体化”发展模式。

化工产业循环经济发展的“一体化”模式从某种角度说，“一体化”一词起源于欧洲，“一体化”作为化工业的发展模式也起源于欧洲。“一体化”是国内外著名化工园区建设的最核心理念。无论是陶氏化工（Dow Chemical）在莱比锡创立的“Value Park”（价值园），还是巴斯夫（BASF）在路德维希化工园区推崇的“Verbund”（联合体），其核心内容都包含“一体化”的理念（顾宗勤，2004）。“一体化”，究其政治起源和文字含义，是指多个原来相互独立的主权实体通过某种方式逐步结合成为一个单一实体的过程。欧洲的一体化过程既涉及国家间经济，也涉及政治、法律和文化，或整个社会的融合，是政治、经济、法律、社会、文化的全面互动过程。它涉及主权实体间的相互融合，并最终成为一个在世界上具有主体资格的单一实体，因而它不同于一般意义上的国家间合作，涉及的也不仅仅是一般的国家间政治或经济的关系。欧洲一体化的基本特征在于自愿性、平等性和主权让渡性，其核心是国家主权的让渡是一个长期的、渐进的过程，在这一过程中制度化和法律化就成为实现一体化的基本前提和保障。“一体化”也用在经济技术方面。在经济、技术上，“一体化”（integration）亦称“综合化”。其性质就是创发的进化论者所说的“emergent whole”或“integrated whole”（通过部分的结合所出现的全部新的性质），又可称为“种群一体化”和“群落一体化”等。

显然，作为化工产业循环经济发展模式的“一体化”，与“一体化”一词的字面意思既有相似之处，也有不同的含义。化工循环经济发展的“一体化”模式，是指生产不同但有关联化工产品的企业，为了资源节约和资源利用，同时保护环境和降低成本，集聚在某特定区域，并通过产品项目、公用辅助、物流传输、环境保护和管理服务的“一体化”模式，实现企业之间上、中、下游的产品、产业链关系和形成产品、信息、资金和技术等的共生关系的产业经济发展模式。

政治上的“一体化”主要是为了提升国家政治和经济地位，增强国际竞争力。经济发展的“一体化”主要就是实现企业规模化发展和提高企业的竞争力。化工产业经济发展的“一体化”既有利于单位土地面积产出率的提高，又有利于提高单位土地资金利用效果和提高工业增加值年均增长率等。根据以长三角的主导化工区为例的《石化产业一体化运行模式的循环经济效果》一文资料显示，上海化工园区、南京化工园区和宁波化工园区（简称“三区”）实施化工产业“一体化”发展模式效果明显，园区工业增加值增幅幅度大；重要资源减量化能力逐年提高；废弃物排放量逐年下降；资源循环利用率逐年提高；公共管理水平与集成程度对循环经济的建设作用更为突出。其具体效果如图 1 至图 3 所示（谢家平等，2009a）。

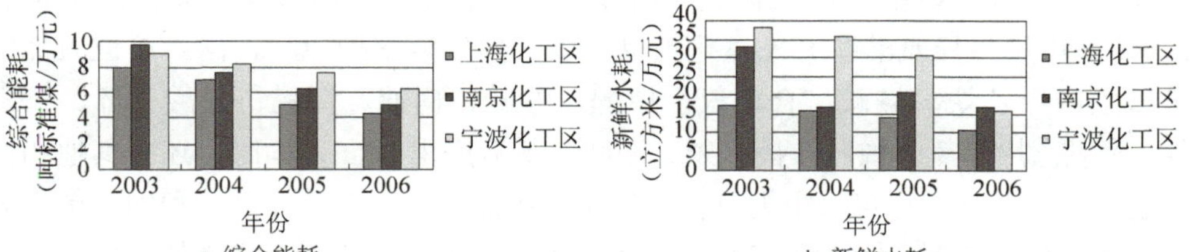

a 综合能耗　　b 新鲜水耗

图 1 “三区”的产业资源消耗比较

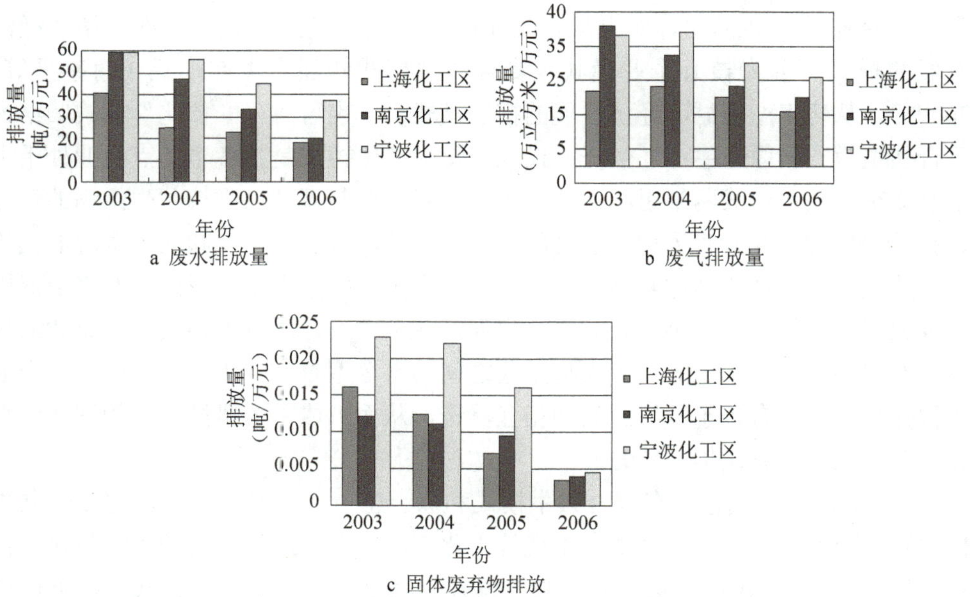

a 废水排放量　　b 废气排放量

c 固体废弃物排放

图 2 “三区”废弃物排放减量化较

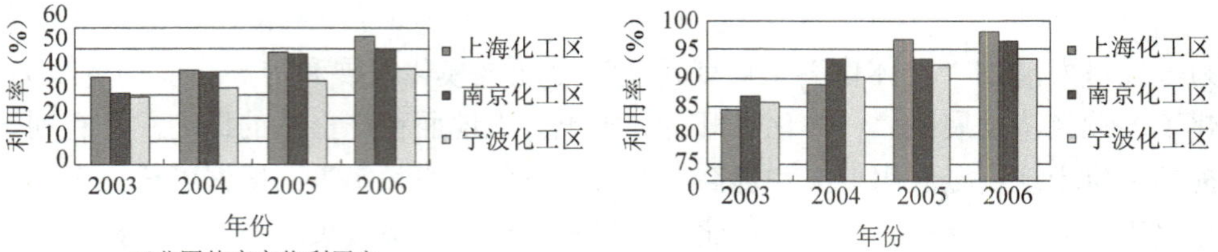

a 工业固体废弃物利用率

b 工业用水重复利用率

图 3 “三区”的资源循环利用比较

化工产业循环经济发展的“一体化”模式的效果还可以体现在原料利用和节约，产品、产业链的形成方面。以天然气化工为例。如果实施“一体化”模式的产业经济发展模式即化工产业循环经济的“一体化”模式，同一单位的天然气可以经过相互关联的不同装置生产出多样不同的化工产品和副产品。例如 MDI（二苯基甲烷二异氰酸酯）一体化项目，以天然气为基础原料，同一单位天然气可以生产出乙炔、烧碱、合成氨、甲醇、醋酸、硝酸、甲醛、醋酸乙烯、氯乙烯 / 聚氯乙烯、氯丁橡胶、硝基苯、苯胺，最后产出 MDI，同时，还有其他相关的副产品，并且，还可以根据具体情况延伸产品、产业链。显然，和同一单位天然气用作生产主要单一产品甲醇、乙炔等的非一体化模式比，成本低得多，资源节约利用大得多。

其实，化工产业循环经济发展的“一体化”模式包括化工园区的发展模式和化工企业的发展模式。如果从化工园区循环经济发展模式讲，推进循环经济发展的模式可分为核心企业模式、复合共生模式和联合生产模式（谢家平等，2009b）。从化工产业循环经济发展的推进模式讲，也可将“一体化”模式归结为复合共生模式和联合生产（依托）模式。复合共生模式是指各个结点企业处于上下游或寄生关系形成网络组织，结点企业自我结合与调节以维持共生组织的运行（谢家平等，2009b）。“大型企业之间通过副产品、信息、资金和人才资源的交流建立共生关系，形成主体网络；各自又吸附大量的中小型企业形成子网络；而围绕各大型企业的那些中小型企业之间也存在业务关系，所有参与共生的企业通过各级网络交织在一起，既有各大型企业之间的平等型复合共生，又有中小型企业的依托共生，还有各子网络之间的相互渗透，从而形成一个错综复杂的网络综合体。”（王兆华，尹建华，2005）

“一体化”模式包含有复合共生模式和联合生产（依托）模式，但复合共生模式和联合生产（依托）模式并不就等于化工产业循环经济发展的“一体化”模式，“一体化”模式还有别于复合共生模式和联合生产（依托）模式。根据国内外化工产业“一体化”模式的发展情况和一体化的含义，化工产业循环经济发展的“一体化”模式除含有各个结点企业处于上下游或寄生关系形成网络组织，相互之间形成共生依托关系外，还有“一体化”的要求，即要求作为原料性的产品标准、规格的统一即技术上的“匹配”性，企业投资规模（生产能力）的统一（成本、利益平衡），经营管理的协调统一，生产、销售计划安排等的协调统一，基础设施、原料供应和物流运输的协调统一等。实行化工产业循环经济发展“一体化”模式的企业运行主体可以是不同的、独立的企业法人，但在建设投资、生产、运行、管理等方面又要求具有“异口同声”的效果。企业主体之间既有紧密的合作共生关系，又有各自独立利益的竞争关系，既有矛盾，也要统一。也就是说，不同的企业法人要求具有类似于同一企业法人的协调管理效果。但“一体化”模式同时也不同于单一的企业法人循环经济发展的情况，因为单一的企业法人虽然可以满足同一企业法人统一协调的效果，但严格受技术、资金、管理等方面条件的制约，企业主体或内部机构缺乏市场竞争、博弈性特征。

二、推行化工产业循环经济发展的“一体化”模式需要科学指引

1. 化工产业循环经济发展“一体化”模式的优点

无论是理论还是现实，对于化工产业循环经济发展来讲，“一体化”的发展模式可能是最有效、最完美的一种方法，这是由化工产业本身的特征和循环经济发展的客观要求所决定的。“化工产业的特点是产品链长，关联度高，上道工序的产品常常是下道工序的原料，生产装置可以通过管道连接。”（罗璇，赵旭，2006）所以，化工产业的一体化发展模式，不但能从环境保护、环境预警、环境管理等多方面建立有效的管理制度和高水平的专业化硬件设施，还可以获得巨大的经济效益，并且改善环境质量和安全状况，产生巨大的生态和社会效应。化工产业循环经济发展的“一体化”模式既有化工园区“一体化”模式的特点，又有单一化工企业发展循环经济的内容，同时又区别于化工园区和单一企业循环经济的发展。所以，化工产业循环经济发展的“一体化”模式有化工园区和单一企业发展循环经济的优点。

“一体化”发展模式有以下优点：一体化的建设装置使得化工产业的规模化和化工园区的规模化。装置之间基本是管道连接，相互配套，实现了生产规模匹配，有利于资源优化配置；产品项目一体化，使企业与企业按产品链关系有机组合，实现原料互供、资源共享；公用辅助工程统一规划、统一集中建设，有效地提高了资源利用效率，使能源消耗最大限度地达到减量化；通过输送管网、仓库、码头、铁路和道路等统一规划、集中建设管理，实现物流传输一体化，实现了最短空间距离上的物料传递，不仅减少运输成本，还大大降低了物耗，提高了

效率；统一处理废水、废气、废渣，实行环境保护一体化，降低了区域的环境和社会风险，促进经济社会和环境的持续、稳定、协调发展；协调统一管理，寓管理于服务之中，构建起便捷高效的公共服务体系，降低了投资企业的商务成本，提高了区域的综合竞争力。

2. 化工产业循环经济发展“一体化”模式的风险

化工产业循环经济发展的一体化模式，也存在相应的弊端和风险。这些弊端和风险集中来源于投资、技术、生产、建设和管理过程中主体间的利益冲突和矛盾，源于所有过程中相关因素的统一协调性的失衡和不匹配。同时，也可能来源于外在自然、社会环境因素如基础原料的供应和相关政策法律的制约等。根据“一体化”建设管理模式分析，化工产业循环经济发展的“一体化”模式的风险体现在以下几方面。

（1）技术风险

一体化的发展模式体现为原料—产品—原料—产品的生产销售模式，要求上游装置使用的原料和技术与其下一接收其产品的需求的原料、技术保持一致，依次类推，所以，如果某一环节出现原料、技术上的差异性问题，可能使其下一装产品、技术产生差异，到最后可能影响到下游装置的正常运行。并且，“一体化”装置较多，涉及的技术和产品也较多，实行“一体化”后，装置之间依赖程度较高、周期较长，如果这方面存在矛盾和差异，将影响整个“一体化”模式的运行效果。

（2）商业风险

“一体化”涉及多个不同装置的不同的法律主体即企业主体，这些主体有紧密的合作关系和产、供、销关系，既要求技术、资金、人才、管理、服务的统一，又有不同的利益所在，各自追求投资利益的相对最大化，所以，“一体化”装置主体之间的法律关系复杂，利益不便平衡。主体之间的利益和矛盾关系是一个长期的协调过程，所以投资、成本的控制与统一，价格、补偿标准和方式、结算及利益补充可能难以平衡，各装置主体之间可能由于技术、管理和合同签订等，使得商业上存在较大的风险。

（3）法律风险

法律风险主要体现在各装置主体之间的法律关系的建构、关联合同的条款设置、权利、义务关系内容确定、合同履行与终止、违约处罚等方面。与其他法律关系、合同主体关系不同，“一体化”装置主体之间具有相互制约、连带反应的法律关系，主体之间具有多重法律关系和长期法律关系，具有依赖性和平衡性的法律关系。因此，合同利益关系失调，权利、义务失衡，关联合同内容之间缺乏统一性，合同履行存在差异等，可能导致不同装置主体间的法律纠纷，整个“一体化”装置运行将受到影响。

（4）管理风险

“一体化”装置的建设、运行、开车、停车、检修、维修、生产计划、安排等都要求统一安排进行，装置之间要保持统一、协调，否则，“一体化”难以运行，装置主体之间可能出现矛盾和纠纷。因此，在一体化装置的投资建设过程和生产、运行过程中，都存在统一协调管理问题，在具体的生产运行过程中，如出现故障，也存在装置之间的利益平衡问题，所以，“一体化”发展模式与其他发展模式比，有更高的管理要求，存在更大的管理风险。

（5）政策、环境风险

与其他经济发展模式一样，“一体化”发展模式也存在市场、政策、环境的风险。对于“一体化”发展模式来讲，可能风险更大，因为“一体化”要求的基础条件更高，政策要求更严格和规范，社会影响更大，而在现实当中，可能存在原料供应、环境要求、政策规范和监督管理等的限制，所以，“一体化”的发展模式同样存在市场、政策、法律和社会环境等外在风险。

对于化工行业循环经济发展的“一体化”模式来讲，其最大风险可能集中在原料供应失衡、主体利益失衡和投资、技术不匹配方面。主体利益失衡可能导致纠纷的发生和合作的困难，从而影响合同的履行和一体化装置的系统运行；规模不匹配、技术不统一等困难导致基础原料供求失衡问题，产生系列不良的连锁反应。“宁波化工区存在基础原料供求失衡的问题。尽管上游炼油业综合加工能力已达到1850万吨，其下游轻纺、橡胶加工行业也比较发达。但作为中游的传统三大合成原料，在本区却无法实现自给，因而，中游生产规模不足以实现上游与下游的匹配。”（谢家平等，2009a）

总体来讲，化工产业循环经济发展的“一体化”模式存在一定的弊端和风险，可能导致投入大而经济运行效果不一定好、规模大而收益不一定高、资源综合利用率高而运行不一定正常等不良后果。

3. 推行化工产业循环经济发展“一体化”模式需要规范和指引

化工产业循环经济发展的“一体化”模式从本质上讲有明显的循环经济效果，其本身具有循环经济发展的作用。以天然气化工为例，一立方米的天然气通过“一体化”的装置生产加工后可以产生数十种主产品和副产品，同时，也提高了土地的利用率和管理成本。在环境治理和“三废”的利用上，化工产业循环经济发展的“一体化”模式也能充分体现循环经济的要求。但是，化工产业循环经济发展“一体化”模式的推进需要更高的技术和更多的资金，要求更大的规模和更好的管理。因此，成功地推行化工产业循环经济发展的“一体化”模式，无论是从产业经济发展方向上还是在投资、建设和生产上，都需要有相应的经费支持和政策规范、指引。化工产业循环经济发展的“一体化”模式的推行，在操作和运行上也存在相当的风险，其风险的控制也离不开政策规范。

三、化工产业循环经济发展“一体化”模式的政策规范和指引

化工产业循环经济发展“一体化”模式的政策规范可能涉及宏观政策规范和支持、具体的操作措施及运行管理制度。这些政策规范和具体的制度、措施贯穿于“一体化”模式的设计、规划、建设、投资和运行发展全过程。可以从宏观和微观两个层次加以规范和指导，其中包括相应的协调管理制度设计。

1. 化工产业循环经济发展“一体化”模式的宏观政策规范

基于化工产业循环经济发展的“一体化”模式的本质、特征和风险情况，依据我国产业发展战略政策和循环经济发展法律、法规，推行化工产业循环经济发展的“一体化”模式的指引主要体现为相应的政策支持和宏观政策导向包括以下几个方面。

（1）制定专业型的产业布局政策

化工产业循环经济发展的“一体化”模式具有大规模的化工企业集聚的特点，因此，最好是在产业布局上将联系紧密的化工企业集聚在专业的化工园区，在产业规划、土地利用和环境建设上，按化工产业循环经济发展的“一体化”模式要求统一制定相应的政策规范，创办专业性的化工产业园区，以专业型园区推进特色产业的发展。

（2）制定产业导向政策

化工产业也有许多不同的种类，因此，即使发展化工产业循环经济，也要根据区域条件和优特征，结合化工产业优势，评价产业导向的指标，除了先进性、低污染、高附加值等指标外，还有一个重要指标就是产业关联度。因此，要针对产业链的重点环节、薄弱环节，重点发展关联度高的产业，以发展终端产品带动中间产品的发展，以发展下游产品带动上、中游产品的发展，实现由均衡型的产业发展向高关联度的产业发展转变。

（3）制定扶持导向政策

通常对循环经济发展的支持体现为针对企业利用新技术、新项目情况以及采取节能减排措施等，给予相应的政策，包括税收优惠等的支持，这是没有差异的普惠型政策。扶持导向政策要求对实施“一体化”模式的企业，除可享有国家和地方明确规定循环经济发展政策外，还可以考虑“一体化”模式的推进和实施情况，对所有实施“一体化”模式的企业主体给予土地、税收、融资和项目等方面的优惠，可以制定特殊的管理政策和管理制度，鼓励和引导“一体化”模式的发展。

（4）制定园区建设导向政策

可按照市场经济规律、模拟企业制度形成化工园区管理体系，在大的化工园区体系下，形成若干专业园区。实施“一体化”模式的企业成为单独的专业型工业园，成为“园中园”。另外，城市建设与园区建设、园区建设与“园中园”建设也要有整体的概念，有的设施要共用，园区的产业设施建设要纳入城市基础设施总体规划。

2. 化工产业循环经济发展“一体化”模式的微观政策指引

在制定宏观的产业指导、优惠政策和环境建设规范、支持政策等的同时，还要考虑根据“一体化”模式的特征，制定相应的招商引资、建设和运行管理的指导、协调、配合与监督政策和制度。要研究“一体化”模式的投资建设模式、运行管理模式和监督、执行、协调机制，制定“一体化”模式的运行管理指导政策，以保证化工产业循环经济发展“一体化”模式的顺利推进和科学、良性发展，防止推行“一体化”过程中产生事与愿违的不良结果。这些具体的推行化工产业循环经济发展“一体化”模式的微观政策规范包括以下几个方面。

（1）监督、管理、协调政策

一个地区要推行化工产业循环经济发展“一体化”模式，将涉及一个新型产业工业园和大规模化工企业的新建，和大量的人力、物力投入，关系到一个地区产业经济的发展，关系到化工企业的发展，也关系到区域规划、城市发展和自然环境的发展。因此，无论项目业主是国有企业还是私有企业，“一体化”项目的实施都将不是一般的、单纯的市场行为，更不是简单的个别企业行为。所以，“一体化”模式的成功推行可能涉及很多方面的工作，要求有相应的非完全企业行为的监督、管理和协调工作制度及相应的规范。具体地讲，一个地区推行“一体化”的循环经济发展模式，应当专门设立独立于操作执行单位之外的监督、管理和协调机构，制定相应的规范措施，对“一体化”项目的选择、规划、设计、建设管理等实行专门的产业政策指导、监督，安全、环境建设指导、监督，投资、建设指导、监督，和其他相关的政策、法规的执行监督，同时，制定相应的协调工作制度和特殊政策，支持“一体化”项目工作的开展和解决“一体化”项目实施过程中出现的一些政策性、协调性问题。

（2）建设、投资、规划政策

对“一体化”模式项目的推进，区域规划，产业、产品规划，技术、设计规划，建设、管理规划等都应进行系统研究，将相关内容、措施、标准等规范化、制度化。对“一体化”项目的投资建设，应依法建立、健全投融资制度，设计、技术应用制度，物资设备采购制度，建设管理制度，财务、审计制度，工作责任制度和合同审查、管理制度等。对“一体化”模式项目，应当研究投融资模式和项目投资建设运行模式，根据不同的模式制定相应的制度和规范。对合同的审查签订，应当根据投资主体关系情况和合同的性质、类别，进行分类管理，实行格式合同制度、通用条款统一制度、关联条款协同制度和主次合同协调制度。

（3）项目运行协调管理规范

尽管参与实施“一体化”项目的业主可能属于不同的企业法人或性质不同的市场主体，但作为新型的产业发展模式和国家政策支持和规范的循环经济发展方式，同处于特色产业化工园区，应当按特色产业化工园区的政策规范制度和“一体化”项目统一运行的模式，进行规范、协调和管理。即在项目建设完工后，项目的正常运行应当有统一的协调和监督管理制度。应当按“一体化”模式项目的运行要求和相关的法律制度及合同关系，进行规范协调，实行生产计划、安全、环保和公用设施、基础原料供应的统一、协调管理制度，合同履行协调管理制度，事故协调管理和社会环境协调管理制度及相关政策支持管理等制度。

总之，化工产业循环经济发展的“一体化”模式，是新型产业经济发展的重要模式。该模式的实施和推进，涉及新技术、新材料、新型管理方式和新型政策规范支持等诸多问题，涉及技术、经济、管理和法律等多方面因素和复杂的法律关系，涉及众多的政策法律问题，各级政府和企业在操作过程中应当因地制宜、依法建立健全各种规范制度，实现“一体化”模式运行的系统化、科学化、规范化和法律化，以保证“一体化”项目的正常运行和产生良好效果。

参考文献

陈伟亚，马玉明，袁兵等 . 2009. 化工企业循环经济模式与可持续发展战略研究 . 武汉工程大学学报，31（1）：36-40，45.

冯武军，毛玉如，陈红等 . 2007. 我国化工园区发展循环经济的典型模式研究 . 现代化工，27（3）：7-10.

顾宗勤 . 2004. 我国化工园区的建设和发展 . 国际石油经济，（6）：52-55，72.
贺传皎，李江 . 2007. 循环经济理念下的产业集群可持续发展研究 . 城市，（3）：15-18.
胡山鹰 . 2006. 磷资源产业循环经济 . 北京：新华出版社：5，8.
李宗柏，路策 . 2006. 湖北省循环经济发展与实践 . 武汉：华中师范大学出版社：118-119.
罗璇，赵旭 . 2006. 化工产业循环经济发展模式初探 . 科学技术与工程，（10）：1393-1397.
王兆华，尹建华 . 2005. 生态工业园中共生网络运作模式研究 . 中国软科学，（2）：81-86.
谢家平，孔令丞，籍巍 . 2009a. 石化产业一体化运行模式的循环经济效果——以长三角的主导化工区为例 . 石家庄经济学院学报，32（1）：8-13.
谢家平，孔令丞，籍巍 . 2009b. 化工园区循环经济建设模式与启示 . 当代经济管理，31（2）：25-28.

新形势下中部地区工业现代化研究

赵西君
中国科学院中国现代化研究中心

我国中部地区地处腹地，包括湖北、湖南、安徽、江西、河南、山西六省，土地面积和人口分别占全国的 10.7% 和 28.1%。中部地区是我国近代工业的发祥地之一，造船工业、军械工业、钢铁工业以及织布工业曾在这里一度辉煌，目前中部地区工业在我国经济发展中仍占重要地位，2013 年，中部规模以上工业增加值仅次于东部地区，占全国的 24.5%。由此可见，中部地区工业现代化的实现将直接影响到我国现代化进程，意义之大不言而喻。

一、中部地区工业现代化发展现状

1. 中部工业总量占全国比重不断提升，塌陷局势开始扭转

20 世纪 90 年代初，中部地区在全国经济中的地位开始逐步下降，1990 年中部地区经济总量为 4010 亿元，占全国 GDP 的 21.86%，经过随后十年的东西部发展夹击之后，中部地区在全国经济中的比重明显降低，到 2002 年，中部地区占全国 GDP 缩减到 18.82%，“中部塌陷”局面开始呈现。

工业产业是支撑中部地区经济的最重要产业之一，工业的“塌陷”成为必然。如图 1 所示，1990 年中部地区工业增加值占全国的 19.39%，到 2003 年下降为 16.87%。面临“塌陷”的巨大压力，2006 年国务院提出了“中部崛起”战

略，随后中部地区工业增长步入快车道，2006—2013 年工业增加值年均增速达到 10.5%，工业增加值占全国比重明显提升，2013 年达到 21.64%，中部工业塌陷局面初步得到扭转。

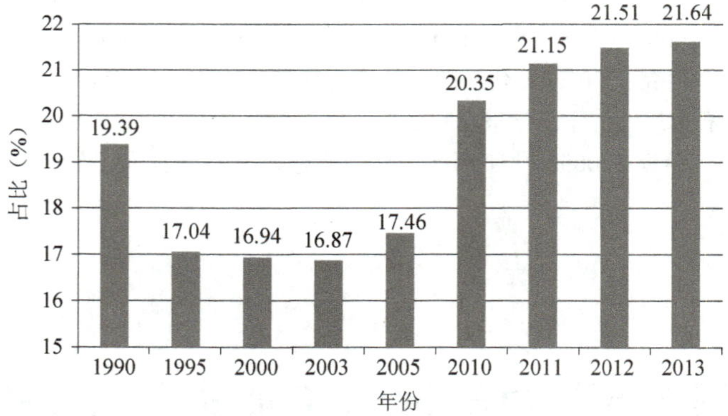

图 1　中部地区工业增加值占全国比重

注：资料来源于《中国统计年鉴》；以当年现价计算，全国工业增加值为各省区市加总所得

2. 工业化水平不断提高，整体高于全国平均工业化率

实施中部地区崛起战略以来，中部政策支持力度不断加大，中部六省顺势而为，工业化水平取得了明显提升，见表 1。2006 年，中部六省中工业化率高于 40% 的仅有山西一省，河南、湖南最低均为 35.2%。到 2010 年，中部六省中工业化率仅有河南、湖南两省低于 40%，其他 4 个省份工业化率均高于 40%。2013 年，中部六省全部超过 40%，并超过全国平均工业化率。除山西省外，大部分省份工业化率提高幅度较大，其中安徽省提高了大约 10 个百分点，河南、湖南两省平均提高了 10 个百分点。由此可见，"中部崛起"战略实施以来，中部各省工业化进程在加速推进，工业化水平明显提高。

表 1　2006—2013 年中部各省工业化率变动比较　　（单位：%）

区域	2006年	2008年	2009年	2010年	2011年	2012年	2013年
山西	50.9	52.9	47.8	50.6	53.0	49.7	47.9
安徽	36.7	39.6	40.4	43.8	46.2	46.6	46.9
江西	39.5	41.7	41.8	45.4	46.2	45.0	44.9
河南	35.2	37.3	36.9	39.3	41.3	41.2	49.6
湖北	38.5	38.8	40.0	42.1	43.5	43.8	42.7
湖南	35.2	37.3	36.9	39.3	41.3	41.2	40.8
中国	42.2	41.5	39.7	40.0	39.8	38.4	37.0

资料来源：各省历年统计工业年鉴

3. 工业化处于中后期阶段，基本与我国工业化阶段相当

根据钱纳里工业化阶段划分，以 1970 年美元不变价为基准通过购买力平价转换因子，将 1970 年美元的阶段划分推演至 1978 年美元到 2010 年美元，并根据各年份美元对人民币的汇率中间价换算至人民币，以美元平减指数形成的钱纳里经济发展阶段划分标准如表 2 所示。2013 年，除湖北省人均 GDP 达到 6868.7 美元，率先进入工业化后期阶段以外，其他 5 个省都位于 3150 ～ 6300 美元，根据上述工业化阶段划分标准，河南、山西、湖南、江西和安徽均处于工业化中期阶段，如图 2 所示。2013 年我国人均 GDP 为 6767 美元，中部各省仍低于全国平均水平。

表 2 钱纳里经济发展阶段推算的划分标准（人均 GDP） （单位：美元）

阶段	阶段名称	1970年	1990年	2000年	2010年
第Ⅰ阶段	初级产品生产阶段Ⅰ	100～140	340～470	440～620	560～790
	初级产品生产阶段Ⅱ	141～280	471～940	621～1 240	791～1 570
第Ⅱ阶段	工业化初期	281～560	941～1 890	1 241～2 490	1 571～3 150
	工业化中期	561～1 120	1 891～3 770	2 491～4 970	3 151～6 300
	工业化后期	1 121～2 100	3 771～7 070	4 971～9 320	6 301～11 810
第Ⅲ阶段	发达经济初期	2 101～3 360	7 071～11 310	9 321～14 920	11 811～18 900
	发达经济时代	3 361～5 040	11 311～16 970	14 921～22 380	18 901～28 350

资料来源：杨宇，刘毅，齐元静 . 2012. 基于不同区域尺度的中国经济发展阶段判断，经济问题探索，(12)：1-6

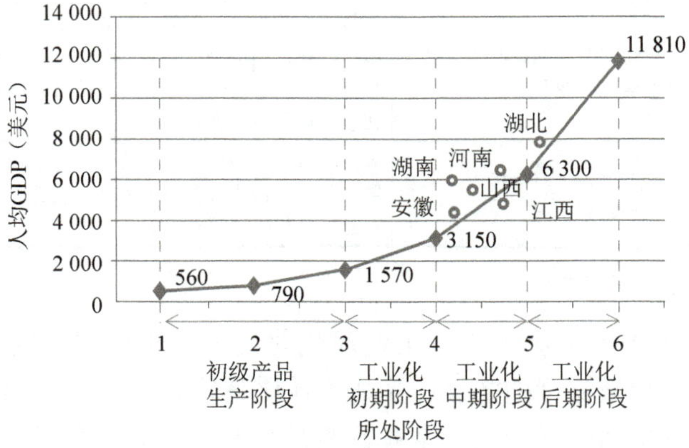

图 2 2013 年中部六省工业化所处的阶段

4. 主导产业不断优化调整，产业发展质量有所提升

面对传统支柱产业发展水平不高、高资源型产业比重较大的局面，中部各省围绕国家政策引导方向以及产业发展趋势，进行了积极调整。以安徽省为例，

近年来，安徽省大力促进战略性新兴产业发展，加快改造提升，促进钢铁、建材、化工等传统产业，培育壮大主导产业。2012年，区域创新能力由全国第15位跃升至第9位，居中部第1位，全省高新技术产业产值突破1万亿元，在电子信息和家电、汽车和装备制造、材料和新材料方面也取得了很大进步。如表3所示，湖北、湖南省以武汉都市圈、长株潭城市群为核心，大力发展新能源、新材料等新兴产业，河南省大力发展循环经济，山西省继续推进煤炭及资源型产业整合，发展战略性新兴产业，江西省着力构建安全可靠的生态环境保护体系，大力发展生态产业体系。

表3　中部各省支柱产业与主导产业调整方向

省份	2006年支柱产业	2012年产业调整方向
河南	煤化工、铝工业、食品工业、装备制造业、汽车及零部件产业和高新技术产业	电子信息、装备制造、汽车及零部件、现代家居、生物医药、节能环保、新能源、新材料、新能源汽车等战略性新兴产业
江西	汽车航空及精密制造产业、特色冶金和金属制品产业、中成药和生物医药产业、电子信息和现代家电产业、食品工业、精细化工及新型建材产业	航空、先进装备制造、新一代信息技术、锂电及电动汽车绿色食品等战略性新兴产业，现代农业、电子信息产业
安徽	汽车、装备、优质金属材料、水泥及非金属优质材料、信息电子、农副产品加工、能源和煤化工、生物技术工	电子信息和家电、汽车和装备制造、材料和新材料、能源和新能源、农产品加工业
湖南	装备制造、钢铁有色、卷烟、食品加工、石油化工、建筑材料、造纸工业和旅游业	工程机械、先进装备制造与再制造、航空航天、电子信息等先进制造业，休闲农业和生态农业等现代农业，现代服务业
湖北	汽车产业、石化产业、钢铁产业、食品工业、电子信息产业和纺织产业	培育汽车、机电、船舶、服装、农产品、高新技术等优势出口产业，加快移动互联网、云计算、物联网等新一代信息技术，发展现代物流、信息消费、高新技术服务业等现代服务业和生产性服务业
山西	煤炭、炼焦、冶金、电力煤化工、装备制造、材料和旅游	煤炭机械、重型机械等优势装备制造业，煤化工装备、煤层气装备、铁路装备等潜力装备制造业，新型材料、特色食品、现代医药等新兴产业

资料来源：根据中部地区各省政府工作报告整理

然而，近年来中部地区在推进工业现代化过程中也出现一些问题：一是工业产业层次低，资源依赖型的初级产品加工业比重较高，高新技术产业发展相对滞后；二是工业竞争力较低，工业企业普遍存在着产业集中度不高、创新能力不足、产品附加值较低等问题，市场竞争力不强；三是工业内部结构不合理，高耗能的重工业所占比重较高，轻工业相对落后，并且各省市工业定位没有形成错位发展，“同构”现象较为严重，恶性竞争不断。

二、中部地区工业现代化面临的新形势分析

当前，国际环境发生了深刻变化，全球经济格局正处于深度调整中，新一轮科技革命正渗透到经济社会发展的方方面面。支撑中国经济长期高速增长的要素条件已发生巨大变化，传统的人口红利、资源红利、环境红利等已明显衰退，国际国内环境的变化必然对中部地区工业现代化产生深远影响。

1. 新一轮技术革命为中部工业现代化带来巨大机遇

以新一代信息技术、新能源技术、生物技术为代表的新一轮技术革命正在全球加速扩散，各国为抢抓本轮科技革命带来的机遇，纷纷提出了相应的国家战略，如德国提出了“工业 4.0”，美国的“再工业化”战略。未来，大数据、云计算、物联网、智能化制造和绿色能源等将成为推动我国产业革命的主力军。当前，中部地区工业产品技术含量偏低、高新技术产业比重不高，新技术的出现与应用或将加速推动中部地区工业迈向新型化、高端化，从而加速推进中部地区工业现代化的实现。

2. 制度改革的深入推进为中部工业现代化提供了重要保障

目前，约束中部工业发展的制度性因素仍较多，比如，政府部门对微观经济活动的干预仍然较多，行政性审批方式在资源配置方面仍居主导地位，工业环境污染治理方式仍不健全，资源要素价格仍不合理等。目前，我国政府正在大力推进行政审批改革、土地改革、价格改革、金融改革等，旨在通过制度创新，破除制约生产要素优化配置和生产力发展的体制机制问题，降低交易成本，提高发展效率，在更大程度上解放生产力。制度改革的深入推进无疑为中部地区工业现代化的实现在各个环节上破除了障碍，注入了新活力和新动力。

3. 日益趋紧的要素市场为中部工业现代化提高了门槛

近年来，我国生产要素价格不断上涨，支撑工业现代化发展的各种要素成本随之不断增加，大大提高了中部地区实现工业现代化的门槛。主要表现在：一是我国已提前进入老龄化阶段，适龄劳动力人口正逐步减少，劳动力的成本也在不断增加。目前，沿海地区一些出口企业的人工成本已经相当于周边印度、越南、柬埔寨等国家的 2 ～ 3 倍，劳动力的短缺和成本的增加将成为制约中部地区经济发展的重要因素。二是土地要素市场和资源能源价格的不断攀升直接制约着中部工业现代化的加速推进。由此可见，新形势下，我国劳动力、土地、资源等生产要素成本正在增加，这无疑要求中部地区在推进工业现代化过程中付出更多的努力。

4. 巨大的生态环境压力要求中部工业现代化加快推进

中部地区资源类加工产业占工业比重较大，钢铁、煤炭、有色金属、建材等高耗能产业较多，经济增长中经常出现资源消耗与环境污染指标双高的现象，可持续发展面临较大压力。此外，近年来，中部地区水污染仍十分普遍，城市和矿区空气污染严重，水土流失和土壤破坏问题突出。工业现代化的实现客观上要求工业发展走新型化、绿色化、低碳化和可持续性道路，因此，当前巨大的生态环境压力必然要求中部工业向现代化加速推进。

三、中部地区推进工业现代化的竞争优势条件

1. 生产要素综合优势突出

根据波特的竞争理论，区域竞争要素包括自然资源、人力、资金、土地、环境等生产要素的数量、质量及其组合状况。中部地区矿产种类齐全，储量丰富，重要或稀有矿产资源的丰度远优于东部，密度高于西部。中部地区是我国主要的粮、棉、油等主产区，土地资源禀赋较好，水资源相对丰富，人口占全国的28.1%，也是我国劳动力输出的主要地区。此外，中部地区智力资源较为集中，科研机构和大专院校密集，这里聚集了全国约20%的科技人员和约21%的高校。由此可以看出，中部地区无论是人力资源、土地资源还是矿产资源、科技资源都十分丰富，完全能够为工业现代化的大力发展提供充足的要素保障。

2. 工业配套能力不断提升

近年来，中部各省纷纷加大了交通、水利、能源、网络通信等基础设施投资力度，目前水陆空交通日趋发达，便捷程度仅次于东部地区。从上下游关联产业和配套情况看，中部地区工业基础扎实、工业体系完备，是我国现代工业的发祥地和传统的重工业生产基地，除东部地区外，中部地区在其他三大区域中产业配套能力最强。此外，中部地区正借长江经济带建设的重大契机，加大产业链整合力度，推进产业一体化进程，这无疑对中部工业现代化加快实现起到巨大推动作用。

3. 特色产业集群优势明显

目前，中部地区已形成了各具特色的产业集群，包括汽车、工程机械在内的现代制造业产业群，优势能源、原材料产业群，高新技术产业群以及农业优势产业集群，均已具备相当规模，集聚效应十分明显。产业集群是一种有效的空间组织方式，它能够通过有效的专业化分工协作，降低企业的生产成本和交易成本，提高产业的市场竞争力。工业现代化的实现需要有效的产业组织形式，中部

特色产业集群的形成必将为工业现代化的实现提供重要支撑。

4. 中部市场需求空间巨大

中部地区人口众多，聚集了全国约 28.1% 的人口，巨大的人口规模为工业产品的消费提供了重要前提。中部地区市场容量较大，且地区消费市场规模增长迅速，来自《中国统计年鉴》的数据显示，2006—2012 年，中部地区社会消费品零售总额不断增长，到 2012 年末，社会消费品零售总额已经达到 4.27 万亿元，为 2006 年 1.54 万亿元的 2.77 倍。目前，中部地区工业化水平仍较低，城镇化未来，中部地区必然要加快提升工业化和城镇化水平，这也意味着工业发展将迎来更大的契机，工业的市场空间将会进一步释放，工业现代化的实现将会更进一步。总之，随着中部地区经济持续发展、工业化和城镇化的不断推进，中部地区工业现代化必将加速实现。

四、中部地区工业现代化发展路径

1. 深化工业体制机制改革，深入推进工业制度现代化

工业现代化的实现需要先进的工业制度体系作为保障。一是加快政府职能转变，着力打造服务型政府，政府应大力推进市场化改革，重点放在为各类市场主体服务和建立健全与市场经济相适应的体制、政策、法律环境上，减少政府干预市场行为；二是通过兼并重组、股份合作制等形式，加快改革中部地区国有企业比例过高的弊病，有序发展混合所有制经济，进一步破除各种形式的行业垄断，取消对非公有制经济的不合理限制；三是针对中部地区能源资源丰富的特点，应大力加快生产要素价格市场化改革，彻底消除资源配置扭曲和瓶颈，让市场在资源配置中发挥更大作用；四是大力推进股权多元化、健全债权人治理机制，建立现代化的公司治理结构，真正形成归属清晰、权责明确的现代产权制度。总之，深化中部各省的行政审批改革、国有企业改革、土地改革、金融改革、财税改革和价格改革等，能够为中部地区工业发展提供良好的制度环境和市场环境，确保工业现代化的顺利推进。

2. 加快工业转型升级，大力推进工业结构现代化

目前，传统工业在中部地区产业中仍占主导地位，为推进工业现代化的实现，必须要加速对传统工业的改造，大力引导工业向绿色化、智能化、低碳化、生态化发展。在这一过程中，第一，应该按照新型工业化的要求加大对传统工业部门的技术改造力度，有重点的改造一批骨干企业，提高工艺技术和装备水平，加快节能、降耗、环保、产品深加工等行业关键技术和新兴工艺的推广应用，推

动传统产业的技术迈上新台阶；第二，加大对资源依赖型的产品加工业以及产业链短、附加值低、对环境破坏较为严重的工业产业的淘汰力度；第三，充分借助中部地区市场需求扩大的机遇，大力发展高新技术产业，重点以掌握核心技术为突破口，推动中部地区先进制造、高端制造、智能制造大发展，比如选择光电子信息、生物医药、新材料、软件产业化等一些具有优势和潜力的高新技术产业，集中资金、技术和人才进行重点扶持和培育，力争形成在全国占有突出地位的高新技术产业基地。总之，通过企业标准设置、产业政策鼓励引导等多种措施，大力引导产业向高端化、绿色化、特色化、集群化发展，最终形成工业结构的现代化。

3. 紧抓新一轮技术革命机遇，着力推进工业技术现代化

以互联网、数字化为核心的技术革命已经开启，下一代互联网、新一代移动通信、云计算、物联网等技术正迅速兴起，也正在深刻影响着生产生活的方方面面。在新一轮技术革命的深刻影响下，中部地区工业现代化的实现应该瞄准符合自身发展的新技术，如高端装备制造业、新材料、新一代信息技术等，大力推动工业技术现代化。一方面，按照《中国制造 2025》行动纲领的要求，充分发挥中部地区装备制造业优势，着力开发一批精密、高速、高效、柔性数控机床与基础制造装备及集成制造系统，加快推动新一代信息技术与制造技术融合发展，大力推进制造业的智能化、网络化和数字化。另一方面，健全以技术交易市场为核心的技术转移和产业化服务体系，努力提高科技成果转化率，大力支持高新技术在生产领域中的应用转化。同时，应积极构建中部数字化制造产业技术创新联盟、中部工程机械产业创新联盟等产业技术联盟，谋划实施“科技中部”等行动计划，加快产业技术创新战略联盟发展，提升企业自主创新能力和产业竞争力。

4. 注重创新驱动和质量建设，全面推进工业理念现代化

绿色化、生态化、低碳化与智能化是工业现代化的重要标志。因此，中部地区工业现代化应从依靠资源要素驱动的发展模式，彻底转向创新驱动发展的模式，同时注重工业生产的品牌建设和质量建设，大力提升工业产业国际竞争力。一是大力实施创新驱动战略，构建技术创新、品牌创新与商业模式创新“三位一体”的协同创新体系，积极推进在传统制造业、战略性新兴产业等重点领域开展创新示范工程，努力打造一批武汉东湖、长株潭等国家级自主创新示范区；二是努力推进工业生态现代化，深入贯彻《循环经济发展战略及近期行动计划》，按照减量化、再利用、资源化的原则，大力推进中部地区生产、流通、消费各环节实现循环经济；三是大力实施质量品牌战略，通过政策法规建设、技术标准制

定、质量监管体系建设等一系列措施，将质量品牌建设贯穿于推进中部工业现代化的全过程，逐步形成工业质量品牌推进的重要抓手，最终形成工业理念现代化。

参考文献

范恒山 . 2013. 大力促进中部地区崛起若干重大问题的思考 . 宏观经济管理，（1）：13-17.
覃成林，吕化霞，周二黑 . 2007. 中部地区产业发展特征分析 . 学习与实践，（3）：30-36.
田艳平，秦尊文 . 2007. 中部地区综合竞争力研究 . 学习与实践，（4）：54-57.
魏后凯 . 2006. 促进中部崛起的科学基础与国家援助政策 . 经济经纬，（1）：89-93.
肖金成，汪阳红 . 2008. 论长江中游城市群的构造和发展 . 湖北社会科学，（6）：55-59.
赵凌云，苏娜 . 2014. 中部地区的新地位、新定位与政策创新 . 华东经济管理，28（6）：76-79.

中国钢铁工业空间格局演化历程与国际比较

李 扬
中国科学院中国现代化研究中心

一、引言

钢铁产业属于技术、资金、资源、能源密集型产业，是国民经济的重要基础产业。钢铁产业的合理布局对中国国民经济的健康持续发展、国家的安定团结、人民生活质量的改善等都起着非常重要的作用。钢铁工业布局在整个产业布局体系中占有重要地位，优化钢铁产业布局既是提高竞争力的需要，又是走新型工业化道路的需要。

国内外学者对钢铁工业的空间布局进行了大量的研究。斯杰潘诺夫（1955）对苏联钢铁工业的空间分布特点及其影响因素进行了分析；戈赫曼（1958）研究了二战后美国钢铁工业生产中心的转移及其原因；张文奎等（1981）研究了 20 世纪 50 ～ 60 年代的日本钢铁工业，对其空间布局的影响因素进行了探讨。以上学者均指出原材料特别是铁矿石的运费是影响钢铁工业布局的最主要因素，这些学者对工业化国家钢铁工业的研究印证了韦伯基于运费最小化的工业布局理论。此外，许多国内学者对中国钢铁工业的空间格局进行了研究。李文彦（1999）讨论了不同煤炭种类及其运输距离对于钢铁企业布局的影响；陆大道（1990）分析了进口铁矿石推动中国钢铁工业沿海沿江布局的作用；陈汉欣（2006）讨论了不同规模钢铁企业的空间分布特点和规律。这些学者对中国钢铁工业空间格局的研究仍立足于原材料，将其运输费用视为主要的影响因素。而另一些学者则从原材料、市场以及政策等视角综合考察了影响中国钢铁工业的因素。张晓平和张青云（2005）指出，中国钢铁工业的布局已经明显地从内陆资源指向型转向沿海消费指向型，其分布越来越靠近市场和国际资源；徐康宁和韩剑（2006）指出，影响中国钢铁产业生产力布局的主要因素是市场需求，其次是矿产资源，中国钢铁产业的空间布局基本属于市场指向型。

以上学者对钢铁工业空间格局的研究丰富了工业区位论，对中国钢铁工业在国土空间上的优化配置具有很好的指导意义。但是，中国学者的研究仍主要局限于国内铁矿石供给和市场需求等国内影响因素。在经济全球化的背景下，影响中国钢铁工业空间格局的因素不仅包括国内的铁矿石和市场需求等因素，进口铁矿石、国际市场等因素对中国钢铁工业的影响力度也在不断加强，本文将探讨1949—2010年中国钢铁工业空间格局及其演化特征。

二、世界钢铁工业空间格局特征

从世界钢铁产业发展看，全球钢铁产能并不集中于铁矿石富集的国家，而是集中于钢材消费大国。比如澳大利亚、巴西、印度、南非都是铁矿石富集的国家，但它们都不是重要的钢铁生产国；而世界上所有工业发达国家，即便铁矿石资源贫乏甚至全部依赖进口，也是钢铁生产大国和强国，如日本。

从全世界范围来看，钢铁产业布局主要有3种基本形式：资源依托型、临海港口型和市场邻近型。在二战前相当长一段时期里，钢铁工业大多属于内陆资源依托型布局。二战后，随着冶炼技术的改进，特别是炼铁焦比的下降，炼铁业由就煤布局转向就铁布局，形成了3种钢铁工业地域类型：在大煤田区建钢铁联合企业、在铁矿区形成钢铁工业基地、介于煤铁资源运输线上的基地。而从二十世纪六七十年代开始，世界钢铁工业基本呈现出两种发展趋势：从资源依托型到临海港口型和从资源依托型到市场邻近型。

各个国家钢铁工业布局有其自身的特点，如日本的“沿海布局型”、韩国的“两头在外型”、中国台湾的“临海港口消费指向型”、欧盟的“煤矿周围分布型”和美国的“从资源依托到市场邻近布局型”等。本文着重对日本、美国、巴西的钢铁工业格局特点进行分析。

1. 日本

（1）日本钢铁工业布局特点

日本钢铁工业布局呈沿海型特点。日本是一个钢铁生产大国，却没有发展钢铁工业的任何资源，资源对外依存度将近100%，市场对外依存度超过30%。铁矿石几乎全部依赖进口，主要来源于澳大利亚、巴西和印度，同时日本也是世界上最大的煤炭进口国，主要进口来源地为澳大利亚、加拿大、中国、印度尼西亚、越南和美国。但是日本充分发挥了岛国海运方便的优势，二战后实行三次“合理化”计划，采取了与原料出口国订立长期合同、稳定原燃料供应、使用现代化的大型高效设备等措施，创造性地将各大钢铁联合企业紧邻港口，充分利用了极为便利的海上交通运输条件以及全球的资源和市场，在沿海港口或通过填海造陆兴建大型钢铁厂，这样便形成了沿海布厂这一具有典型性的钢铁工业布局形式，给日本带来了显著的经济效益。

日本工业主要集中在太平洋沿岸的东京湾、骏河湾、伊势湾、大阪湾和濑户内海，这一狭长地带仅占日本全国面积的20%，但集中了日本全国60%以上的人口和9个百万以上人口的大城市，拥有85%左右的钢铁工业产值，形成著名的太平洋带状工业区。

（2）日本钢铁工业布局演变历程

最初，日本钢铁工业布局是以原料地指向型为主，分布在八幡、釜石、室兰；后来发展为产品消费地型，主要有尼崎、广烟、小仓、船町、京浜；二战后，开始向大型海洋港口附近集中，这既能保证生产所需的水资源，又能依靠海运条件进口铁矿石和煤炭，也方便产品出口。日本钢铁工业经过多年的空间演化，已经发展成典型的临海型布局，绝大部分钢铁企业分布在面向太平洋的带状工业区内，形成长达近1000千米的全世界最集中的沿海钢铁工业带。

2. 美国

（1）美国工业布局特点

美国曾是世界最大的钢铁生产国，钢产量一度占世界的60%。但进入后工业化时代后，钢铁工业因劳动力成本高逐渐衰落，目前产钢能力在1亿吨左右，为钢铁净进口国。美国钢铁工业布局目前属于市场邻近型，这种布局比较适合国土面积较大、资源分布较为均匀的国家，有利于节约运输成本。美国的钢铁厂多建在工业中心，形成钢铁及相关工业为主的综合性工业基地。利用东西两边面向大洋和五大湖、密西西比河纵贯南北的有利条件，结合国内煤、铁资源分布的特点，美国在大西洋沿岸和五大湖地区大力发展钢铁工业，使水运的优越性得到充分发挥，形成美国钢铁工业布局上的一大特点。美国钢铁工业最集中的区域是大西洋沿岸的北段和五大湖南岸地区，这两个地区的钢铁联合企业拥有约占全美钢铁联合企业 80% 的炼钢能力，这两个地区也是美国重工业的发达地区，而南部和西部各有一个 300 万吨钢铁联合企业。

（2）美国工业布局演变

美国钢铁工业布局属于由资源依托型向市场邻近型模式发展。美国工业最初分布在东北部地区的大西洋沿岸，该地区铁矿石和煤矿非常丰富，形成了以钢铁和汽车为主的重工业区；随后美国西部大开发，又形成了西部工业区，即太平洋沿岸工业区，其中匹兹堡在近代产业史上曾被称为美国的“钢都”；19 世纪末，苏必利尔湖区的铁矿开发以后，在沿湖地带（比如芝加哥、底特律、克利夫兰等）又兴起了许多新的钢铁工业中心；20 世纪 90 年代后美国南部的墨西哥湾沿岸发展成为美国现在最大的工业区，形成三大工业区。

3. 巴西

由于巴西矿产资源丰富，其钢铁工业布局多属内陆资源指向型，钢厂主要分布于内陆高原地区，且大都建在原料丰富的地区。巴西的钢铁生产 90% 集中于巴西东南部和南部地区，西北地区的钢铁生产较少。巴西的钢铁产能主要分布在 26 个州和 1 个联邦区中的 9 个州（包括米纳斯吉拉斯州、里约热内卢州、圣埃斯皮里图州、圣保罗州、南里奥格兰德州、巴伊亚州、巴拉那州、伯南布哥州和塞阿拉州），巴西北部地区钢厂虽然比较少，但该地区被认为是巴西最具发展前景的地区之一，既能适应不同市场发展的需要，又有丰富的石油和天然气资源。

三、中国钢铁工业空间格局

新中国成立以后，钢铁工业在国民经济的拉动下得以迅速发展。来自《中国统计年鉴》的数据显示，1996 年，中国的钢产量首次突破 1 亿吨大关，成为全球第一产钢国，并在此之后始终保持着这一地位。2014 年，中国的钢产量达到 8.23 亿吨，比 1996 年增长了 7 倍多，相当于当年全球钢产量的一半多。

在总产量持续增长的同时，中国钢铁工业的空间格局也在不断地演化。新中国成立之初，中国按照苏联的计划经济模式，并根据已有的发展基础，重点在东北和华北地区的少数城市建设和发展钢铁企业，因而当时中国钢铁工业的空间格局相对集中。一直到改革开放前，受冶炼技术和运输条件的限制，中国钢铁工业主要靠近原材料产地分布，比如辽宁、湖北和四川三省均凭借自身丰富的铁矿石资源发展成为当时中国重要的钢铁工业基地。而北京和上海两市的钢铁工业则因为便利的交通运输条件而得以规模化发展。这种空间格局的形成主要基于减少原材料特别是铁矿石的运输成本。因此，原材料特别是铁矿石的分布及运输成本是当时影响中国钢铁工业的主要因素。

随着改革开放战略的实施以及不断深化，中国的工业化和城市化发展进程不断加速，从而带动了各地区钢铁工业的发展。在二十世纪八九十年代，中国钢铁工业逐渐由集聚于辽宁、上海和湖北等少数几个省市向华北和华东地区扩散，这两个地区的国有和民营钢铁企业迅速发展，钢产量高速增长。在这一时段内，钢铁工业空间分布不均衡的态势逐渐减弱。

进入 21 世纪以后，中国钢铁工业的空间格局迅速由扩散的趋势转变为集聚状态。沿海地区在区位优势、市场需求以及国家政策等因素的共同作用下，经济增长持续保持了较高的速度，而快速的工业化和城市化进程极大地刺激了钢铁工业的发展。沿海地区利用其区位优势和发达的运输体系，形成了资源—市场“两头在外”的钢铁生产模式，即利用进口铁矿石以及从中部地区输入的其他原材料进行大规模炼钢，生产的钢产品同时供给本地和海外市场。正是在这样的生产—运输—消费模式下，沿海地区特别是长三角和环渤海经济区的钢铁工业保持了持续快速发展的态势，其空间集聚效应不断增强。

1. 中国钢铁工业空间格局的演变历程

（1）1949 年中国钢铁工业空间格局

中国近代钢铁产业从 1890 年汉阳钢铁厂创办开始，经过半个多世纪，到 1943 年，生铁、钢、钢材的最高年产量仅分别达到 180 万吨、92.2 万吨和 68.6 万吨。日本帝国主义侵华期间，为掠夺中国资源支持其侵略战争，开采了辽宁鞍山、河北龙烟和海南岛等地区的铁矿，在鞍山建立了钢铁联合企业，在本溪、石景山建立了炼铁厂，在大连、抚顺、唐山、天津、上海建立了一批炼钢厂。当时钢铁产量的 90% 左右集中在辽宁，在太原、大冶、重庆、昆明等地还有几个稍具规模的钢铁厂。这是典型的偏居一隅的布局。

（2）1952 年中国钢铁工业空间格局

新中国成立后，中国在国民经济恢复时期（1950—1952 年）便集中力量修复了鞍山、本溪等地的钢铁产业设备，到 1952 年中国钢产量已达到 135 万吨，超过了历史最高年的产量。当时内陆地区新建的四川成渝铁路、甘肃天兰铁路、广西来睦铁路为生产力布局调整创造了一定条件。再加上当时受生产力“均衡布局”的区域发展战略和国际环境的影响，主张把新建项目主要放在内地，布局形式发生明显的变化，但是东北地区的粗钢产量占了全国的约 70%，仍未改变我国钢铁产业偏居一隅的总体布局形式。

（3）1957 年中国钢铁工业空间格局

在第一个五年计划时期（1953—1957 年），我国在钢铁产业的基本建设投资约 38 亿元，其布局的重点一是扩建鞍钢、本钢，以二者为中心，形成东北钢铁基地；二是新建武钢，扩建大冶特殊钢厂发展华中钢铁工业基地；三是新建包头钢铁公司，扩建太原、石景山钢铁厂，在华东地区，扩建、改建了上海市的一些炼钢厂，在马鞍山建设了六座 300 立方米左右的高炉，增加了对上海炼钢生铁的供应，在西南地区，着手建设綦江铁矿，为重庆钢铁厂建立矿石供应基地，扩建了重庆钢铁厂，昆明钢铁厂和重庆特殊钢厂，同时还在新疆乌鲁木齐、山东济南、河南安阳、湖南湘潭着手新建了几个中小型钢铁厂。“一五”计划时期钢铁产业布局重点突出，集中钢铁产业资金投入，改建、扩建鞍钢，同时着手武钢、宝钢两个新基地建设，对华东、西南地区钢铁产业的发展也做了适当安排，这次布局调整取得了较好的效果。

（4）1965 年中国钢铁工业空间格局

1957 年底，中国炼铁和炼钢生产能力已分别达到 696 万吨和 643 万吨，按原定的“二五”计划（1958—1962 年），钢铁工业建设和布局主要围绕“三大”（鞍山钢铁集团有限公司、武汉钢铁集团公司、宝武钢铁集团有限公司三个大型钢铁企业）、“五中”（太原钢铁集团有限公司等五个中型钢铁企业）、“十八小”（昆明、济南等 18 个小型钢铁厂）展开。1958 年，采取“全民大办钢铁”，要求钢产量一年翻番。该举措不仅严重破坏了国民经济的重大比例关系，也使钢铁产业的正常发展收到了严重损害，武钢和宝钢两大新基地的建设被推迟。1961 年，党中央提出“调整、巩固、充实、提高”的八字方针后，小土群全部下马，相当一部分中小型钢铁企业和 1958 年破土动工的酒泉钢铁公司也中途下马，转而集中力量扩建首都钢铁、太原钢铁集团有限公司、天津钢厂、唐山钢厂、上海钢铁一厂、上海钢铁三厂，新建上钢五厂、梅山铁厂以增加对上海商品生铁的供应，同时扩大了马钢的规模。续建了 1953 年动工的成都无缝钢管厂。到 1965 年我国粗钢的产量分布达到了 1233 万吨。其中，华东地区发展超过了华北地区。

（5）1970 年中国钢铁工业空间格局

1958—1965 年，钢铁产业空间布局向着平衡的方向发展，但是大的非均衡根本格局不曾改变。

“三五”时期（1966—1970 年），随着国民经济转向以备战为中心和“三线”建设的大规模开展，钢铁产业布局重点西进，首先集中力量建设了长城、贵阳、陕西、西宁、石咀山等一批特殊钢厂和相应的铁合金厂，在东部几个省市的山区配合“小三线”建设了十几个小型特殊钢厂。攀钢建设立足于川滇黔接壤地区丰富的煤、铁资源和较齐备的冶金辅助材料资源基础之上，建设时力量较集中，从1965年着手，1970年7月1日一号高炉出铁、1971年10月转炉出钢，1972年底初轧出坯，用了不到8年的时间，形成年产150万吨钢铁的综合生产能力，投资效果较好。酒钢受矿山和当地诸多条件牵制，截至20世纪70年代末，仅建成1513立方米高炉一座，长期有铁无钢、无材，亏损严重，直至20世纪80年代才开始逐步扭转。建于大、小三线的一些特殊钢厂，受当时“分散、靠山、进洞”方针的影响，建在交通运输等条件很差的地区，影响了生产能力和经济效益的发挥。

（6）1975年中国钢铁工业空间格局

1970年，中国钢产量达到1779万吨，当时制定“四五”计划（1971—1975年）时却要求1975年钢产量达到3500万～4000万吨，在这个翻番计划的推动下，20世纪60年代初下马的小高炉、小钢铁厂又大批恢复建设，有的大型钢铁企业在建的基本条件未达到前就仓促上马，如1970年在河南动工新建的舞阳钢铁厂，由于事先对征山资源研究不充分，动工4年后才发现问题，造成数亿元的损失。特别是在“文革”期间，钢铁产业受到了严重的损伤，钢产量年递增率仅2.9%，是新中国成立后发展速度最慢的10年，而且经济效益降低到了“谷底”，能源、原材料消耗高、劳动生产率低、亏损严重，钢铁产业内外部比例关系极不协调。党的十一届三中全会以后，按照“调整，改革、整顿、提高”的方针，从协调比例、降低消耗、狠抓品种质量、满足国民经济需要出发，果断地“关停并运转了”354个小铁厂、438座小高炉，总容积6600多立方米和一批能耗高的小铁合金厂。此时我国钢铁产业战略布局发生了一些改变。中南地区粗钢产量超过了西南地区，华东地区与华北地区的粗钢产量开始接近东北地区。

（7）1980年中国钢铁工业空间格局

1976年以后，经济建设进入了“五五”时期（1976—1980年），这一时期，我国对原有的产业均衡布局、战略布局和理论与政策进行了反思，尤其是1978年制定了改革开放的基本国策以后，在地区布局上，投资重点东移，沿海地区投资比重大幅度提高，三线投资比重相对下降，在布局政策目标取向上效率逐步取代均衡，以三大经济地带划分为基础的梯度布局理论逐步形成为生产力布局和地区经济建设的理论基础。“六五”（1981—1985年）伊始，利用沿海地区的现有基础，投资的重点转向沿海地区，重点进行大中城市现有企业的技术改造和产量结构的调整。

（8）1985 年中国钢铁工业空间格局

“五五”和“六五”时期，10 年内我国钢铁产业固定资产总投资 500 亿中有 32% 用于鞍钢、首钢、上钢三厂、包钢、成都无缝钢管厂等老企业的更新改造，增加了国内急需的造船钢板、优质石油钢管等短线品种的生产能力。为了解决矿石的严重不足，在鞍山、本溪、迁安、攀枝花、邯郸西门山、莱芜、海南岛、山西岚县等矿山进行了大型矿山建设。新建项目除了武钢的 1700 毫米轧板机、本钢的 1700 毫米热轧板机、太钢的 1700 毫米冷轧板机、舞钢的 4200 毫米特厚板轧机及与此配套的工程外，重点建成了年产钢、铁各 300 万吨的宝山钢铁总厂一期工程。1985 年我国粗钢产量比 1975 年增加了一倍，在此期间，高炉数量从 1978 年的 965 座减少到 1984 年的 487 座，转炉数量也由 1978 年的 276 座减少到 175 座，减少了不少小高炉、小转炉。从战略布局来看，华东、华北与中南钢铁产业发展比较迅速，1985 年粗钢产量最多的为辽宁、上海，两个地区加起来的粗钢产量约为当年粗钢总产量的 1/3。

（9）1990 年中国钢铁工业空间格局

党的十一届三中全会以来，我国地区发展政策也从强调地区均衡转向重视宏观经济效益上来，在战略上明确了以提高经济整体效益为优先目标的效率优先指导思想，鼓励一部分有条件的地区先发展起来。1986—1990 年是国民经济第七个五年计划时期。这是一个新旧体制并存的特殊时期，钢铁业的形势仍然是一片大好，各地的钢铁生产继续稳步前进。华北地区的粗钢产量超过了东北地区。

（10）1995 年中国钢铁工业空间格局

由于国内对钢铁的需求急剧膨胀，钢铁市场面临求大于供的紧张局面，这更加刺激了国内钢铁的供给。尽管在价格双轨制的过渡中，钢材的倒卖引发了市场混乱和社会矛盾，但这十分有利于钢铁企业的生产规模扩大和技术改进。“七五”计划末期的 1990 年，中国钢铁产量达到 6604 万吨，而在 20 世纪 60 年代，中国钢铁年产量都不足 2000 万吨，钢铁业的发展成就是极其显著的。

“七五”时期根据我国区域经济差距特征，明确划分了东、中、西三大地带，提出加速东部沿海地区的发展，钢铁产业发展的重点放在东部沿海地区，东部沿海地区钢铁产业得到迅速发展。沿海省市的自我发展能力大大增强，与此同时，地区间经济发展水平的差距也不断扩大。到 1990 年，我国东部、中部、西部的粗钢产量占比分别为：东部约占 57%，中部约占 30%，西部约占 13%。

20 世纪 90 年代，随着中国经济体制改革的不断深入，我国经济进入一个新的高速增长时期，钢铁产品由卖方市场转向买方市场，市场竞争日趋激烈。在

1992年邓小平南方谈话以后，特别是党的十四大确定建立社会主义市场经济体制的改革方向，与此相适应，地区经济也转向以“效率优先，兼顾公平”为主要特征、以各地区协调发展为目标的新时期。

（11）2000年中国钢铁工业空间格局

在第九个国民经济五年计划期间（1996—2000年），中国经济遇到了市场疲软，各行各业大萧条。钢铁业的发展也受到一定的影响，人们把钢铁产业当作夕阳产业，钢铁产业发展较为缓慢。依据国家产业政策，关闭了小钢铁企业100多户，“九五”计划结束时的2000年，中国钢铁产量达到12 850万吨，占当年世界钢铁产量的15.2%。这一时期中南地区粗钢产量超过了东北地区。同时，上海的粗钢产量超过辽宁，成为粗钢最多的省市。

（12）2005年中国钢铁工业空间格局

“十五”时期（2001—2005年）是钢铁产业发展最快的时期，在中国经济持续快速增长的良好态势下，建筑、机械制造、汽车、造船、家电和集装箱等行业投资迅猛，有力地拉动了钢材需求的快速增长。钢铁产业发展出现了改革开放以来前所未有的历史机遇，钢铁产业产品销售收入连续大幅度增长，利润成倍增加，效益连创佳绩。钢铁产量不断创下历史新高。增长速度之快，在世界钢铁工业近200年的发展历史上十分罕见。

在这一时期，华北、华东地区的粗钢产能都超过了1亿吨。其中，河北省粗钢产量最高，其次是江苏、山东、辽宁三省。而2005年产钢量最少的省（自治区、直辖市）（西藏除外）是海南、宁夏、青海、黑龙江、贵州和重庆。

从新中国成立到改革开放时期，我国钢铁生产布局从偏居一隅改善到除西藏地区外各地区钢铁产业都已有较雄厚的基础。东北地区的钢铁生产能力仍独居榜首；从改革开放到“十五”末，国家分阶段、有重点、求效益地展开生产力布局，投资与政策向沿海地区双倾斜，华东地区、华北地区的粗钢生产超过了东北地区。

近年来，我国钢铁工业的空间布局，由传统的资源型布局结构向资源市场型布局转变，东南沿海地区钢铁工业发展加速，在全国钢铁工业的相对地位明显上升，产业集聚趋势增强。来自《中国钢铁工业年鉴》的数据显示，1985—2010年，东南沿海地区粗钢产量占全国的比重由56.52%上升到64.44%，平均每年上升1个百分点。2010年，钢产量排名前4位的省份均位于沿海地区。其中，河北钢产量14 458.79万吨，占全国的22.64%；江苏6243.42万吨，占9.77%；山东5507.6万吨，占8.62%；辽宁5389.55万吨，占8.43%，合计产钢31 599.36万吨，占全国钢产量的49.46%。产业集聚趋势明显（图1）。

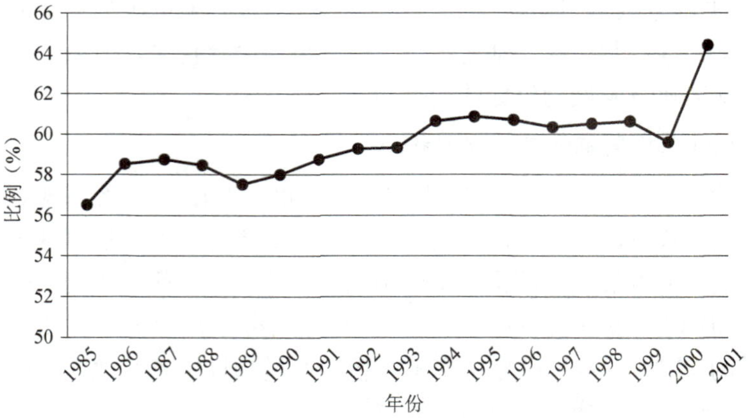

图 1　1985—2010 年沿海地区[①]钢产量占全国比重

2. 中国钢铁工业的现状

从《钢铁产业发展政策》发布至今，我国钢铁产业布局开始了新一轮的调整。2010 年河北省粗钢产量 14 458.79 万吨，占全国粗钢产量的 22.64%。2010 年，河北、江苏、山东、辽宁和山西五省的粗钢产量达到 31 599.36 万吨，占国内粗钢总产量的 49.46%。

从中国钢铁产业发展看，中国现在已是世界上最大的钢铁生产和消费国，但是，中国钢铁产业存在的问题也比较严重，主要是生产布局不合理，产业集中度低，低水平能力占有很大比重等。

3. 省级尺度上钢铁工业的变异系数演变

变异系数（Coefficient of Variation，CV）被广泛地应用于社会经济分析中，许多国内外学者都采用变异系数衡量中国各省及区间的经济发展差异和不平衡性（梁进社，孔健，1998；刘慧，2006；Wei，1990；Chen，Fleisher，1996）。变异系数越大，表明某指标的区域间差异越大。变异系数的计算公式如下：

$$C_v=\sqrt{\sum_{i=1}^{n}(X_i-\overline{X})^2/(n\overline{X})} \tag{1}$$

式中，C_v 表示钢产量的变异系数，X_i 是第 i 个行政区的钢产量，$\overline{X}$ 是全国钢产量的平均值，n 是行政区的个数。因此，变异系数就是采用标准差和均值之比来表示的，反映了各地区某指标的值相对于该指标的平均值的整体离散状况。

此处以省级行政区为基本研究单元，利用 1949—2010 年《中国钢铁工业年鉴》中的钢产量数据，计算 1949—2010 年中国钢产量的变异系数，探讨中国钢

① 本文中提及的沿海地区指辽宁、北京、天津、河北、山东、上海、江苏、浙江、福建、广东、广西和海南等 12 个省（自治区、直辖市）。

铁工业在省际尺度上的空间格局演化（图 2）。

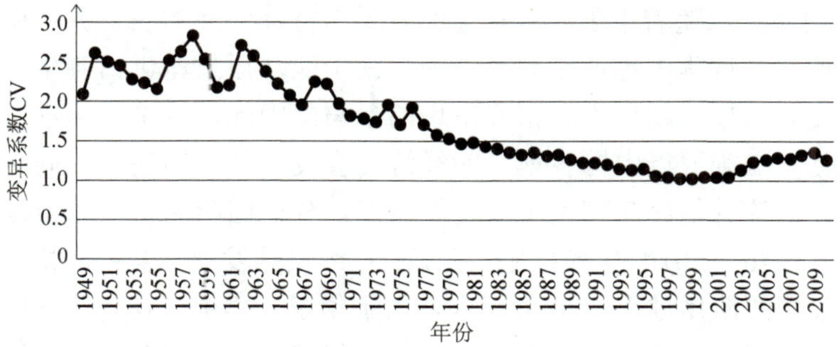

图 2　1949—2010 年中国钢产量变异系数

变异系数的变化反映了 1976—2010 年中国钢铁工业空间格局的演化特点。可以看到，1949—1976 年，中国钢铁工业集聚度非常高，集中在少数几个省（市），呈现出非均衡化的空间格局，但是随时间有震荡降低的趋势。当时，辽宁、上海、北京、湖北和四川是中国最重要的钢铁工业基地，5 个省（市）总的钢产量占当年中国钢产量的一半还多。这几个钢铁工业集聚区或是具有丰富的原材料，如辽宁、湖北和四川；或是具有便利的交通运输条件，从而可以降低原材料的运输费用，如上海。因此，当时中国钢铁工业呈现出集聚的空间分布特点是与国内原材料特别是铁矿石的分布紧密相关的。

自 1976 年开始，变异系数持续下降，2002 年达到最小值，这说明钢铁工业的非均衡化发展态势有所减弱，空间格局在一定程度上有所扩散（图 2）。1976—2002 年，中国钢铁工业逐渐转变原材料指向型的布局模式，向华北地区以及自然资源禀赋并不丰富的华东地区扩散。一方面，辽宁、上海、北京等地的老牌钢铁工业基地维持了其生产优势；另一方面，山东、江苏等省的钢铁工业得到迅速发展。

变异系数在 2002—2010 年迅速增长，说明中国钢铁工业的非均衡化发展迅速加剧，空间格局再次呈现出集聚的特征（图 2）。在这一时段内，钢铁工业不断向沿海地区集聚，且主要位于长三角和环渤海两大经济区。河北、江苏、山东、辽宁、山西和湖北成为中国最主要的钢铁产业集聚区。2011 年，这 6 个省的总钢产量占当年中国钢产量的 60.2%，这与 1976 年 5 个钢铁主产区占全国比重过半的情况类似。长三角和环渤海两大经济区集聚了大量的人口和产业，且拥有优越的海港和陆路交通运输条件，市场需求因素以及交通优势极大地促进了钢铁工业的发展。中国钢铁工业持续向沿海地区集聚，说明其布局已经由原材料指向型转变为市场和交通指向型。

四、结语

中国钢铁工业随着中国经济社会的发展而持续快速增长，并在中国不断融入经济全球化的进程中迅速发展。中国钢铁工业从原材料进口到生产，再到钢产品的消费和出口，都离不开国际市场的参与。因此，讨论中国钢铁工业的空间格局演化，必须要以中国各地区的经济社会发展特点为基础，同时在全球化的视角下，借鉴其他国家钢铁工业发展情况，分析国际原材料和市场需求等因素的影响。1976—2010 年，中国钢铁工业持续快速发展，其空间格局也经历先扩散、后集聚的演化过程。20 世纪末，由于华东、华中以及华南地区的经济社会发展开始加速，各地的钢铁工业在工业化和城市化进程的刺激下得以迅速发展，从而引导中国钢铁工业空间格局的改变，在一定程度上减缓了钢铁工业集中于辽宁、上海和湖北等少数省（直辖市）的非均衡化发展态势。进入 21 世纪后，在国内市场需求、国际市场和原材料供给以及企业发展战略等因素的综合作用下，中国钢铁工业加速向沿海地区集聚，且主要集中在长三角和环渤海两大经济区。

目前，中国钢铁工业空间布局不尽合理，需要进一步完善钢铁区域布局的调整；加大技术开发投入力度，加强行业重大共性技术创新，为结构调整提供强大技术支撑；积极推进组织结构调整，实现集约化生产；多管齐下，化解原料价格大幅上涨带来的风险。

参考文献

陈汉欣 . 2006. 新世纪中国钢铁工业的发展与布局及其愿景 . 经济地理，（1）：6-10.
戈赫曼 . 1958. 美国重工业地理 . 邵清于，金兆华，田松庆等译 . 北京：生活 • 读书 • 新知三联书店：126-130.
李文彦 . 1999. 地区开发与工业布局 . 北京：科学出版社：72-88.
梁进社，孔健 . 1998. 基尼系数和变差系数对区域不平衡性度量的差异 . 北京师范大学学报（自然科学版），349（3）：409-413.
刘慧 . 2006. 区域差异测度方法与评价 . 地理研究，25（4）：710-718.
陆大道等 . 1990. 中国工业布局的理论与实践 . 北京：科学出版社：78-81.
斯杰潘诺夫 . 1955. 苏联工业地理 . 韩春华译 . 北京：生活 • 读书 • 新知三联书店：91-92.
徐康宁，韩剑 . 2006. 中国钢铁产业的集中度、布局与结构优化研究：兼评 2005 年钢铁产业发展政策 . 中国工业经济，（2）：37-44.
张文奎，方文，王凤林等 . 1981. 日本钢铁工业地理 . 北京：冶金工业出版社：84-93，95-97.
张晓平，张青云 . 2005. 世界钢铁工业发展趋势及对我国钢铁工业的影响 . 世界地理研究，（2）：80-86.

Chen J，Fleisher B M. 1996. Regional income inequality and economic growth in China. Journal of Comparative Economics，（22）：141-164.
Lyons T P. 1991. Interprovincial disparities in China：Output and consumption，1952-1987. Economic Development and Cultural Changes，39（3）：471-506.
Wei Y H. 1999. Regional inequality of industrial output in China，1952-1990. Geografiska Annaler，（80B）：1-15.

“互联网 +”对体育制造业的影响[①]

周学政
北京体育大学

一、“互联网 +”的背景

1. 互联网时代的发展

互联网时代的发展是随着信息产业的兴起在当今后现代社会发生的重大变革。互联网在改变了人们的生产生活方式的同时也改变了人类的生存方式。时代的大潮使信息转变为社会财富，互联网在其兴起的几十年之内尤其是最近十几年成为改变社会的直接动力。

2. 我国经济社会转型的宏观背景

我国经济社会正处在双转型的战略机遇期，经济社会发展在面临一定机遇和挑战的同时，也提出了中国发展模式的新探索这样的课题，这一宏观社会背景为互联网在我国的巨大发展提供了宏大空间。我国互联网产业的发展对经济社会已经产生巨大的影响，并渗透到各个行业。

二、体育用品制造业科技创新现状

1. 体育产业科技创新资源缺乏，能力偏低

由于自主创新的短期效益较低，大多数企业并不乐意进行自主创新。同时，我国许多企业，尤其是体育用品企业的研发能力、成果转化能力和资源整合能力

① 基金项目：国家社科基金青年项目（12CTY020），北京体育大学“中央高校基本科研业务费专项资金”项目（2015YB037）。

比较低，很多企业只是一个“加工厂”。这些企业资源相对匮乏，不论是投入还是科技人员的比例都体现出这一点，企业面对以上困境难以组织有效的自主创新活动，无法支撑自主创新所需的各种资源。

2. 企业自主创新动力和政府支持创新双不足

体育产业具有很强的外部性和公益性，体育产品和技术设备生产成本高，在市场上不具有价格优势，完全通过市场机制调节作用难以调动经济主体投资经营体育产业的积极性。

我国体育产业的行业创新机制不够完善、企业创新能力不强，不论是企业对国家政策的了解还是企业受过的政策支持都比较有限，因此造成我国体育产业的国际竞争能力不强，这是制约我国体育产业可持续发展的核心因素。

政府掌握着大部分社会资源，能够为经济发展提供更多的有效资源，科研院所的创新能力更是能够适应最前沿的需求。但是由于种种原因，政府在为企业提供公共服务的过程中出现了缺位。这一方面是我国市场经济发展过程中政府必然将逐步淡出经济管理角色的需要，另一方面也凸显了政府对公共性资源的调配能力还有待进一步提升。

3. 核心竞争力缺乏，品牌建设渠道不畅

体育产业属资金、技术密集型产业，产业的竞争力主要来自体育产业技术的创新，这就决定了体育产业的发展需要投入大量的资金用于体育产业技术的研究开发，而一般的企业很难有这种实力。体育产业是一个新兴产业，各国在国际环保市场上的争夺日趋激烈，没有政府的参与和协调，极易引起国际贸易摩擦，不利于市场的稳固与拓展。

核心竞争力缺乏及国外体育品牌的竞争是我国体育产业品牌发展的威胁因素。虽然中国已经成为一个令世界瞩目的生产大国，但由于缺乏技术和品牌等深层次的竞争资源，国内很多体育企业往往单纯依靠资源成本比较优势进行“贴牌生产”或者做“加工贸易”来赚取微薄的利润。中国体育产业只是世界制造生产链上的重要“车间”，还远未成为“世界制造工厂”。

三、充分利用“互联网+”发展体育制造业

1. 充分利用互联网的信息优势为体育制造提供信息服务

互联网的发展使信息成为公共产品，但由于种种原因，在现实中仍存在信息不对称，特别是政府等公共服务部门对企业所应获得的信息在有些地方仍然处于灰色模糊状态。例如企业在申请政府资助的时候，有时无法获得本属于公共服

务的信息，导致其无法做出正确决策。而“互联网 +”则有助于企业通过互联网的快速有效渠道特性与政府联系，通过为体育制造企业提供政府信息和其他信息，使企业在发展中获得公平对待，从而达到社会的整体公平。

2. 充分利用互联网技术提升体育制造业技术创新水平

体育制造业的发展离不开信息技术的支撑，特别是在技术资源的提供方面。当代信息技术通过网络和云存储所储备的技术足以满足社会各方面的需求，体育制造业要努力适应当代“互联网 +”背景下的发展模式，通过新发展模式获取新的技术，以新的技术推动自身产业的升级。

3. 充分利用互联网实现体育制造业与信息产业的融合

“互联网 +”为人们勾勒出一个宏大叙事的社会场景，在这个场景下，不同产业之间可以通过互联互通实现融合。体育产业的发展也需要与不同的产业进行融合，特别是对于体育制造业而言，实现体育制造产品的互联化早已经成为业界共识。因此，“互联网 +”概念的出现为体育产业与信息产业的融合提供了良好的机遇。

总之，目前体育制造业技术创新水平不高，但又与经济社会发展关系密切，因此在“互联网 +”时代，只有将其与信息技术结合，实现新的突破，才有可能使产业获得总体的升级和发展。

以信息化促进农业现代化的对策分析

靳 京

中国科学院中国现代化研究中心

人类正走进以信息技术为核心的知识经济时代，信息技术正以其广泛的渗透性和先进性与传统产业结合，成为新的经济增长点。信息化已成为推进国民经济和社会发展的动力，也成为一个国家和地区或一个产业现代化水平和综合实力的重要标志。世界各国也都把加快信息化建设纳入国家发展的战略目标当中。例如，美国早在 20 世纪 90 年代就提出了“信息高速公路”以及“数字地球”的概念，并以信息化建设作为美国发展政策的重点和产业发展的基础。

实现农业和农村的信息化是解决我国三农问题的重要出路，是统筹城乡发展、缩小城乡差距的有效途径，也是刺激农村经济发展的新动力。本文将对信息化与农业现代化的关系，我国农业现代化面临的挑战以及以信息化促进农业现代化的对策进行分析。

一、信息化与农业现代化的关系

世界农业现代化已有200多年历史，关于农业现代化的研究则有50多年历史。《中国现代化报告2012》认为：①从理论角度看，农业现代化是18世纪工业革命以来农业系统的一种前沿变化和国际竞争，它包括现代农业的形成、发展、转型和国际互动，农业要素的创新、选择、传播和退出，以及追赶、达到和保持世界农业先进水平的国际竞争和国际分化。达到和保持世界农业先进水平的国家是农业发达国家，其他国家是农业发展中国家，两类国家之间可以转换；②从政策角度看，农业现代化是现代农业的世界先进水平，以及追赶、达到和保持世界先进水平的行为和过程，是从传统农业向初级现代农业，继而向高级现代农业的转变。（何传启，2012）

农业在漫长的发展过程中，经历了不同的阶段，大致包括原始农业、传统农业、第一次农业现代化和第二次农业现代化。第一次农业现代化的特征主要包括市场化、集约化、专业化、机械化、化学化、体系化等，第二次农业现代化的特征主要包括知识化、信息化、绿色化、多样化、工厂化和国际化等（何传启，2012）。如果说工业化是第一次农业现代化的重要动力因素，那么信息化将是第二次农业现代化的重要动力因素。

关于信息化的概念，因学术界研究角度不同，表述也各有不同。《2006—2020年国家信息化发展战略》中对于信息化的定义为："信息化是充分利用信息技术，开发利用信息资源，促进信息交流和知识共享，提高经济增长质量，推动经济社会发展转型的历史进程。"（中共中央办公厅、国务院办公厅，2009）信息化水平的提高主要表现为信息产业在国民经济中所占的比重、信息技术在传统产业中的普及程度以及国家信息基础设施建设水平的提高等。《中国农业农村信息化发展报告（2009）》认为，农业农村信息化是指现代信息技术在农业生产经营、政务管理及农村信息服务中实现应用普及的程度和过程（李道亮，2009）。美国学者诺兰（Nolan）提出了信息资源管理阶段模型，认为计算机信息系统的发展可以分为初始阶段、传播阶段、控制阶段、集成阶段、数据管理阶段和成熟阶段。我国学者李道亮以此为依据，认为我国农业信息化将经历三个阶段，即农业信息基础设施建设阶段、农业信息技术集成开发与应用阶段以及信息农业阶段（中国农村信息化发展报告编写组，2007）。

从技术角度看，农业和农村的信息化包括农村通信设施和农业基础设施装备的信息化、农业技术操作的自动化、农业经营管理的信息网络化、农产品交易的电子商务化等。信息化有助于农业在生产和流通过程中充分利用国内和国际资源提高经济效益，实现高效生产以及对市场需求的快速反应。随着信息化在农业和农村领域的普及，信息及知识将越来越成为农村社会生活和农业生产等活动的基本资源和发展动力，信息和智力活动对农业增长的贡献也将越来越大，信息和技术咨询服务将越来越成为农业发展的重要支撑。

二、我国农业现代化的挑战

1960 年以来，我国农业现代化取得了明显进展，部分农业指标已达到世界先进水平，部分农业指标的国际差距正在缩小。例如，谷物单产已经超过高收入国家平均值，人均营养供应已经超过世界平均水平，但在农业生产效率方面仍面临巨大挑战。

1960—2012 年以来，我国农业劳动生产效率提高了 5 倍多，但是与世界先进水平相比，仍存在较大差距，根据世界银行的《世界发展指标》（表 1），2012 年我国农业劳动生产率为 615 美元，而世界高收入国家的平均值为 19 908 美元，相差 30 多倍。2012 年法国的农业劳动生产率为 59 401 美元，是我国的近 100 倍；美国的农业劳动生产率为 51 881 美元，是我国的 80 多倍。

表 1　2012 年中国和世界农业劳动生产率的差异

国家/地区	农业劳动生产率的数值	农业劳动生产率的指数
中国	615	100
高收入国家	19 908	3 237
世界平均	1 097	178
美国	51 881	8 436
日本	37 757	6 139
德国	28 079	4 566
英国	23 736	3 859
法国	59 401	9 659
澳大利亚	41 028	6 671
意大利	39 275	6 386
俄罗斯	4 865	791
墨西哥	3 392	552

资料来源：根据世界银行相关数据汇总。农业劳动生产率以 2000 年不变价美元计算

另一方面，农业劳动生产效率与工业劳动生产率的相对差距正在扩大。1960

年以来，我国现代化实际上采取了“以农养工”的非平衡产业发展战略，工业化快于农业现代化，工农差距在扩大，例如，1960—2012年，我国农业劳动生产率和工业劳动生产率的绝对差距，从400多美元扩大到7300多美元，相对差距从5倍多扩大到14倍多（表2）。我国农业劳动生产率的相对低水平，已经成为提高我国农业现代化的一个挑战，提高农业劳动生产率应成为中国农业现代化的根本任务之一。

表2　1960—2012年中国农业和工业劳动生产率的差距

项目	1960	1970	1980	1990	2000	2005	2012	2012/1960
农业劳动生产率/2000年美元*	110	164	183	263	364	439	615	5.6
工业劳动生产率/2000年美元	547	609	681	1263	4382	5060	7958	14.5
工业－农业	437	445	498	1000	4017	4621	7343	
工业/农业	5	4	4	5	12	12	13	

* 为2000年美元兑换价。资料来源：世界银行，2015

三、信息化带动农业现代化的对策分析

农业和农村的信息化建设将对农业现代化产生一定的影响和促进作用，对于提高农业劳动生产率具有重要作用。农业信息化的进步，一方面有利于优化资源配置，提高农业劳动生产率和资源利用率，提高农业生产经营和管理水平；另一方面有助于加快农业科技信息、市场信息、政策信息等的传播。本研究认为我国农业和农村的信息化也可以走一条综合发展的道路，从基础设施、农民素质、农业生产与流通、制度环境等多方面共同推进，并以三个方面作为切入点，即完善基础设施、构建创新体系和打造农产品流通网络服务平台。

首先，不断完善农村信息化基础设施建设，鼓励和动员社会力量积极参与。我国农村的信息化水平与高收入国家仍有较大差距，例如，2008年我国农村移动通信普及率和农村互联网普及率分别为34%和16%，而高收入国家的平均值分别约为106%[①]和69%（何传启，2012）。国家发改委经济体制与管理研究所对全国50县市农村信息化发展情况进行调研的报告显示，不同地方农村的信息化建设有不同模式与特点（史炜等，2010），主要包括政府高投入模式、企业资本主导模式、政府投入与企业投入相结合模式、政府规划与企业实施模式、地方政府与中央机构联合发展模式和企业主动投资模式（表3）。由于我国区域发展不均衡，各地区在推进农村信息化建设的实际中可以因地制宜，寻找适合的信息化

① 普及率为106%是因为有人拥有两种及以上的通信设备。

建设模式。

表 3 农村信息化发展模式比较

主导模式	特征	案例	优势	不足
政府投入	政府直接推动；政府全额投资，并直接组织、规划和管理	金农工程、全国文化信息资源共享工程、农村党员干部现代远程教育工程、农村商务信息服务工程	符合国家整体战略，能够调动大量公共资源，资金投入大，覆盖面	财政压力大，部门间协调难度大，激励约束机制差，与实际需求脱节
政府投入+企业投入	政府与企业联合推动，政府不投资或少投资，企业承担大部分投入	村通工程、12316 新农村热线、农信通、信息田园、三门峡“三电一厅”信息服务平台、中国葵花网等	财政压力小，经济与社会效益并重，易形成激励机制	可能导致垄断经营，政府与企业目标协调难度大
企业资金	企业全部投入，企业实施	联想、海尔、农友软件、TCL 、农博网、新农门、新希望等	目标明确，贴近需求，易形成激励机制	持久力差，影响面有限
中介组织	中介组织发起，多元投入，选择特色产业	寿光蔬菜批发市场、西瓜网、辣椒网	贴近需求，市场反馈及时，个性化服务	资金来源不稳定，规模经济相对不足，服务能力有限

资料来源：史炜，马聪卉，杨景等，2010.50 县市农村信息化发展情况调查 . 世界电信，（10）：31-36

其次，深化农业科技体制改革，完善中国农业创新体系。《中国现代化报告 2012：农业现代化研究》提出了构建中国农业创新体系的总体思路，认为中国农业创新体系可以分为两个层次：国家农业创新体系和区域农业创新体系，其中，国家农业创新体系由与农业科技相关的国家科研机构、综合性大学和中央企业等组成。区域农业创新体系则通过建立区域农业科技责任制，以省市为单位，以农业高校为枢纽，以农企为骨干，以网络为平台，以技术为支撑，以信息为纽带，以服务为抓手，以市场为导向，促进合作创新，促进技术转移，提高创新能力，提高农业效率。同时政府要在农村地区全面普及免费义务教育的基础上，加强对农民的全员培训，尤其是对于计算机和互联网等高新技术的教育与培训，提高农民掌握先进技术的能力。

最后，发展农产品电子商务，推动农产品流通方式的变革。在农产品的流通上，要充分利用互联网实现快速可靠的网络化农业商务信息交流和业务交流。对现有的农业专业网站、大型综合网上交易市场以及综合性网上超市等平台进行改造升级，建立一批具有专业服务水平的品牌农业网站，实现农产品的网上销售和购买等业务交易。农业电子商务是对传统农业商务活动的革新，目前我国农业电子商务还处于起步阶段，除了与电子商务相关的基础设施薄弱和农业信息服务体系不健全外，农产品的标准化生产以及农产品的物流发展也较为落后。因此，要建立和完善有关农业电子商务的法律法规，规范农业信息的收集发布制度，对买卖双方的身份进行认证、对信用体系进行评估等。同时，要加快农产品标准体系的建设，从农产品质量安全标准体系、农产品质量安全检验检测体系和农产品质量安全认证体系三个环节制订相应标准。

参考文献

何传启 . 2012. 中国现代化报告 2012：农业现代化研究 . 北京：北京大学出版社 .

李道亮 . 2010. 中国农村信息化发展研究报告 2009. 北京：电子工业出版社 .

史炜，马聪卉，杨景等 . 2010.50 县市农村信息化发展情况调查 . 世界电信，（10）：31-36.

中共中央办公厅，国务院办公厅 . 2009-09-24. 2006—2020 年国家信息化发展战略 . http：//www.gov.cn/test/2009-09/24/content_1425447.htm.

中国农村信息化发展报告编写组 . 2007. 中国农村信息化阶段化发展战略 . 中国信息界，（Z3）：37-43.

关于南京城市土地利用蔓延情况的研究

曹瑞冬
南京农业大学工学院

一、研究背景

城市土地利用的蔓延是指人口、就业岗位和服务业等从大城市中心区域向郊区迁移的一种离心扩散过程，城市土地利用蔓延与市场、政策以及社会文化等因素关系密切。南京城市土地利用蔓延的发展情况与南京轻轨交通的发展与土地出让状况息息相关。本文将从这两个方面出发，研究近几十年来的南京城市土地利用蔓延状况。

二、研究相关内容

研究时间：2014 年 10 月 2 日—2014 年 10 月 3 日

研究人员：曹瑞冬、苗智伟、金秋鹤

研究方法：亲身体验咨询采访查询资料数据搜集

三、研究结果

1. 南京轻轨交通的发展对南京城市土地利用蔓延情况的影响

（1）南京地铁建设历程

南京地铁建设历程见表 1。

表 1　南京地铁建设历程

年份	具体建设历程	辐射区域
1986	南京市成立综合交通规划领导小组，下设地铁专业组，南京地铁前期规划由此开始；《南京市地铁线路规划初步方案》：3条地铁、3条支线	—
1999	国家批准南京地铁正式立项。《南京城市快速轨道交通线网规划》：6条地铁线、2条地铁支线、3条轻轨线	—
2005	2005年9月3日，南京地铁1号线正式开通运营	栖霞区、鼓楼区、玄武区、秦淮区、雨花台区和江宁区
2010	2010年5月28日，南京地铁1号线南延线，南京地铁2号线正式开通运营，南京地铁进入十字交叉运营的时代	建邺区、鼓楼区、秦淮区、玄武区和栖霞区
2014	2014年7月1日，南京地铁10号线、南京地铁S1号线正式开通运营，南京地铁线形成网络化运营	浦口区、建邺区和雨花台区禄口新城、秣陵工业区、江宁经济技术开发区
2014	2014年8月1日，南京地铁S8号线正式开通运营	浦口区和六合区

注：鼓楼区、玄武区、秦淮区为南京中心区；浦口区、六合区、江宁区为南京市郊区

【研究分析】

2005 年南京地铁 1 号线正式开通，2010 年南京地铁 2 号线正式开通。观察南京地图可知，南京市的地铁大致上是呈现南北分布，跨越南京 3 个中心区，地铁 1 号线、 2 号线未曾贯穿于江北地区。观察比较南京雨花台区的房价，距离油坊桥站较近的楼价较高，除此之外，位于南京地铁沿线的房价都比较高。城市土地利用蔓延地区主要是江宁区和栖霞区，比较具有代表性的事物是仙林大学城和江宁大学城的崛起。

2017 年，受到南京青奥会的推动，南京地铁 10 号线、S8 号线正式通车，地铁的辐射范围首次进入江北地区。浦口区和六合区开始有了发展的契机，尤其表现在浦口区大桥北路弘扬广场的崛起，浦口高新区的发展，江北地区城市环境和城市交通的改善。

南京地铁的发展，在一定程度上促进了南京市中心区的变迁和城市规模的扩大，引导南京沿城市轨道交通线路呈轴线性发展，提高了对栖霞区、江宁区、浦口区和六合区周边土地的利用效率和开发强度，促进和带动了这些地区房地产

价值的提升、沿线经济的发展和整个经济的繁荣。同时，南京市地铁对于打造城市公共空间具有潜在的优势，南京地下空间事业的发展，带来了很大的社会、经济、文化意义。

（2）南京长江大桥建设历程

南京长江大桥建设历程见表 2。

表 2　南京长江大桥建设历程

时间	具体建设历程	连通区域
1968	1968年12月29日，公路桥正式通车，南京长江大桥全线贯通。由于铁路配套工程尚未全部建成，大桥通车后一度只承担30%的铁路货运量，其余货运列车仍由火车轮渡接运过江	白下区和浦口区
2003	南京长江二桥工程于1997年10月6日正式开工，2001年3月26日建成通车	南接南京绕城公路，北连宁淮
2005	南京长江三桥2005年10月建成通车	南岸起点在绕城公路刘村互通，往东接南京正在建设的绕越高速公路；北岸终点为浦口境内的宁合高速公路张店互通，往北接宁淮高速公路
2012	南京长江四桥2012年11月13日，通过交工验收，并正式移交给南京交通集团管养和收费。2012年12月24日正式通车	起于六合区横梁镇以东与宁通高速公路相交处，经龙袍镇跨越长江，与对岸石埠桥连接，止于沪宁高速公路相交处的麒麟枢纽，接在建的南京绕越高速公路东南环段

【研究分析】

南京长江大桥的建设在沟通南北交流以及南京市各区的交流方面有很重大的意义，在南京市的城市土地利用蔓延上也具有重要的意义。南京长江大桥建设时间最早，加快了南京浦口区的发展与蔓延，这主要表现在大桥北路弘阳广场的兴起。在 20 世纪初叶，长江二桥、长江三桥、长江四桥相继建设完成，沟通了栖霞区、江宁区、雨花台区与江北地区的交流，也极大地促进了这些地区的融合，如在长江二桥、长江三桥、长江四桥两岸形成了一片重要的工业园地。

在长江大桥这样的轨道交通影响下，沿长江大桥轨道交通沿线的土地利用状况较好，形成了新的商业和工业聚集圈，也方便了南京交通网的拓展，促进了城市土地利用蔓延。

在轨道交通合理的地区，就业岗位相对较少，主要是一些居住区。而相对于城市土地利用蔓延情况而言，发展最好最快的是长江大桥沿岸的房地产，该区域布置了大型的公共建筑，旅游事业、办公楼也迅速发展起来，而和长江大桥共同建设的过江隧道的建成，也加速了长江沿岸的土地利用蔓延。

2. 南京市土地出让情况分析

信息 1：《南京市区域城市化规划（2014 年—2020 年）》提出，南京未来的发展重心要跨过长江，打造国家级江北新区，停滞近一年的江北土地出让将全面开放，在主城区建设上将攻坚城南、城北等边远落后片区；在户籍改革方面，在 2014 年实现江宁、原江浦、六合与主城区户口的通迁，2015 年溧水、高淳也将参照执行。—— 2014 年 7 月 15 日

信息 2：据南京国土资源局消息，2011 年 7 月 19 日南京市将出让 9 宗土地，总出让面积接近 65 万平方米。据了解，这也是南京市 2011 年以来最大规模的一次土地出让，分别是位于建邺区水西门大街以北，江东中路以西；六合区出让的 No. 2011G24、No. 2011G25、No. 2011G26 号地块均为二类居住用地；浦口区江浦街道沿山大道以东、花卉大道以北、工业大学浦口校区以西。—— 2011 年 7 月 15 日

信息 3：南京周边优质规模农业用地 100 亩转让 N01001——栖霞区土地（休闲农业），南京六合农场猪场转让或出租 N01015——六合区土地（养殖业）。

江苏南京溧水县开发区原生态 60 亩土地、厂房、养殖场招租 N01021——溧水土地（禽业），转让生态农庄——江宁区土地（生态农业）。

租售南京浦口区 5600 平方米三层框架独门独院厂房仓库土地（编号 1255）——浦口区用地（建筑业）。

【研究分析】

观察南京市的土地出让情况不难发现，土地出让最频繁和数量最多的地区是在浦口区和六合区，浦口区和六合区由于在长江以北，发展速度与江南地区存在差异，故在城市土地利用蔓延方面成为重要的力量。

根据信息 1 可以发现，在南京市区域城市化的规划上，江北地区的土地出让政策比较宽松，并且具有很大的发展前景，将通过对落后的地区进行改建，以满足城市土地利用的需要。

根据信息 2 可以发现，土地出让的频率以及数量增长较快，其出让的用地主要是以居住用地和工业园区为主，城市土地利用蔓延效率提高。在出让规模上，仍是以江北地区居高。在土地出让方面，土地市场的几次大幅波动都与房地产开发企业拿地周期有关。

根据信息 3，笔者挑选出了最近南京市土地出让面积比较大的几个地区，不难发现，在栖霞区、六合区、溧水等地区，土地出让的用途是用来开创休闲农业事业，生态农业事业的，是城市土地利用蔓延的具体表现之一。而浦口区的土地出让是用来进行房地产以及工业建设的。浦口区和六合区作为南京市房地产开发

和利用比较晚的地区之一，在土地出让和城市土地利用方面走在了整个南京的前面。

综上所述，信息 1 和信息 2 反馈的是在政府的管理、宏观经济因素和城市规划因素的影响下，南京市土地市场尤其是土地公开出让市场出现了明显的波动。信息 3 所反馈的是南京市人民自发地进行土地出让，增强了城市土地利用的蔓延。在经济转型的大背景下，市场化制度的确立为土地公开出让市场的建立和快速发展奠定了基础。然而在土地市场管理政策中，直接指令性政策的实施虽然能够快速解决问题，但是政策惯性的存在对市场后期负面影响较大，而指导性政策虽然效果相对比较慢，但是正面效果更突出。

经济因素对土地公开出让市场的影响在各因素中是最大的，也在一定程度上促进了城市土地利用的蔓延，南京市的土地利用新重点将会集中在浦口区、六合区等江北地区。

3. 对比分析——东京城市土地利用蔓延情况分析

与南京轨道交通相比，东京的轨道交通发展得更加完善，在东京城市中，拥有各种急站停靠和各站停靠点，离开城市，是日本著名的新干线，轨道交通覆盖全国。与南京地铁不同，东京的地铁大致是呈现环形，围绕着新宿、涩谷、池袋、银座等重要地区形成包围圈，南京地铁每站都停靠，而东京地铁是在重要站点停靠。

观察日本国土面积可以发现，日本的国土面积很小，但其土地利用效率以及城市蔓延情况要比中国更加完善。东京的社会公共设施相较于中国城市而言，给人一种微缩的感觉，日式住宅榻榻米所提供给居民的居住面积也很少，差不多只占据三四平方米。日本的土地资源非常稀缺，如东京的高楼建筑不是很多，相反，地下空间的开拓加强了日本城市土地利用的蔓延。从成田国际机场下飞机，乘车前往涩谷，相当于从南京六合区前往玄武区，沿途风景主要是以山岳为主，绿色覆盖面积比较广，在接近台场时，东京的高等住宅分布较多，过了跨海大桥，则以一些超高层建筑为主，城市交通非常完善。在日本东京的市中心处，是一片覆盖很广的代代木公园、明治神宫，绿地覆盖面积很大。

离开东京，前往京都，沿途风景以绿色山岳为主，这些地方的城市土地利用蔓延状况不是很明显，主要是以生态建设为主。日本的城市土地利用蔓延在京都受到限制，京都全处没有一处高层建筑，保留了日本传统文化气息，因此，京都虽开设轨道交通，但由于其地理和文化限制等因素，城市土地利用蔓延情况不是很明显。日本城市土地利用蔓延的一个不同点表现在很有建设性的海洋开拓方面，日本海洋沿岸大多数是新型工厂，城市的土地利用蔓延在海洋方面体现较好。

南京市的城市土地利用蔓延与东京相比，存在如下几个差距：

1）闲置土地资源利用率低。日本的国土面积小，因此，对于土地的利用效率非常高，主要体现在日本公共设施建设方面，日本的立交桥很复杂，也很漫长，对缓解城市交通压力有很大帮助。而南京仍与之存在很大的差距，如六合区葛塘附近仍然存在不少的闲置土地。

2）土地利用规划不科学。南京市在2015年才开始对浦口区、六合区的土地利用开发形成系统的规划，并且仍然存在土地出让不完善的问题。

3）市政设施不配套。日本的社会公共设施虽然相对于中国来讲可能比较小，但是数量多，且质量有保证。而且，日本的地铁配套设施也很完善。

4）绿地少，生态条件差。在这个方面，日本的国土面积以绿色覆盖为主，生态环境良好，东京的城市建筑容积率虽然比较大，但绿地覆盖面积广。而相对于东京，南京浦口区的地铁沿线仍然存在绿化面积较少的现象。

5）各级各类地区人均占地不均衡。日本东京的人均占地很少，但是城市土地利用率极高，注重开拓地下空间和海洋事业，因此，东京虽人多、车多，却很少发生交通堵塞现象。

四、研究总结

本次研究针对南京市土地利用蔓延情况进行分析。首先，针对南京轨道交通，包括南京地铁和南京长江大桥进行调查，发现南京的地铁1号线、2号线的辐射区域南北贯通，集中在江南地区，而10号线等地铁的开通则加快了江北地区的城市土地利用。此外，南京长江大桥沟通了长江两岸，加速了长江沿岸处的城市土地利用。

南京土地出让幅度最大的地区集中在浦口区和六合区，其次是江宁区和栖霞区，土地利用以发展房地产业和休闲农业为主，并且在政策的影响下，工作重点逐渐放在了江北地区，加速了两地的发展。

与东京的城市土地利用对比，南京的城市土地利用存在着闲置土地资源利用率低、土地利用规划不科学、市政设施不配套、绿地少，生态条件差、各级各类地区人均占地不均衡等不良状况，尤其体现在闲置土地较多，生态条件差等方面，迫切需要对城市规划进行完善。

总体而言，南京的城市土地利用正在由发达地区向发展中地区过渡，这也给这个城市带来了新的发展机遇。

从传播到沟通：城乡一体化中的信息统筹力分析

——以成都市 H 村为例

王　栋
重庆三峡学院马克思主义学院

在传统社会里，土地、资本、劳动力构成了社会经济发展的基本生产要素，而在人类历史发展的纵向轴上，信息传播技术不断地被发明、更新、普及，信息传播的范围越来越广，速度越来越快，内容越来越多，作用越来越大。在当代社会，信息已经成为极其重要的第四类生产要素，成为国家发展的核心竞争力，尤其是在发展中国家现代化进程中起到了巨大的推动作用。“城市化、工业化、世俗化、民主化、普及教育和新闻参与等，作为现代化进程的主要层面，它们的出现绝非任意而互不相干的。从历史的角度来看，它们是如此的密切相连，以至人们不得不怀疑，它们是否算得上彼此独立的因素。换言之，它们之所以携手并进且如此有规律，就是因为它们不能单独实现。”（亨廷顿，1989）在这里，借鉴著名科学家钱学森对系统的定义和分类：系统是由相互作用和相互依赖的若干组成部分结合成具有特定功能的有机整体，而且这个系统本身又是它们从属的更大的系统的组成部分，以人为基本构成的社会系统，是最复杂的系统了——特殊复杂巨系统。信息传播系统既是这个特殊复杂巨系统下的子系统，其自身也是一个庞大的巨系统，而且与政治、经济等其他子系统相交相融。信息传播系统通过自身的框架结构与其他系统的交叉互动，一开始就与社会变迁结下了不解之缘分，深刻地影响着发展中国家的现代化进程。

但要充分利用和发挥信息传播的巨大作用并不是件简单的事情，语言学家德博拉·坦嫩指出，“传播是一个持续流，每个人都同时是被动反应者和主动者”（Tannen，1995）。这说明信息传播是有信息内容、有互动（反馈）的传受双方、有信息流动的渠道载体、有信息流动中的语境和噪声、有信息传播的效果影响。我们常常看到一个胖子和一个瘦子的拥抱会产生这样一种戏剧性效果：一方已经喘不过气来，另一方却还是觉得不够热情，这就如我们正在落实和推进的城乡一体化。城市对乡村反哺，一味地说“为你好”，但是却没让对方感觉到“怎么个好法”。其一是因为此类城乡一体化的推进方式是简单地由城市主动执行、乡村被动接受，土地规划流转存在问题，农民失地失业问题严重，是一条非可持续性发展的道路；其二是对乡村居民向现代社会城镇居民思想观念转变方面的不重视。

我们在对地处四川中部成都市郊区的H村"信息传播在城乡一体化中的现状与作用"的调研中发现，绝大多数的村民告诉我们"城乡一体化是件坏事情","城乡一体化是个好政策，但做起来就难说了"，"城乡一体化就是让我们卖房卖地，然后搬到一个社区里，交水电费"，"卖了地，就那么些补偿金能吃多久呢？又没有工作，城市人退休了还有退休金，我们什么都没有了"……村民对关系到他们将来生产生活的"城乡一体化"的了解令我们感到困惑和震惊。H村应该还算是成都城乡一体化工作开展的比较好的村子，为什么村民在这个进程中表现得如此被动、消极、无助？我们从政治民主、经济利益、法律知识、医疗保证等角度对信息传播进行研究，以H村为例分析城乡一体化进程中信息传播的现状与作用。

以下数据和事实材料均来源于2012年8月在成都市H村所做的"信息传播在城乡一体化中的现状与作用"调研，调研采用实地问卷（分层与随机抽样相结合）和深入访谈的方式进行。

一、信息传播在城乡一体化中的现状——以成都市H村调研为例

1. 信息传播在城乡一体化进程中的微观视角——自我传播

自我传播，即个人接受外部信息并在人体内部进行信息处理的活动。我们就H村村民对新兴信息传播渠道——网络的认识和态度进行如下调研和分析（图1），

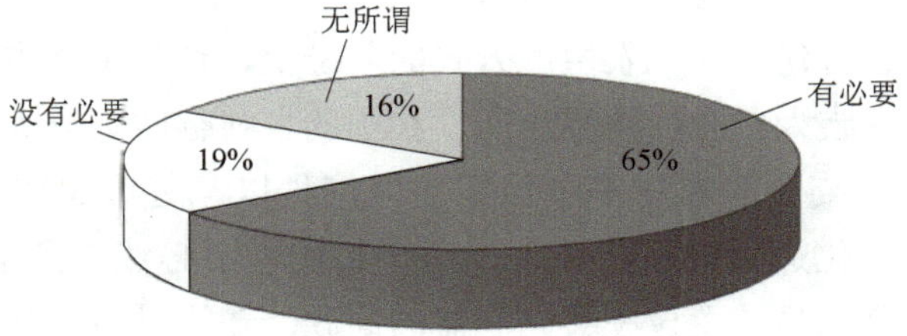

图1　对H村村民"您认为有必要学习使用网络吗？"问题的统计

在我们和村民的访谈过程中，H村的村民很坦率地告诉我们他们不具备使用网络的能力，因为自身文化水平不高和硬件条件不具备，但大多数村民知道上网是怎么一回事，甚至在租赁给花木老板的园林里打工的60多岁的老大爷，都能给我们描述老板是如何使用计算机上网的。而且村民普遍认为学习这项技能是有必要的，年纪大一点的村民表示自己的知识水平有限而且年纪也大了，可能学

起来比较“恼火”，但是自己的孩子已经会使用计算机上网，或者希望自己的孩子将来学会这项技能；年纪小一点的村民表示，如果可以，自己也想学习掌握，毕竟电视新闻里经常说网络可以对自己的工作生活产生作用。但也有村民表示：“娃娃上网都是不务正业，上网是件不好的事情，害处大于益处。”不论好与坏，村民至少对网络本身已经有了自身的观念和判断。而自我传播在本质上是一个个人知识结构不断优化并不断调节自我内心世界的过程，也是一个动态的过程，还是一个与外界相联系的社会实践过程。H村的村民普遍能认识到个人的知识还达不到使用网络的水平，但却认识到这项技能的必要性，并且希望可以通过调节（学习过程）掌握如何上网。

从媒介素养的角度来看，村民的身上已经初显培养“媒介使用能力”意识的端倪，而且H村在村委会设有“网络远程教育中心”，备有3台电脑，全部宽带入网，还配有一名管理员，其目的在于进行远程教育培训并提供村民所需的信息。但我们的问卷调查结果显示76%的村民并不知道有这个“网络远程教育中心”，而知道的（18%）村民表示“知道但从来没有去过”，“都是娃娃去打游戏”。当农民自身的媒介素养意识开始萌芽，“仅有信息基础建设和接受设备等‘硬件’的改善是不够的，还要有媒介尤其是新媒介使用知识和技能等‘软件’的普及”（赵志立，2006）。进行必要和必需的“媒介扫盲”“媒介启蒙”才能促进村民自我完善、发展，使村民充分利用信息传播为自己的生产生活方式带来帮助和改变。

2. 信息传播在城乡一体化进程中的中观视角——人际传播、群体传播与组织传播

城乡一体化中的乡村具有特殊性，乡村的群体、组织构成实际上是互相交叉重叠的。我国农村建立在小农生产方式的基础上，这种生产方式具有分散性的特点，以家庭或家族为单位与外界沟通，我国的乡村行政划分大多是基于此建立起基层党组织、村委会等农村基层组织。但这种以家庭或家族为单位的中国乡村，随着城乡一体化进程的不断深入，在转制过程中必然遇到土地使用与流转、占地补偿与住房分配等涉及村民共同利益的问题。在这种背景之下，应基于原有的人际关系，把共同的利益要求集合起来，让村民在共有的交流空间中表达自己的愿望，彼此交流，在共同目标下形成群体的力量；同时，农村基层组织通过对国家政策的传达，以及对村里基本事务的决策和管理，举行村委会议，组织村委选举等活动建立信息传播公共空间，以达到信息交流互换的目的。在中观视角下，我们主要从纵向和横向对信息传播进行考察和分析。

（1）组织传播中的下行传播与上行传播

组织传播中的下行传播，即关于组织目标、任务、方针、政策的信息，自上

而下得到传达贯彻的过程；上行传播，指的是下级部门向上级部门或部下向上司汇报情况，提出建议、愿望与要求的信息传达活动。从“温江区、镇（街道办）、村（社区）三级联合办公，一体化为民服务”的机构办事程序（图2）中不难看出村代办员成为一个信息在组织内上下行传播中转站，及其所起到的作用（图3）。

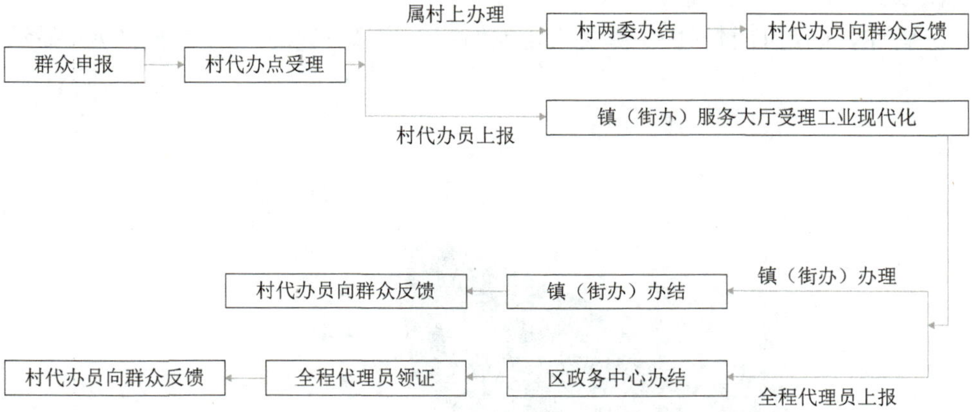

图2 温江办事过程的信息传播

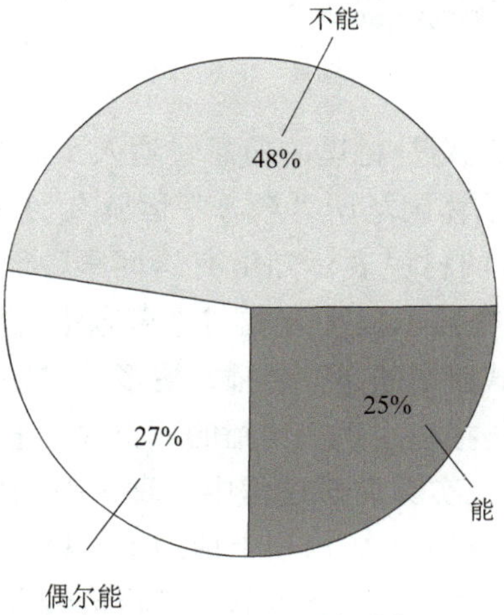

图3 对H村村民对村代办员能否向上级传达村民意见的统计

下行传播的渠道是比较通畅的，毕竟组织的结构决定了从上至下的信息传播伴随一定的权力。在我们调研期间，正是村里“城乡一体化，‘两个放弃’”的信息下达时期，“两个放弃”是指放弃宅基地和承包地，房屋住宅每平方米补贴240元，承包地每亩补贴1.2万。这样的信息就是一张A4纸，贴在村子各个组的房前屋后。我们既为放弃这些土地、拿到土地赔偿金后的村民将来何去何从感到担忧，又为村民如何理解这张纸上简单的几个数字带来的信息感到无助。

（2）人际传播、群体传播、组织内传播的横向传播与组织内传播的非正式渠道

我们选择了城乡一体化进程中村民最关注的土地和工作问题来观察信息传播在城乡一体化中的现状。

首先，确定H村村民中哪类人是他们认为信息灵通的人，数据（图4）显示：

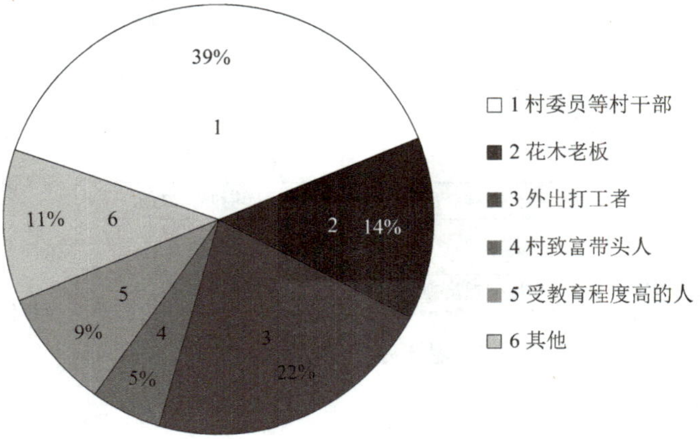

图4　信息分布

村委员等村干部被认为是村里的信息灵通人士，具体落实到H村1组生产队将土地出租给一个娱乐休闲场所“东方幸运城”，并拥有一半的土地使用权这个问题上时，只有67%的村民表示知道有这回事，而且大多还是事后才知道，33%的村民还不知道村里是以何种方式与“东方幸运城”协商土地事宜的。除一小部分村民是通过正式渠道的下行传播，更多的村民是通过人际传播、群体传播、组织内传播的横向传播与组织内传播的非正式渠道得知的。我们调研的范围包括H村9个生产组，在实际调研过程中，真正得知信息的主要是出租土地的1组村民和被调研的部分村干部。出租土地的1组村民形成了自己内部的群体传播，而实际上被认为是信息灵通人士的村干部恰恰没有起到“意见领袖”的作用，甚至这样的信息在“二级传播”过程中就销声匿迹了。这使农民在城乡一体化中改变自身生产生活方式的信息知情权受到损害。

3. 信息传播在城乡一体化进程中的宏观视角——大众传播

我们的调查数据显示，在以户为单位的大众传播媒介拥有率和使用频率上，电视独占鳌头，与村民的关系最密切，这点与其他省市、不同学者所调研数据是一致的。报纸居于第三位，也基本符合目前“电视＞报纸＞广播”的大众媒介在

农村的使用顺序，但在第一位的电视和第三位的报纸之间，出现了一个新的媒介形式被村民认可和选择——手机（电话）（图5）。首先，处在城乡一体化进程中H村村民基本具有购买手机的能力，其次手机具有很多比其他媒介更适应农村村民实际情况的优点，如比计算机操作更简单，看短消息不用像看报纸那么累（很多村民虽认识字，但却对报纸等文字印刷媒介带有抵触情绪），互动性强，交流迅速，携带方便……勒纳曾经说过，建立在高度发达的现代通信技术之上的手机作为传播媒介承担的功能显示，其构成的传播为一种自发的民意沟通，并且局限于人们的日常生活领域，但是，尽管这种传播方式只是处于推进政治民主进程的萌芽阶段，其前景将会非常光明。

在成都温江已经设有“温江农产品手机短信交易平台”，但实际上94%的村民并不知道有这件事情，而且，出于温江城乡一体化进程的实际情况，农产品交易已经不再是个体散户村民所需要的主要信息，更多的应该是关于土地转让补偿、职业培训、就业的相关信息。

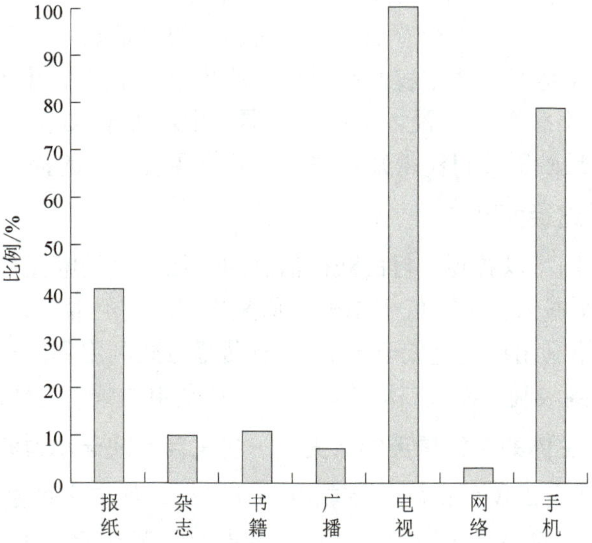

图5 村民获取信息的途径

二、信息传播在城乡一体化中存在的传播隔阂与传播障碍

1. 信息不对称

在H村大体可分三级传播层，即村委→村代表→村民。然而在信息传达过

程中，从村委向村民传达文件政策上，传达的比较及时，传达体系健全，有专人负责（村代表），但是，对村民的意见、建议等却难以向上反映。在调查问卷中有一问题：您认为村干部（村委员，生产队长）在传达国家地方各项政策上，回答“得到有效传达”的仅占43%。另一问题：您认为村干部（村委员、生产队长）能为你向范木老板或者上级表达您的一些愿望吗？回答“得到传达”的仅占21%。两项统计结果反差较大，反映出信息传播的不对称。信息不对称使上面政策和下面民意所需难以有效对接，因此村民对政策也不太感兴趣，村委政策执行起来也带有一定难度。

2. 信息受众不合理

在H村9组调研中，一外出打工的男青年对我们说村上的政策性文件根本不给他们，有些村民会议也不通知外出打工的人员参加，他们认为村委应将这些信息传达给他们，因为这是他们应有的权利，村民活动和会议参加不参加应该是他们自己的决定，信息的获得权利不可缺少。在9组调查中，第7组大队长对我们说出了其中的原因：外出务工人员一般在外很少在家，村里的事也无心参与，所以村上的政策对其难以进行有效传达，而剩下的多是妇女儿童和老人，他们对村里及家中重大事务又无决定权，故对村上的政策也难以作出有效反应，对与之无关的事项更是不感兴趣，置之不理。在调查中，外地人来H村发展的花木老板及私营业主也反映需要村民得知相关政策并需要有一定的提议权。

3. 信息获得途径面窄

从图5中我们可以看到，村民获得信息的途径主要是电视和手机，分别占到100%和80%，而书籍、杂志低于10%，原来农村信息传播的主要途径——广播为8%左右。网络利用率更是低于5%。这种传播方式利用率的不平衡，使得农民获取信息渠道受到限制，而且获取信息的方式在利用的频率上也是很不平衡的。

4. 信息沟通主体即农村精英的流失——村民自治缺乏动力和活力

H村共1672人，仅外出打工者就有800多个，他们大都是村里比较精干的劳动力，村里留下的都是些妇女、儿童和老人及无劳动能力者。事实也是如此，我们在街上很少见到30多岁的男人。精英缺失，由此带来一些现实问题，由于村里精干人员都外出务工了，只留下一些各乡能力较弱的人，所以在村代表选举、村委选举、大队长选举中，选出来的人也是能力有限，文化水平低，掌握信息少，没有竞争意识和创新意识，多是“跑腿”的热心人。他们的任务就是执行上级的指示，在村代表会议、村大队长会议及全村性会议上提出一些建议和意见，大多数人只是为了应付差事，或是诉苦。由这种缺乏创新意识、决策意识和参与意识的人来治理村庄，必然使村民自治缺乏前进的动力和运作的活力。

5. 语言沟通不对接

H 村并不大，是我国最基层的社会自治组织之一。村干部只是村民选出来为大家服务的带领人，是村民自治的产物，他们没有职称，然而在农村，村干部的官方性语言却极浓。村干部是与村民直接面对面接触的一层治理结构，他们的身份也是村民，但在这种背景下，他们在向村民传达政策文件、开会、帮助村民解决问题以及困难时，却是官腔调十足，有村民对我们说："村领导说话，我们听不懂，也不愿意听，都说些没用的，气势凌人。"在这种情况下，村民有问题也不愿向村委反映，村委虽想解决问题，但这种话语方式也难以将问题顺利解决。语言沟通的不对接是现实存在的一大问题。

三、对策

从 H 村的研究或可推及，信息化离不开信息基础设施的建设，根据今后"把国家建设的投入更多地转向农村"的原则，国家将切实加强包括信息基础设施在内的农村基础设施的投入，在政策、资金、人力、物力方面向农村、农业、农民倾斜，以工业反哺农业，以城市支持农村。同时新闻传媒要端正思想、调整思路，牢固树立全心全意为农村、农业、农民服务的观念。无论是报纸版面还是电视屏幕，要更多地反映来自农村和农民的愿望、要求和呼声，帮助化解社会矛盾和冲突，全方位、多角度地报道他们在党的领导下表现出的艰苦奋斗、勤劳致富、开拓进取的精神风貌，为农村的社会进步和农业的发展创建良好的舆论氛围。再者加强媒介使用知识和技能等"软件"的普及，加强对农民信息素养的培养和教育。只有如此，城乡一体化建设才能走上顺畅、快速、健康的发展道路。

参考文献

亨廷顿 . 1989. 变化社会中的政治秩序 . 王冠华，刘为等译 . 北京：生活 • 读书 • 新知三联书店：30.

赵志立 . 2006-04-18. 新农村建设需缩短"信息沟". 光明日报 .

Tannen D. 1995.Talking from 9 to 5：Women and Men at Work. New York：William Morrow Paperbacks.

Ⅳ　科技革命与中国现代化

16世纪以来的科技革命与产业革命

——没有科技革命就没有产业革命

何传启
（中国科学院中国现代化研究中心）

16世纪以来，世界科技大致发生了五次革命（两次科学革命和三次技术革命），包括近代物理学诞生、蒸汽机和机械革命、电力和运输革命、相对论和量子论革命、电子和信息苣命等；世界经济大致发生了三次或四次产业革命，包括机械化、电气化、自动化和信息化革命等，有人认为，自动化和信息化（第三次和第四次产业革命）可以合并为第三次产业革命。目前，第六次科技革命和新产业革命的来临已进入倒计时，它为中国复兴提供了难得的机遇。

一、什么是科技革命

科技革命是16世纪以来出现的一种历史现象，是现代科技发展的一种表现形式。现代科技发展，既有渐进的变化，也有革命性的突变。前者是常规进步，后者是科技革命。

目前，关于科技革命没有统一定义。我们认为，科技革命是科学革命和技术革命的统称，指引发科技范式、人类的思想观念、生活方式和生产方式的革命性变化的科技变迁。在学科史和技术史层次上，根据美国科学哲学家库恩的观点，科学革命指科学范式的转变，技术革命指技术范式的转变；在世界科技史层次上，科学革命指引发科学范式转变和人类生活观念的革命性变化的科学变迁，技术革命指引发技术范式转变和人类生活和生产方式的革命性变化的技术变迁。许多科技史学家认为，16世纪以来世界上大约发生了五次科技革命（表1）。

表1　16世纪以来的科技革命和产业革命

科技革命	大致时间	主要内容	习惯用名	产业革命
第一次	16～17世纪	近代物理学的诞生	第一次科学革命	
第二次	18世纪中后期	蒸汽机和机械革命	第一次技术革命	第一次、机械化

续表

科技革命	大致时间	主要内容	习惯用名	产业革命
第三次	19世纪中后期	电力和运输革命	第二次技术革命	第二次、电气化
第四次	20世纪上半叶	相对论和量子论等	第二次科学革命	
第五次	20世纪的中期	电子技术和自动化	第三次技术革命	第三次、自动化
	20世纪的中后期	信息技术和网络化		第四次、信息化
第六次	21世纪中期	新生物学和再生革命，新生命，生物与技术融合		
第七次	21世纪中后期	新物理学和时空革命，新时空，新能源和新运输		

注：有人认为，电子技术和信息技术革命分别是第三次和第四次技术革命（钱时惕，2007）。有人认为，电子技术和信息技术革命属于第三次技术革命的组成部分（中国科学院，2009）。有人认为，第三次产业革命和第四次产业革命可以合称为“第三次产业革命”。第六次科技革命和第七次科技革命是一种猜想

二、什么是产业革命

产业革命是世界经济发展的一种表现形式。目前关于产业革命，没有统一定义。

钱时惕（2007）认为，产业革命指一种新的产业模式（产业的技术基础、结构、运行方式和规模等）取代旧的产业模式的活动和过程，涉及人类社会的生产方式和经济结构的巨大变迁。需要注意的是，在有些文献中，没有区分技术革命和产业革命的差别。

从人类文明史角度看，人类历史上约有三次产业革命。第一次产业革命是农业革命，人类从采集和狩猎劳动方式到定居农业生活；第二次是工业革命，工业化兴起，工业生产体系建立；第三次是信息革命（知识革命），包括信息化、智能化和绿色化，至今仍在继续中。

从科技与社会关系角度看，关于 18 世纪以来的产业革命，大致有三种观点，即三次产业革命、四次产业革命（钱时惕，2007）和五次产业革命（弗里曼，卢桑，2007）。从时间和内容看，它们之间的差别并不大，主要差异是划分标准的不同所引起的。综合起来看有三次产业革命，第一次是 18 ～ 19 世纪的机械化革命，第二次是 19 ～ 20 世纪的电气化革命，第三次是 1945—2020 年的自动化和信息化革命（表 2）。

表 2　18 世纪以来的产业革命

产业革命	大致时间	主要标志	主要产业
第一次产业革命	1763—1870年	蒸汽机和机械化	蒸汽机、纺织工业、机械工业、煤炭、冶金、铁路等

续表

产业革命	大致时间	主要标志	主要产业
第二次产业革命	1870—1914年	内燃机和电气化	电力工业、钢铁工业、石化工业、汽车工业、航空工业、电讯技术等
第三次产业革命（上部）（下部）	1945—1970年	计算机和自动化	电子工业、核电、航天工业、自动化技术等
	1970—2020年	互联网和信息化	信息产业、电子商务、高技术产业、智能化制造、智能电网、绿色能源、绿色技术等
新产业革命	2020—2050年	人体仿生和再生	生物技术产业、信息转换技术产业、人格信息包产业、仿生产业、创生产业、再生产业等

注：新产业革命是一种预测。美国学者里夫金提出的“第三次工业革命”，实质是信息技术（互联网）在能源领域的应用，或者说是信息技术与可再生能源的交叉，属于第三次产业革命的组成部分。第三次产业革命的技术特点包括自动化、信息化、智能化和绿色化等

三、科技革命与产业革命的关系

首先，科学革命与技术革命的关系。从理论上说，科学革命是技术革命的理论基础，科学革命中诞生的新发现、新思想等为技术革命中的新技术、新发明提供了科学基础；技术革命中产生的新技术、新工艺和新方法等，为未来的科学革命提供了客观条件。

其次，技术革命与产业革命的关系。技术革命是产业革命的先导，产业革命是技术革命的结果。在很大程度上，技术革命和产业革命是一个过程的两个方面，技术革命是技术范式的转变，产业革命是基于技术范式转变的产业模式变化。18 世纪以来，每一次技术革命都带来一次产业革命。

再次，没有科技革命就没有产业革命。例如，第一次科技革命发生在 16 ～ 17 世纪，它为第一次产业革命准备了科学知识、科学方法和科学精神。第二次和第三次科技革命分别推动了第一次和第二次产业革命，第四次和第五次科技革命推动了第三次产业革命（第三次和第四次产业革命）。18 世纪以来，世界经济的产业革命都是由科技革命所推动。

最后，科技革命与产业革命相互促进。科技革命的重要发明和创新，不仅推动了产业革命，而且与经济周期紧密相关，产业革命带来了经济发展，又为科技发展提供了物质基础。科技革命和产业革命，既是世界现代化的一种表现形式，也是后者的重要组成部分（表 3）。

表 3　18 世纪以来世界现代化前沿过程的两个阶段和六次浪潮

阶段	浪潮	大致时间	经济现代化	社会现代化
第一次现代化	第一次	1763—1870年	第一次产业革命、机械化	城市化、社会分化流动
	第二次	1870—1945年	第二次产业革命、电气化	电器化、普及义务教育
	第三次	1946—1970年	第三次产业革命、自动化	福利化、普及中等教育

续表

阶段	浪潮	大致时间	经济现代化	社会现代化
第二次现代化	第四次	1970—2020年	第四次产业革命、信息化	网络化、普及高等教育
	第五次	2020—2050年	新生物学革命、新生效应	仿生化、创生再生永生
	第六次	2050—2100年	新物理学革命、新物效应	体验化、新时空新能源

注：第五和第六次浪潮是一种预测。有人认为，本表中的第三次产业革命和第四次产业革命可以看成是“第三次产业革命”的上半段和下半段

四、第六次科技革命和新产业革命

2011 年 4 月，根据中国科学院的部署，中国现代化研究中心开展了“第六次科技革命的预测研究”，完成了《第六次科技革命的战略机遇》一书，系统分析了第六次科技革命的机遇和对策、百位院士关于第六次科技革命的建议和新产业革命等。

从人类文明和世界现代化的角度看，第六次科技革命将以生命科学为基础，融合信息科技和纳米科技，提供解决和满足提高生活质量和人类精神生活需要的最新科技（表 4）。从科学革命角度看，它有可能是一次“新生物学革命”；从技术革命角度看，它有可能是一次“创生和再生革命”，包括仿生—创生—再生的三生技术革命；从产业革命角度看，它有可能是一次“仿生和再生革命”。

表 4　第六次科技革命的主要内容（一种预测）

主要标志	主体学科	扩展或带动学科	受影响学科	关键技术
信息转换器、人格信息包	整合和创生生物学	生命科学和生物技术	空间科技、能源科技	信息转换器技术
两性智能人、合成生命	思维和神经生物学	材料和物质科学	海洋科技、国防科技	人格信息包技术
人体再生、神经再生	生命和再生工程	地球和环境科学	机器人学、社会科学	仿生技术
体外子宫、耦合论	信息和仿生工程	超级制造和人工智能	行为科学、复杂性科学	创生技术
整合论、永生论等	纳米和仿生工程等	超级运输和新能源等	科技伦理、现代化科学等	再生技术等

1. 第六次科技革命的五个主要方向

（1）整合和创生生物学

16 世纪以来，生物学发展的基本轨迹是从整体、器官（系统）、细胞到分子。似乎这条路已经快走到尽头，因为人们将会发现，即使把生物体内的每一个分子都搞清楚了，也不能完全解释生命现象，我们需要在原有路径之外，开辟新的道路，从分子、细胞、器官到生物体，研究大量分子如何协同、耦合、整合形成细胞？细胞如何协同、耦合、整合形成组织和器官？器官如何协调、耦合、整合形成生物体？这个过程是自组织的。目前，自组织理论、协同学已经诞生，耦合理论、整合理论还在孕育之中。今天，我们正在揭开人体的全部遗传信息，我们已

经认识了成千上万的生物体内的分子和细胞，以及各种组织和器官。如果把这些分子、细胞、组织、器官组装起来，能否“制造一个生命”？生物体与机器（技术）的多种组合，能否创造新的生命形式和新的物种？

（2）意识和脑科学

人脑是思维的载体，神经系统是思维的工厂，它们都是如何工作的？人脑认知和创造性思维的机理，人脑信息加工、储存、提取和再现的机理等非常有挑战性。对意识和脑的认识，将改善人类的智慧，推进信息技术的革命性发展。

（3）生命和再生工程

对生命的操纵有违人类的现行伦理道德，但是，人类将逐渐具备操纵生命的能力。第一，操纵遗传物质，改变生物特性，制造新物种。第二，操纵神经系统，改变生物行为特征。第三，操纵生物节律，实施人工休眠和人工唤醒，改变生物的生命周期。第四，操纵生物细胞，实现体细胞无性繁殖（克隆）。目前，植物体细胞的全能性已经被反复证明，动物体细胞的全能性研究已经取得一些进展。所谓体细胞全能性，指生物体细胞包含全部的遗传信息，在合适条件下可以培养出完整的新生物体。第五，操纵组织器官，进行组织器官的体外培养，随时随意替换生物体的任何组织或器官。第六，操纵生物生殖，进行体外受孕、体外怀胎（人造子宫），实现体外生殖。第七，操纵生物性状，建立“生物工厂”，生产人类需要的产品，如干扰素等新药。第八，操纵生命形式，实现生物和机器的组合。再生工程包括细胞、组织、器官、躯体、人体和物种的仿生、创生和再生等。人造组织和器官包括人造心脏、肺、胃、皮肤、骨头、血液、血管和肢体等。

（4）信息仿生工程

与第五次科技革命有交叉。人脑思维和动物信息处理的数字化模拟和仿真，实现信息和知识的无阻碍获取、现有信息传播渠道的整合等。开发以新原理为基础的计算技术，大幅度提高计算速度。模拟人脑的认知和思维原理，并行处理和整合各种类型的信号，逐步建立非线性推理功能（直觉），具有部分人类情感。开发新的网络技术，大幅度提高信息传输速度。“信息转换器”的发明，实现人脑与电脑之间的直接信息转换，人脑可以直接“知识充电”。“人格信息包”的发明，它包含人的全部人生信息、独立人格和自主意识，使人的“网络化生存”和虚拟人（网络人）成为可能，实现人的“网络化永生”。

（5）纳米仿生工程

包括纳米仿生材料、纳米仿生器官、纳米仿生设计和制造等。纳米工程指在分子或原子水平上逐个原子地操纵物质，在纳米尺度上进行设计、加工和制造等，包括纳米结构、纳米加工和制造、纳米材料、纳米器件和系统、纳米机械、纳米电子元件和设备等。纳米工程、信息工程和仿生工程的结合，为人类开创一个新的工作平台。

生命科学、信息科学、纳米科学、仿生工程和机器人学的结合，信息转换器、人格信息包、两性智能人、人体再生和互联网的结合，将使人类获得三种新的“生存形式”，即“网络人”、“仿生人”和“再生人”，实现某种意义的“人体永生”，届时，人将有“四条命”。

在某种意义上，“网络人”是自然人的“网络镜像”，可以主动获取需要的知识和信息；“仿生人”是自然人的“物理替身”，可以承担主要的体力和脑力劳动；“再生人”是自然人的“新生命体”，可以不断学习和成长；自然人的生活将主要是创新和休闲。特制的“仿生人”，将能够适应宇宙环境，可以携带自然人的本体，进入太空，开辟宇航时代。

2. 第六次科技革命的五类技术

第六次科技革命包括五类关键技术，它们将引发新产业革命。

（1）信息转换技术

信息转换器技术是实现人脑与电脑之间直接信息交流和转换的技术。相关技术包括人脑的信息获取技术、信息储存技术、信息传输技术、信息转换技术、信息分解技术、信息再现技术、信息生成技术、信息处理技术、人脑反向工程等。

（2）人格信息包技术

人格信息包技术是制造包含人脑的社会学和人格信息的信息包的信息仿生技术。相关技术包括知识工程、人工智能、人性化软件、虚拟现实技术、虚拟人体技术、虚拟心理技术、虚拟思维技术、虚拟自主意识技术、虚拟人格技术等。

（3）仿生技术

仿生技术是仿制生物组织和行为的工程技术。相关技术包括纳米仿生、信息仿生、智能仿生、仿生材料、仿生设计、仿生制造、仿生工程、仿真智能机器人、动物仿真、人体仿真、仿生组织和仿生器官（人造物质性的仿生组织和器官）等。

（4）创生技术

创生技术是人工有目的地合成生物组织、器官、肢体和生命体的工程技术。相关技术包括合成生命、合成生物性的组织和器官、遗传工程、细胞反向工程、生物与非生物的耦合技术、生物与非生物的整合技术、生物与非生物信息的整合技术等。

（5）再生技术

再生技术是通过诱导或培养实现生物组织、器官和生命体再生的工程技术。相关技术包括生物组织和器官的体外再生、生物体的体外再生、人体组织和器官的体外再生、人体的体外再生、人造子宫、生物和人体组织以及器官的体内诱导再生等。

一般而言，信息转换器、人格信息包、仿生、创生和再生技术会不断升级换代，就像计算机和软件技术的更新换代一样，仿生、创生和再生技术会相互交叉融合，五大技术有可能部分交叉融合。五大技术产业和生物技术产业一起，将形成一次新的产业革命。

五、中国科技发展的机遇和建议

在过去500年里，中国与前四次科技革命无缘，在第五次科技革命中表现平平且收获不多。失去四次科技革命的机会，中国的国际地位一路下滑。1700—1949年，中国从世界强国成为半殖民地国家，从发达国家成为欠发达国家。

目前，第五次科技革命和第三次产业革命尚未结束，还存在一些尾声机会，如大数据、云计算、物联网、智能化制造（3D打印）和绿色能源等；第六次科技革命和新产业革命尚未发生，但它的核心专利争夺已经展开，新产业革命的技术前奏已经响起，它是一个先声机遇。现在距离第六次科技革命和新产业革命的发生大约有8年时间，世界各国大致处于同一起点。如果我们能够超前布局，抢占有利位置，就有可能获得第六次科技革命和新产业革命的标志性成果和核心专利，就可能创造一个中国奇迹，就可能加速中华民族的伟大复兴。

因此，我们建议：①建立第六次科技革命的响应机制，如领导小组和咨询委员会等；②借鉴国际经验，组建中国高等科学研究院，重点开展有关第六次科技革命主要方向的先锋性、开拓性和前沿性的科学研究；③组建中国先进技术研究院，开发和提供行业性关键共性技术，提高中国企业的技术水平和创新能力；④组建中国现代化研究院，开展科技革命与现代化、经济和社会现代化等交叉科学研究，为迎接第六次科技革命提供决策支持和服务。

参考文献

弗里曼，卢桑 . 2007. 光阴似箭：从工业革命到信息革命 . 沈宏亮主译 . 北京：中国人民大学出版社 .

何传启 . 2010. 现代化科学：国家发达的科学原理 . 北京：科学出版社 .

何传启 . 2011. 第六次科技革命的战略机遇 . 北京：科学出版社 .

杰里米·里夫金，张体伟，孙豫宁 . 2012. 第三次工业革命：新经济模式如何改变世界 . 北京：中信出版社 .
库恩 . 2003. 科学革命的结构 . 李宝恒，纪树立译 . 上海：上海科学技术出版社 .
钱时惕 . 2007. 科技革命的历史、现状与未来 . 广州：广东教育出版社 .
中国科学院 . 2009. 科技革命与中国的现代化：关于中国面向 2050 年科技发展战略的思考 . 北京：科学出版社 .

新科技革命引发新产业革命[①]

何传启
中国科学院中国现代化研究中心

现代科技既与经济发展休戚与共，也与国家繁荣息息相关。常规科技推动常规经济增长，技术革命推动产业革命；抓住机遇的国家走向成功，失去机遇的国家走向落后。16—20 世纪，从人类文明史的角度看，现代科技大致发生了五次革命（两次科学革命和三次技术革命），即近代物理学诞生、蒸汽机和机械革命、电力和运输革命、相对论和量子论革命、电子和信息革命；现代经济大致发生了三次产业革命，即机械化革命、电气化革命和信息化革命。目前，新一轮科技革命和产业革命即将来临，它们将影响国家的前途和命运。

一、科技与经济的互利共生

当今世界，科技与经济的发展既相互独立，各有规律，各有追求，又相互作用，互为需求，互为动力。

科技发展有两个动力：一是内在动力，来源于人类的好奇心和科技发展的惯性等；二是社会需求和投入，与经济和安全紧密相关。经济发展的动力因素很多，科技创新是重要的原动力。

现代科技的发展，既有渐进性变化，也有爆发性突变，前者是常规科技进步，后者被称作科技革命，包括科学革命和技术革命；现代经济的发展，既有普通的经济增长，也有爆发性的产业变革，前者是常规增长，后者是产业革命。概要地说，常规科技进步，推动经济的常规增长，技术革命则导致产业革命，推动经济的快速增长和重大转型。

① 本文要点发表于《人民日报》2015 年 7 月 5 日第 5 版。

自古至今，技术与产业相伴而行，科学与技术的关系则是逐步形成的。在16—18世纪，科学与技术的关系并不紧密。19世纪，科学与技术的联系加强，技术革命以科学突破为基础。20世纪以来，科学、技术与产业的联系进一步强化，许多新技术建立在新科学的基础之上，新技术推动了科学发展和经济增长，从新科学、新技术到新产品之间的时间跨度大大缩短。同时，经济发展又为科技发展提供了物质基础和社会需求。21世纪，科学革命、技术革命和产业革命可能会融合，尽管它们之间会有一定的时间差。

二、先有技术革命后有产业革命

18世纪以来，技术革命是产业革命的先导，产业革命是技术革命的结果。技术革命和产业革命是一个过程的两个方面，就像一枚硬币的正反面。技术革命有两个动力：技术突破和社会需求。新技术群和重大需求是产业革命的前提条件，单一技术不足以引发产业革命。

第一次技术革命是18世纪的蒸汽机和机械革命，关键技术包括动力和机械技术等。第一次产业革命是机械化革命，主导产业包括纺织工业、煤和铁、机械、蒸汽机和铁路等。

第二次技术革命是19世纪的电力和运输革命，关键技术是电力、运输、化工和电讯技术等。第二次产业革命是电气化革命，主导产业包括电力、石化、钢铁、汽车和家电等。

第三次技术革命是20世纪的电子和信息革命。第三次产业革命是自动化和信息化革命。有学者认为，第三次产业革命可分为两个阶段。第一阶段是电子和自动化阶段。关键技术有电子技术、自动控制、激光、材料、航天和原子能技术等。主导产业包括电子工业、计算机、原子能、航天和自动化产业等。第二个阶段是信息化和智能化阶段。关键技术有信息技术、云计算、量子通信、智能技术和绿色技术等。主导产业包括信息产业、电子商务、物联网、无线网、大数据、智能制造（3D打印）、先进材料、智能机器人、智慧城市、绿色能源和生物产业等，德国学者将第二阶段标为“工业4.0”。

三、新科技革命孕育新产业革命

既然过去五个世纪发生了五次科技革命，世界科技还在加速发展，那么，我们可以推测，21世纪将发生新科技革命，并催生新产业革命。《第六次科技革命的战略机遇》（何传启，2011；何传启，2012）一书预测，它可能是“新生物学和再生革命”，主要发生在生命科技、信息科技和纳米科技的交叉结合部，它将是科学革命、技术革命和产业革命的融合，是一次具有完整意义的科技革命。

从科学角度看，新科技革命可能是一次“新生物学革命”，主要涉及五大学科：①整合和创生生物学：解释生命本质；②思维和神经生物学：解释人脑工作原理；③生命和再生工程：生命体的工程化和产业化；④信息仿生工程：人脑的信息仿生；⑤纳米仿生工程：人体的躯体仿生。

从技术角度看，新科技革命可能是一次“创生和再生革命”，主要包括五大技术：①信息转换器技术：实现人脑与电脑之间的直接信息交流和转换；②人格信息包技术：人脑的电子备份与虚拟再现；③仿生技术：人体的仿生备份和躯体仿真；④创生技术：创造新的生命形态和生命功能；⑤再生技术：生物体的体内和体外再生。

从产业角度看，新科技革命可能引发“仿生再生和生物经济革命”，主导产业包括：①新一代生物技术产业：现有生物产业的升级换代；②拟人化的信息和智能产业：信息转换器和人格信息包技术的商业应用；③仿生产业：仿生技术和产品的家庭化；④创生产业：创生技术的商业化；⑤再生产业：如再生医学、再生工程等。

届时，人类文明将进入“再生时代”，人类个体将获得“自然人、网络人、仿生人和再生人”四种存在形态，围绕四种形态的客观需求，将形成新的科技群和产业群。

参考文献

何传启．2011．第六次科技革命的战略机遇．北京：科学出版社．
何传启．2012．第六次科技革命的战略机遇．2 版．北京：科学出版社．

科技革命改变国际战争的形态[①]

何传启
中国科学院中国现代化研究中心

古往今来，战争与和平就像一对孪生兄弟。科技革命和科技创新，既促进

① 本文为作者在 2014 年 1 月“两弹一星历史研究国防论坛”上的发言要点。原文摘要以“科技革命与国际战争”为题发表于《中国科学报》2014 年 3 月 10 日第 7 版。

了人类文明的和平发展，也彻底改变了国际战争和世界体系的基本面貌（何传启，2014）。例如，在过去500年里，世界科技先后发生了五次革命，国际战争的武器体系和战争形态发生了三次转变。在21世纪，预计会发生两次新的科技革命，将出现三种新的武器体系和战争形态，人类文明和国际结构将发生质的变化。中国再次走到历史的十字路口，何去何从将影响民族命运。国家兴亡匹夫有责，本文旨在抛砖引玉，希望能引发专家学者的忧患意识和深层思考。

一、科技革命改变武器体系和战争形态

科技革命是16世纪以来的一种历史现象和科技发展的一种表现形式，迄今没有统一定义。目前，大致有三种理解。其一，从科技政策角度看，科技革命泛指重大科技突破集中涌现的现象；其二，从科技史和科学哲学角度看，科技革命是科学革命和技术革命的统称，其中，科学革命是科学范式的转变，技术革命是技术范式的转变；其三，从人类文明史和世界现代化角度看，科技革命是科学革命和技术革命的统称，指引发科技范式、人类的思想观念、生活方式和生产方式的革命性变化的科技变迁（何传启，2011）。按照第三种定义，16世纪以来大致发生了两次科学革命和三次技术革命，合称五次科技革命，即近代物理学诞生、蒸汽机和机械革命、电力和运输革命、相对论和量子论革命、电子和信息革命（表1）。

表1　16世纪以来的科技革命

科技革命	大致时间	名称和性质	主体部分和若干代表	扩展或带动部分
第一次	16—17世纪	近代物理学诞生 科学革命	物理学革命，哥白尼、伽利略、牛顿力学	近代科学的全面发展，包括化学、生物学等
第二次	18世纪	蒸汽机和机械革命 技术革命	机械技术，纺织机、蒸汽机、工作母机	冶金技术、轮船、火车等
第三次	19世纪	电力和运输革命 技术革命	电力技术，发电机、内燃机、电讯技术	石化、钢铁、电器、运输等
第四次	20世纪上半叶	相对论和量子论革命 科学革命	物理学，相对论、量子论、射线和电子	天文、粒子、遗传、地学等
第五次	20世纪下半叶	电子和信息革命 技术革命	信息技术，电子、自动化、计算机、数据库	航天、材料、生物、制造、娱乐等
第六次	21世纪上半叶	新生物学和再生革命 科技革命	新生物学，信息转换、仿生、创生、再生	材料、信息、智能技术等
第七次	21世纪下半叶	新物理学和时空革命 科技革命	新物理学，新时空、新能源、新运输	生物、材料、制造技术等

注：第五次科技革命包括电子技术革命和信息技术革命两个阶段（自动化和信息化两个阶段）。第六次科技革命和第七次科技革命是一种猜想，后同

战争是一种集体和有组织地互相使用暴力的行为，是为政治目的而开展的武装斗争。有人估计：在过去5600年里（公元前3600—公元2000年），全世界大约发生了14500场战争，平均每年大约发生2.6次战争（汉得森，2004）。在这些战争中，有相当一部分是国际战争。《中国现代化报告2008》分析了国际战争与国家现代化的关系（中国现代化战略研究课题组，中国科学院中国现代化研究中心，2008）。如果把军队伤亡超过1000人，或外国军队入侵超过2周作为一次国际战争的标准，那么，1700—2000年，大约发生了195次国际战争，其中，18世纪37次，19世纪36次，20世纪122次。如果不考虑战争规模和国家数量差异，18世纪以来国际战争频率没有下降。

科技革命促进武器体系和战争形态的重大转变。在过去5个世纪里，5次科技革命包含了一系列重大科技创新，促进了一系列的武器创新，国际战争的武器体系和战争形态随之发生了3次转变（表2），包括从冷兵器战争到火枪炮战争，再到半机械化和机械化战争，再到半信息化和信息化战争；国际战争的战略目标发生了3次转变，从“制城权”到“制海权”，再到“制空权”，再到“制信权”。

表2　16世纪以来的科技革命、武器体系和战争形态

大致时间	科技革命	新型武器	战争形态
16～17世纪	近代物理学诞生	火枪、火炮、鱼雷	火枪炮战争
18世纪	蒸汽机和机械革命	铁甲战舰、潜艇、机枪	半机械化战争
19世纪	电力和运输革命	飞机、坦克、航空母舰	机械化战争
20世纪上半叶	相对论和量子论革命	导弹、原子弹、氢弹	核战争（？）
20世纪下半叶	电子和信息革命	信息武器、精导武器、机器人武器	信息化战争
21世纪上半叶	新生物学和再生革命	神经武器、网络武器、仿生武器	神经控制战
21世纪下半叶	新物理学和时空革命	太空武器、神经武器、网络武器	太空控制战

注：武器体系和战争形态变化，与科技革命发生时间相比，有一定的滞后。武器体系变化是递进的

概括地说，第一次科技革命促进了火枪和火炮等的发展，战争形态从冷兵器战争转变为热兵器战争（火枪炮战争）；第二次科技革命促进了铁甲战舰和机枪等的发展，战争形态从火枪炮战争转变为半机械化战争；第三次科技革命促进了飞机、坦克和航空母舰等的发展，战争形态从半机械化战争转变为机械化战争；第四次科技革命促进了导弹和核武器的发展，出现了核战争威胁和冷战对抗；第五科技革命促进了电子武器和精确制导武器等的发展，战争形态从机械化战争转变为半信息化和信息化战争（表3）。

表 3 战争形态的历史演变

时代	战争形态	关键武器	攻击目标	战略目标	特点
16世纪前	冷兵器战争	刀剑、弓箭	肉体	制城权	平面战争
16～20世纪	火枪炮战争	火枪、火炮	肉体	制城权、制海权	平面战争
	半机械化战争	铁甲军舰、机枪	肉体	制海权、制城权	平面战争
	机械化战争	坦克、飞机、航母	肉体	制空权、制海权	立体战争
	半信息化战争	精导武器、电子武器	信息	制信权、制空权	立体战争
21世纪	信息化战争	信息武器、机器人武器	信息	制信权、制空权	网络战争
	神经控制战	神经武器、仿生战士	神经	制脑权、制信权	神经战争
	太空控制战	太空武器、神经武器	神经	制天权、制脑权	太空战争

二、21 世纪的新科技革命和新战争形态

2011 年 4 月，根据中国科学院领导的部署，中国现代化研究中心开展了“第六次科技革命的预测研究”，完成了《第六次科技革命的战略机遇》一书。该书认为，21 世纪将发生两次科技革命，它们将改变国际战争的武器体系和战争形态。

21 世纪有可能发生两次新科技革命。在过去五百年里，16 和 17 世纪发生了一次科技革命，18 世纪和 19 世纪各发生了一次科技革命，20 世纪发生了两次科技革命。目前，世界科技仍在加速发展，21 世纪有可能先后发生两次新科技革命，即第六次和第七次科技革命。第六次科技革命有可能是一次新生物学和再生革命，它将提供提高生活质量和人类可持续性、满足精神生活需要和适应宇航时代需要的最新科技，它包括五大主体学科和五类关键技术，即整合和合成生物学、思维和神经生物学、生命和再生工程、信息仿生工程、纳米仿生工程、信息转换技术、人格信息包技术、仿生技术、创生技术和再生技术等；第七次科技革命有可能是一次新物理学和时空革命，它将突破现有的物理观念，开辟新的物理领域，为人类的新能源、新运输、新时空等提供全新的物理知识。

21 世纪有可能诞生三种新型武器体系。首先，第五次科技革命（电子和信息革命）将于 2020 年前后结束，将产生和形成的信息化战争武器体系包括信息武器、精确制导武器和机器人武器等。其次，第六次科技革命有可能发生在 2020—2050 年，新型武器有可能包括神经武器、网络战士和仿生战士等。最后，第七次科技革命有可能发生在 2050—2100 年，新型武器有可能包括太空武器和能量武器等。

21 世纪有可能出现三种新战争形态，即信息化战争、神经控制战和太空控制战（表 3）。信息化战争是一种网络战争，“制信权”是一个制高点；神经控制

战是一种神经战争，“制脑权”将是一个制高点；太空控制战是一种太空战争，“制天权”是一个制高点。

三、21世纪中国面临两大机遇和三大挑战

从科技革命和国际战争角度看，21世纪，中国既要面临两次新科技革命的机遇（表1），又要面对三种新战争形态的挑战（表4）。中国在第六次和第七次科技革命中的表现将影响中国的武器创新和武器体系的质量，从而影响未来国际战争的成败。

表4　21世纪的三种战争形态

战争形态	关键武器	攻击和对抗	战略目标	结果（胜—败）	特点
信息化战争	信息武器	信息攻击、系统对抗	制信权	信息主导—系统崩溃	信息战争
	精导武器	精确攻击、远程对抗	“斩首”	主导权—失控	远程战争
	机器人武器	正面攻击、武器对抗	制空权等	海空控制—海空沦陷	立体战争
神经控制战	神经武器	神经攻击、神经对抗	制脑权	主人—傀儡（附庸）	神经战争
	网络战士	信息攻击、系统对抗	制信权	信息控制—系统崩溃	网络战争
	仿生战士	正面攻击、战术对抗	制空权等	海空控制—海空沦陷	立体战争
太空控制战	太空武器	太空攻击、太空对抗	制天权	太空主导—受控	太空战争
	神经武器	神经攻击、神经对抗	制脑权	主人—傀儡（附庸）	神经战争
	网络战士	信息攻击、系统对抗	制信权	信息主导—系统崩溃	信息战争
	仿生战士	正面攻击、战术对抗	制空权等	海空控制—海空沦陷	立体战争

1）信息化战争的挑战：信息攻击和系统对抗能力、精导武器和全球定位、军用机器人、信息化战争的领军人物等。

2）神经控制战的挑战：神经攻击和神经对抗能力、网络战士和系统对抗能力、仿生战士和正面对抗能力、“神经控制战”的领军人物。

3）太空控制战的挑战：太空攻击和太空对抗能力，神经攻击和神经对抗能力，网络战士和系统对抗能力，仿生战士和正面对抗能力等。

目前，第六次科技革命已经进入倒计时，它将带来新武器，以及对神经武器、网络战士、仿生战士、神经控制战和制脑权的争夺。神经战的赢家将成为世界的主人，输家有可能成为别人的附庸或傀儡。21世纪神经控制战的成败，将决定国家和民族的命运。

伟大而古老的民族警醒吧，否则大祸临头不远矣，这不是杞人忧天。

参考文献

汉得森．2004. 国际关系：世纪之交的冲突与合作．金帆译．海口：海南出版社；三环出版社．
何传启．2011. 第六次科技革命的战略机遇．北京：科学出版社．
何传启．2014-03-10. 科技革命与国际战．中国科学报，（A7）．
中国现代化战略研究课题组，中国科学院中国现代化研究中心．2008. 中国现代化报告 2008：国际现代化研究．北京：北京大学出版社．

中国复兴的科学分析①

何传启
中国科学院中国现代化研究中心

2013 年元月，科学出版社出版了一本新书——《中国复兴的科学基础和战略机遇》，它是中国科学院中国现代化研究中心十年科研成果的集中展示和要点综述。该书认为，现代化是中国复兴的必由之路，中国复兴的过程就是中国全面实现现代化的过程。

一、什么是中国复兴

1. 什么是复兴

复兴的基本词义是：衰落后再次繁荣，衰落后再度兴盛。复兴既是一个过程，从衰落后到繁荣的过程；也是一种结果，再次达到繁荣后的状态（图 1）。崛起的基本词义是：没有曾经繁荣或强盛过的历史阶段而突然的兴起或高起，突然出现在地平线上，从弱小到强大、从低到高，它也是一个过程（图 1）。

复兴和崛起，既有相似之处，又有差别，容易混淆。相似之处是，它们都表示一种上升趋势，复兴是衰落后的上升，崛起是直接的上升。不同之处是，它们的性质有所不同，一般而言，复兴指曾有的先进水平或繁荣的恢复，崛起指实力或地位的突然提高（突起）。

① 本文为中国科学院中国现代化研究中心主任何传启研究员在 2013 年 1 月 18 日“中国复兴的科学基础”专家座谈会上的发言要点。如有不妥之处，敬请批评指正。

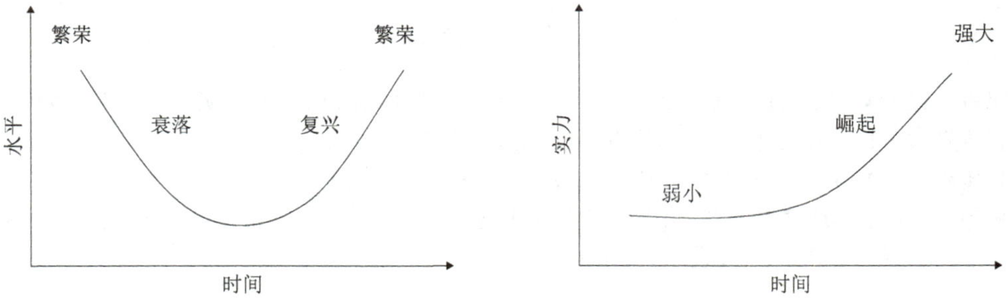

图 1　复兴和崛起的示意图

2. 从现代化科学角度看复兴

现代化科学认为，十个手指有长短，国家水平有高低。根据国家发展水平高低，可以把国家分为两类：发达国家和发展中国家。发展中国家还可以细分成三组国家：欠发达国家、初等发达国家和中等发达国家。18—20 世纪，发达国家的比例不到 20%，发展中国家的比例超过 80%；在过去 50 年里，发达国家下降为发展中国家的概率约为 10%，发展中国家上升为发达国家的概率约为 5%。

从现代化科学角度看，如果一个发达国家下降为发展中国家后，经过不懈努力，再次成为一个发达国家，那就是一种国家复兴（图 2）。

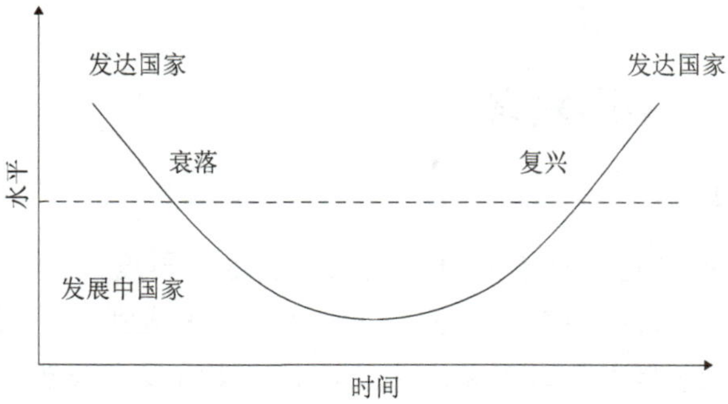

图 2　从现代化科学角度看国家复兴（示意图）

3. 从现代化科学角度看中国复兴

中国曾经具有世界先进水平，是一个发达国家，但后来衰落成一个发展中国家。中国复兴就是中国衰落后再次达到世界先进水平，再次成为一个发达国家。只有真正成为一个发达国家，中国才真正实现了复兴，才真正实现了现代化。换句话说，真正实现了现代化，即具备了当代世界现代化的新水平，也就真正实现了中国复兴。

二、中国复兴的科学基础

1. 外国经济学家的历史分析

根据经济合作与发展组织经济学家麦迪森的《世界经济千年史》，公元16～18世纪初，中国属于一个经济发达国家，中国人均GDP的排名处于世界前20位（第14～18位）；19～20世纪，中国属于一个发展中国家，中国人均GDP的排名曾一度下降到世界第100位左右（表1）（其中，1820年为第48位，1900年为第71位，1950年为第99位，2000年为第79位）。

表1 中国人均GDP（按1990年价格PPP计算）的世界排名

年份	1500	1600	1700	1820	1900	1950	1980	2000
排名	14	14	18	48	71	99	97	79
国家数	104	104	104	104	104	104	100	129

注：1500—1950年，没有人均GDP数据的国家，数据用所在地区平均值代替

2.《中国现代化报告》的预测分析

《中国现代化报告》分析了世界现代化的300年进程，涉及130多个国家和300多个发展指标。它认为，2010年中国是一个具有初等发达水平的发展中国家（简称初等发达国家），处于发展中国家的中间水平，世界排名第70位左右（在人口超过100万和数据齐全的131个国家中的排名）；如果按1990—2005年第二次现代化指数的年均增长率测算，中国现代化水平有可能在2040年左右进入世界前40位，成为一个具有中等发达水平的发展中国家（简称中等发达国家），处于发展中国家的前列，提前完成邓小平提出的“三步走”战略；中国有可能在2080—2100年进入世界前20位，真正成为一个发达国家（图3）。

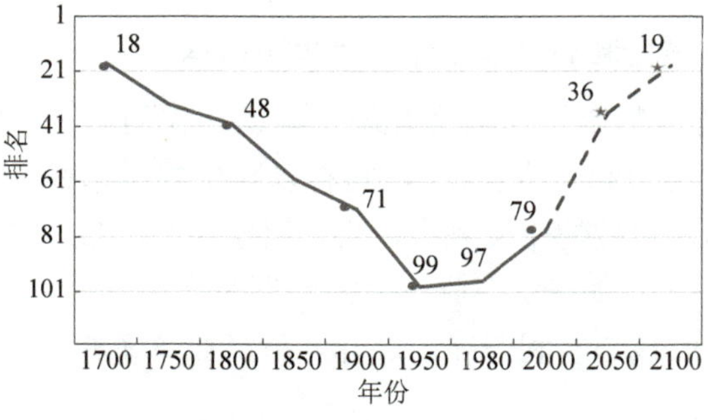

图3 1700—2100年中国国际地位变化的U型曲线

注：1500—1950年的排名为人均GDP（按1990年价格PPP计算）的中国排名。2050—2100年期间的排名为第二次现代化指数的中国排名，为一种预测。排名为在人口超过100万和数据齐全的131个国家的排名

3. 中国复兴是一个百年目标

从 18 世纪到 20 世纪，中国从发达国家下降为发展中国家，这是从先进到落后的过程，也是中国衰落的过程；从 20 世纪到 21 世纪，中国有可能从发展中国家上升为发达国家，这是从落后到先进的过程，也是中国复兴的过程。显然，中国复兴要经历一个长期的历史过程。

如果从人口规模角度考虑，目前中国人口已经超过 13 亿，发达国家总人口约为 10 亿，那么，21 世纪的中国复兴将是一项史无前例的世纪工程，它将改变世界现代化的人口结构和地理结构。

三、中国复兴的两个机遇

中国复兴面临种种机遇和挑战。目前有两个机遇不容忽视。

1. 第五次科技革命和第三次产业革命的“尾声机会”

16 世纪以来，世界科技大致发生了五次革命（两次科学革命和三次技术革命），包括近代物理学诞生、蒸汽机和机械革命、电力和运输革命、相对论和量子论革命、电子和信息革命；世界经济大致发生了三次或四次产业革命，包括机械化、电气化、自动化和信息化革命等，有人把第三次和第四次产业革命合并成第三次产业革命。第五次科技革命和第三次产业革命的持续时间大致在 1945—2020 年，它尚未结束，还有一些“尾声机会”。例如，①新信息技术，包括新一代互联网、物联网、无线网、大数据、云计算、量子通信、量子计算和新计算技术等；②信息技术在经济和社会领域（包括农业、制造业、交通和能源等）的渗透和应用，包括数字化、智能化和绿色化的先进制造（如 3D 打印等）、智能交通、智能电网、绿色能源和绿色技术等；③国际技术转移和产业调整等。

2. 第六次科技革命和新产业革命的“先声机遇”

关于第六次科技革命的预测没有统一认识。我们认为，第六次科技革命有可能是一次“新生物学和再生革命”，它将以新生物学革命为基础，将是生命科技、信息科技和纳米科技的交叉融合，将是科学革命、技术革命和产业革命的交叉融合。第六次科技革命和新产业革命的预期时间大约是 2020—2050 年，它尚未发生，但关于它的核心专利争夺已展开，新产业革命的技术前奏已经响起，这是一个“先声机遇”。

例如，①新科学革命的机遇。首先，这是新生物学革命的机遇，实现了生物学与多学科的交叉融合，包括整合和创生生物学、思维和神经生物学、生命和再生工程、信息和仿生工程、纳米和仿生工程、生命科学和生物技术、材料和物质科学、地球和环境科学等。其次，这也是新物理学革命的机遇，如反物质、暗物质、暗能量、新材料、超导研究、理论物理和空间科学等。②新技术革命的机遇。仿生、创生、再生的三生技术革命，实现了生物技术与多种技术的交叉，包括信息转换器技术、人格信息包技术、仿生技术、创生技术、再生技术、网络技术、仿人机器人、再生医学、农业生物技术、绿色超级制造和人工智能、绿色超级运输和能源技术等。③新产业革命的机遇。仿生和再生的产业革命实现了生物产业与多种产业的交叉，包括与自然人的生活质量、与网络人、仿生人和再生人相关的产品和服务，如生物技术产业、信息转换器产业、人格信息包产业、仿生产业、创生产业和再生产业等。

3. 机遇青睐于有准备者

抓住机遇，就可能加速复兴，错失机遇，就可能延缓复兴。目前，第五次科技革命和第三次产业革命的尾声机会已经引起社会关注，第六次科技革命和新产业革命的先声机遇尚无统一认识。现在，距离第六次科技革命和新产业革命的发生只有几年的时间，世界各国处于同一起点。如果我们能够超前布局，抢占有利位置，就有可能获得第六次科技革命和新产业革命的标志性成果和核心专利，就可能创造一个中国奇迹。

四、中国复兴的三个建议

《中国现代化报告 2003》认为，根据现代化科学的基本原理、国际经验和中国国情，21 世纪中国复兴可以采用综合现代化路径以及“运河战略”。它的基本设想是：在两次现代化之间开辟一条运河，使两次现代化协调进行；积聚两次现代化之精华，避免现代化过程之陷阱，走出一条低成本、低消耗、高质量和高效益的现代化新路子，迎头赶上 21 世纪后期的世界先进水平。反观发达国家，他们则是先完成第一次现代化，后进行第二次现代化，先造成环境污染和资源破坏，然后再去治理污染和保护环境。关于“运河战略”已有十几年研究历史,《中国现代化报告》先后提出了中国经济现代化、社会现代化、文化现代化、生态现代化和农业现代化的 5 个路径图。

中国复兴涉及方方面面，每个方面都很重要，在不同阶段可以有不同重点。目前，建议重点关注三个方面。

1. 中国复兴要上“三个台阶”，实现真正复兴

《中国现代化报告 2011》建议，21 世纪中国复兴要上三个台阶，才能达到世

界先进水平。

第一个台阶，从2000年到2020年左右，完成第一次现代化，全面建成小康社会，实现工业化、城市化、民主化、市场化和福利化，国家现代化水平进入世界前60名。

第二个台阶，从2020年到2040年左右，超过世界平均水平，达到世界中等发达水平，基本实现现代化、信息化、智能化、绿色化和城乡平衡，国家现代化水平进入世界前40名，提前完成邓小平提出的第三步战略目标。

第三个台阶，从2040年到2080年左右，主要指标超过发达国家水平的底线，达到世界发达水平，全国平均实现现代化、知识化和民族复兴，国家现代化水平进入世界前20名。

然后，在21世纪末，中国现代化水平要力争进入世界前10名，走到世界前列。

2. 中国复兴要完成“六化建设”，实现全面复兴

《中国现代化报告2011》建议，21世纪中国复兴要完成“六化建设”，才能实现全面复兴。“六化建设”指六个领域现代化，包括经济现代化、社会现代化、政治现代化、文化现代化、生态现代化和人的现代化，都要达到世界先进水平。

在20世纪60年代，我国提出了全面实现农业现代化、工业现代化、国防现代化和科技现代化的“四化建设”目标，它是四个部门的现代化，适合当时的中国国情。

从“部门现代化”到“领域现代化”，内涵更丰富，内容更全面，而且可以减少“部门因素”的不利影响。例如，经济现代化包括农业现代化、工业现代化和服务业现代化等，社会现代化包括教育现代化、医疗现代化和交通现代化等，政治现代化包括国防现代化、政府现代化和法治现代化等，文化现代化包括科技现代化、文化产业和文化内容现代化等。

综上所述，从“现代化科学”角度看，21世纪中国复兴要上三个台阶，完成“六化建设”，才能实现真正复兴和全面复兴（图4）。

3. 中国复兴目前要做好10件事

未来10年，建议抓住两个机遇，重点做好10件实事。

1）推进新型工业化。抓住第三次产业革命的尾声机会，推进工业化、智能化、绿色化、全球化和工业转移协调发展；加速农业现代化，缩小工业和农业的剪刀差；深化经济体制改革，抑制商业垄断，提高投资和劳动效率等。

2）推进新型城镇化。改革土地制度和户籍制度，推进城镇化、网络化、绿色化、福利化和郊区化的协调发展；深化医疗体制改革，推动农村现代化，提高

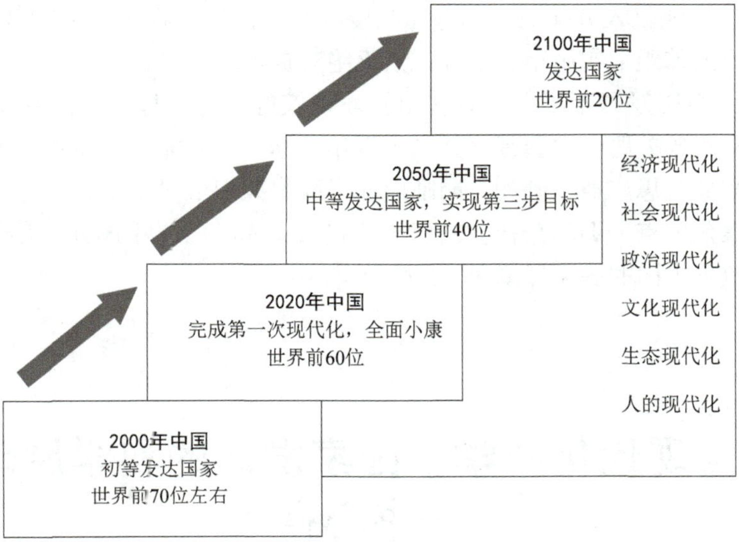

图 4 中国复兴的三个台阶和“六化建设”（示意图）

全民生活质量，建设城乡平衡社会等。

3）加速信息化。抓住第五次科技革命的尾声机会，促进信息技术产业和信息技术的应用，促进物联网、无线网、大数据、云计算和智能化制造等的发展。

4）促进知识化。发展高技术产业、科技产业、文化产业、知识传播和知识服务业等，通过提高经济的知识含量和降低经济的物质含量，来提高经济质量和国际竞争力。

5）继续参与经济全球化。促进国际贸易和国际投资，降低关税，促进国际经济合作区和自由贸易区的发展，重点建设海南岛自由贸易区等。

6）促进民主化。深化政治体制改革，健全完善民主制度，提高政府效率和政策透明度，尊重个性化选择，建设现代民主社会等。

7）建设学习型社会。深化教育体制改革，促进教育公平；提高教育质量，普及义务教育和中等教育，发展职业教育和远程教育，逐步普及高等教育等。

8）建设创新型国家。实现创新驱动发展；抓住第六次科技革命和新产业革命的先声机遇，建立快速响应机制；深化科技体制改革，建设国家创新体系，完善创新网络，优化创新政策，培育创新文化等。

9）加强生态文明建设。实施生态现代化和绿色发展战略，发展绿色能源、绿色技术和有机农业，促进经济增长与环境退化的脱钩，实现经济与环境双赢，建设环境友好社会等。

10）实行按贡献分配制度。按贡献分配和按需要调节相结合，知识资本和投资资本参与纯收入分配；深化分配制度改革，提高税收调节和转移支付力度，逐步缩小收入差距；实施小康工程，消灭绝对贫困现象等。

目前，中国发展不平衡，有些指标表现较好，有些指标距离主要发达国家的水平仍有百年差距。中国复兴是一个百年目标，不可能一蹴而就，而且面临诸多挑战，需要集思广益。例如，明晰内涵，凝聚共识；科学谋划，抓住机遇；合理布局，聚焦重点；调动全社会的积极性和创造性，化解各方面的消极因素和负面因素，改善中国的国际环境和发展空间等。

读《现代化科学：国家发达的科学原理》一书心得

毕晓梅
中科院中国现代化研究中心

中国在近代史上有过屈辱的一笔，泱泱大国之尊严丧失殆尽，几近危亡。一百多年来，众多仁人志士为探寻民族复兴之路而上下求索。近年来，随着中国经济实力和综合国力的不断提升，民族复兴日益成为迫切愿景和热门话题。中国科学院现代化研究中心十年来一直致力于民族复兴和国家发达的宏观研究，探讨世界文明的前沿状态和达到前沿状态的过程，并将现代化研究作为一门系统的科学来建设，形成了一批重要的研究成果，2012 年由德国施普林格出版社出版的研究专著《现代化科学：国家发达的科学原理》（*Modernization Science：The Principles and Methods of National Advancement*）就是其中一种。笔者由学习这本书的心得体会切入，谈谈对现代化研究的粗浅认识。

一、现代化的定义

关于现代化的定义众说纷纭，对于不同的国家和时期也有不同的含义（表 1）。但总的来说，最宽泛的含义是指 18 世纪以来世界性社会变迁的历史过程，其对人类事务影响的深度和广度都达到了空前程度，以至于布莱克在《现代化的动力》中将现代化过程与人类诞生、从原始社会到文明社会的变迁过程相提并论。一门科学对于研究对象的界定需要相对明确，《现代化科学：国家发达的科学原理》

将现代化理解为18世纪以来的文明变化和国际竞争，是世界文明的前沿及达到前沿的过程。

上述含义是现代化研究的基本共识，是研究者进行对话的基础，现代化在不同的国家和地区，其内涵迥异。对于探索最适应当前形势和人类发展方向模式和目标的发达国家、世界前沿的先锋社会来说，“现代”更多的是与“传统”相对应的概念，现代化更多的是内在化的过程，传统体制依据社会内部各种利益的平衡，相对有秩序地平缓地应对现代功能；而对于发展中国家，现代化往往具有某种赶超意味，既要处理现代与传统的关系，又要比较本国与世界前沿先进国家的差距，是向发达国家借鉴、学习、追赶的过程，也是探索自己发展路径的过程。中国语境中的实现现代化竞争和赶超色彩浓厚，如《现代化科学：国家发达的科学原理》一书将现代化定义为18世纪以来的文明变化和国际竞争，强调变化和竞争。一方面，这是对已有现代化研究关注范围的总结和继承，另一方面也是出于对我国在18世纪以来国际地位变化的反思和追求民族复兴的责任意识。

现代化是一个持续的国际分化的过程，虽然现有的现代化研究更多的是对经典现代化这一历史过程的研究，但现代化研究不是过时的研究。西方现在仍在研究现代化与再现代化，对于作为发展中国家的中国来说，现代化研究尤其具有现实意义。我们可以根据现代化的大致轨迹将其分为两个阶段：经典现代化和第二次现代化。不同的阶段具有不同的内涵，经典现代化即第一次现代化，是从农业社会到工业社会的过程；第二次现代化则是从工业社会到知识社会的过程。

虽然现代化的内涵视语境和情境的不同而变化，但研究者通常在两种词性的意义上使用“现代化”一词：名词与动词。作为名词的“现代化”是当前最好、最先进的状态；作为动词的“现代化”是从传统到现代，从不发达到发达的过程。

表1　对现代化的理解

比较项	内容
现代化科学中的含义	18世纪以来的文明变化和国际竞争；人类文明的世界前沿和达到前沿的过程
不同国家	发达国家：内在的过程，保持前沿的过程 发展中国家：追赶的过程，达到前沿的过程
不同阶段	第一次现代化：从农业社会到工业社会 第二次现代化：从工业社会到知识社会
不同词性	名词：当前的、最先进和前沿的状态（如何界定前沿） 动词：成为或到达前沿的过程（动力和路径）

二、现代化科学

如上所述，现代化是人类文明的一种前沿状态和变化过程。现代化科学则是研究现代化现象的一门科学。科学由一系列学科组成，现代化研究经过了大半个世纪的积累，已经具备了成为一门学科的基础。下面我从研究内容、理论建树、研究方法、体系建构等方面来探讨作为一门学科的现代化科学。

1. 研究内容

一门新的学科需要具有足够规模值得研究的问题。如上所述，现代化通常被当作两种词性来使用：一种是名词，现代化即是当前最好、最先进的状态；另一种是动词，从传统到现代，从不发达到发达的过程。这就带来两大类问题——如何界定先进的、前沿的、现代的状态？如何达到先进状态？大致来说，现代化科学就是要回答这两类问题。

首先，关于如何界定文明前沿。对于前沿的界定可以分为定量和定性两种。定量的界定最具有代表性的便是各类指标，包括分领域指标以及综合指标。分领域指标是指某个领域、单方面和单指标的世界前沿，比如人均国民收入、婴儿死亡率、工业增加值比例、人均 GDP 增长率、大学普及率等。综合前沿指标有比较大争议，但是总的来说发达国家代表了世界前沿；现代化科学中提出三大标准——生产力标准、社会进步标准、人类发展标准（第二次现代化中环境友好成为重要标准）；关于世界文明前沿的定性研究，以美国社会学家丹尼尔·贝尔为例，在 20 世纪 50 年代末，美国社会学家丹尼尔·贝尔就提出了后工业社会的思想，1973 年正式出版《后工业社会的来临》一书。他认为，人类社会的发展分为前工业社会、工业社会和后工业社会三个阶段，在今后 30 ～ 50 年，发达工业国家将进入后工业社会。

文明前沿还可以分为单一前沿、多元前沿。单一前沿是指标准单一的前沿，如大学普及率；多元前沿是指标准多样化的前沿，如文化观念、社会公平等。

更重要的是，人类文明不断发展，文明前沿也具有动态性特征。对于前沿的界定，需要对人类文明发展的进程及趋势有着清醒的认识并不断跟踪最新的进展。何传启研究员在《第二次现代化：人类文明进程的启示》一书中指出，人类文明具有一定的内部结构，如表 2 所示。

表 2　文明的内部结构

文明	内部结构
物质文明	衣食、建筑、工具、器具等生产活动的物质产品
跨物质文明	如电视文化、网络文化等知识产品
非物质文明	文化、制度、知识、娱乐等精神活动的非物质产品

随着人类文明的不断发展演变，人类文明内部结构发生变化：物质生产在

人类活动中的重要性渐渐被精神生活的需要所挑战，经济的非物质化趋势明显，产品的价值越来越体现在它的“内容”，也就是它所蕴含的信息、思想、观念、文化等非物质化的部分，而非它的物质载体。这体现在：一方面，内容产业、信息产业、文化产业异军突起；另一方面，传统的工业生产越来越重视工业设计。最具有生命力的生产和经济部门向非物质生产转移，这就对文明前沿的界定提出了新要求。

物质文明（衣食、建筑、工具、器具等方面）的前沿特征相对容易辨识，而非物质文明（知识、制度、文化等方面）的前沿特征则可能是多元的，前沿的研究、发达的研究将越来越多地面临这种模糊性和多样性。同时，对于在第一次现代化过程中落后的国家和社会，在继续完成物质文明发展目标的同时，努力使非物质文明发展得到普遍认可，是否存在捷径？未来的发达是否不仅是一种竞争，更是一种合作？现代化是否取决于在何种程度上能够被理解、认同、接纳、学习？……这一系列的问题不仅对文明前沿的界定构成了挑战，也为现代化研究提供了内涵丰富的有价值的研究领域。

其次，关于如何成为前沿的研究，现代化的进程也有大量问题值得研究。正如前面所说，现代化进程可以分为不同的阶段，第一次现代化、第二次现代化，同时又有前沿过程和追赶过程、主动或被动的区分。有关现代化进程的特征、机理、动力、模式等方面的研究也都是学术的沃土，这里不做详细论述。

关于现代化过程的研究，如罗斯托等认为现代化是从农业社会向工业社会转变的过程，这个过程包括一系列阶段和深刻的变化，重点研究这一转变过程的特点和规律。

2. 理论建树①

一门科学需要具备一些已有的公认的成就，作为一定时期内开展研究的基础。正是这些公认的成就（如经典著作、理论、概念、方法等）为这一领域的科学共同体大致规定了此领域应当研究的问题和采取的方法。自 20 世纪 50 年代以来，现代化研究形成了庞大的现代化研究理论体系。大体上说，包括经典现代化理论、后现代化理论和第二次现代化理论三大体系。

（1）经典现代化理论

20 世纪 50 年代，美国一批社会学家、经济学家和政治学家相继开展了现代化研究，使用“现代化”一词来说明从农业社会向工业社会的转变。1958 年，丹尼尔·勒纳出版《传统社会的消逝：中东现代化》一书，该书认为从传统社会向现代社会的转变就是现代化。20 世纪 60 年代西方陆续出版了一批有影响力的

① “理论建树”部分参考中国现代化网，http://www.modernization.com.cn/Lilun.htm.

现代化研究专著，现代化理论基本形成，例如《经济成长的阶段：非共产主义宣言》（罗斯托，2001）、《现代化的动力：一个比较史的研究》（布莱克，1989）、《现代化：抗拒与变迁》（埃森斯塔特，1988）、《变化社会中的政治秩序》（塞缪尔•亨廷顿，2008）等；20 世纪 70—90 年代，现代化理论面临诸多挑战，同时也得到全面发展，最终形成经典现代化理论。尽管这种理论存在许多固有的缺陷，并因此受到种种批评，例如，这种理论不能解释发达工业国家 20 世纪 70 年代以来的发展等，但是它仍然被认为是用来阐述工业革命以来人类文明发生革命性变化的有力理论，其他任何一种社会科学理论目前都不可能完全取代它。

（2）后现代化理论

在经典现代化理论发展并受到评判的同时，西方学者对发达工业国家未来的发展进行研究，并提出了许多种新理论。例如，后资本主义社会、后工业社会、后现代主义、后现代化理论、知识社会、信息社会、网络社会和数字化社会等，其中，后工业社会和后现代主义与经典现代化紧密相关，后现代化理论则与经典现代化理论相对应。后现代化也是现代化研究的一个研究领域，它是关于发达国家的社会发展研究，例如，美国普林斯顿大学布莱克教授在 1979 年其主编的《比较现代化》一书中谈到，大量文献在讨论高度现代化的社会的时候，往往将其称作“后工业化社会”。

（3）第二次现代化理论

第二次现代化理论是一种基于已有现代化研究的新现代化理论。在第二次现代化理论中，现代化褪去特定历史阶段的外衣，被赋予作为一种持续的发展状态的新含义。第一次现代化指从农业时代向工业时代、农业经济向工业经济、农业社会向工业社会、农业文明向工业文明的转变，即经典现代化理论描述的现代化；第二次现代化是从工业时代向知识时代、工业经济向知识经济、工业社会向知识社会、工业文明向知识文明的转变。它不仅覆盖了后工业社会理论、后现代主义理论、后现代化理论等内容，而且将20世纪70年代以来学者关于新经济（知识经济、信息经济、网络经济、数字化经济、生态经济等）、新社会（知识社会、信息社会、网络社会、学习社会、生态社会等）和新文明（知识文明、生态文明、非物质文明等）等的研究成果，都纳入它的范畴。

上述现代化研究和理论不仅为作为一门学科的现代化研究提供了学科史的积累，而且为一定时期的研究者提供了一种规范，指出了“规范所容许的那种更深奥的研究”，“这是任何一个科学部门达到成熟的标志”（库恩，1980）。不断出现的具有原创性意义的理论创新是现代化科学形成和发展的支撑与推动。

3. 研究方法

本体论和认识论是科学研究思维领域的基本问题，涉及人们对外在世界的看法及人们如何认识世界的问题。在本体论方面存在一种根本性差异，即外在世界是否客观存在，依据这一差异可以分为客观主义本体论和建构主义本体论。客观主义本体论认为世界是客观存在的、真实的，与人的观念、意识等主观因素无关，人们能够认识和体会一个原版的真实世界；而建构主义本体论认为即便存在一个客观世界也是不可认知体会的，因为人们认识到的世界都是经过人的观念、意识过滤的，是主观建构的产物。

在认识论方面，大致存在科学主义、诠释主义和现实主义几种类型的区别。科学主义认同客观主义的本体论，认为世界是客观存在的，同时也是可以客观观察的，研究者可以通过观察获得客观事实的资料，进行科学处理，建立因果关系，寻找规律性解释；现实主义与科学主义都基于客观主义本体论，但是现实主义认为表象与事实并不一定一致，观察有其认识局限性，不能认识到人类社会中的深层结构，这些深层结构可以通过基于观察的抽象思维来认识；诠释主义认同建构主义的本体论，认为世界是人们主观建构的结果，重要的是理解人们为何如此建构，理解周围的世界与行为对人类的意义。

根据上述本体论和认识论方面的差别，科学研究的方法论可以分为科学主义、现实主义、诠释主义等。由于现代化研究的内容关注的是文明前沿、文明转型、长期趋势、国际分化和国家竞争等内容，其涵盖的范围非常广泛，从不同的角度研究有不同的研究方法，现代化科学综合不同方法论之长处，将其运用于具体问题的研究。如前文所述，关于文明前沿的界定和达到前沿的过程两方面的研究是现代化研究最主要的两个内容。对于文明前沿的识别和界定，有些领域可以采用定量研究（适用于已有统计数据或者可收集资料数据的领域），有些领域可以采用案例分析或比较研究（适用于数据资料获取困难的领域），还有的领域可采用阐释研究（适用于难以定量分析或新出现的趋势需要理性分析和综合判断的领域）。对于现代化过程的分析也需要将定性分析与定量分析相结合；对于可以获得经验数据的领域可以做定量的截面分析和时序分析，以描述现代化进程的量化轨迹；对于无法获得经验数据的领域以及无法进行预测性的轨迹分析的领域可以采用案例分析、模式分析及关联分析等方法。

现代化研究除了上述与其他学科有某些共性的研究方法方面的特征，还有自己的特点。第二次现代化理论建立了一套具有特色的“现代化研究的坐标分析方法”。由于现代化研究的对象是人类文明变迁，现代化本身又是一个时间性的过程，建立系统的、相互支撑的时间序列和现代化水平的坐标图和路线图，将有助于构建现代化研究的整体框架，也可以应用到现代化科学的具体研究中。

4. 体系建构

如上所述，现代化理论是由许多个理论子系统构成的一个庞大的知识体系，同时现代化科学与其他学科有着千丝万缕的联系。作为一门学科的现代化科学，其学科建设和专业教育问题是不可回避的。虽然现代化研究成果累累，但多挂靠在别的学科（如历史学、经济学、社会学等）之下，现代化科学的学科体系建设还需更进一步完善，学科体系建设的规范化、制度化迫在眉睫。下面从现代化科学的相关学科、分支学科等方面对如何建设现代化学科体系加以思考。

首先，从上文所述现代化研究可知，现代化科学与其相关学科有着密不可分的天然联系，按其联系性质可分为三种类型。一是现代化科学的基础学科，即为现代化科学的建立提供理论基础的学科。在众多的此类学科中，与现代化科学在研究内容上联系紧密的学科主要有历史学、未来学、发展研究等。二是现代化科学的交叉学科，即与现代化科学在研究内容及方法上有某些交叉或具有某些相通性的学科。与现代化科学有此类型联系的学科主要有社会学、经济学、文化学、心理学、管理科学等。三是与现代化科学相关的学科，如科学技术在两次现代化过程中都扮演了非常关键的角色，自然科学的一些关键领域的发展轨迹和最新进展在现代化科学研究中也是需要纳入考量的重要因素。

其次，分支学科。所谓现代化科学的分支学科，是指从某一角度、某一侧面、某一层次上探讨国家现代化，其成果能构成对现代化科学研究对象的整体认识的学科，如文化现代化、经济现代化、社会现代化、生态现代化等。现代化科学可以国家为基本研究单元，也可以合理延伸至不同领域和层面。这些众多领域和层面的知识组成一个相对独立的系统完整的知识体系，而不仅仅是零散知识的简单组合。

综上所述，现代化研究有着丰富的研究内容和值得探讨的问题，在大半个世纪的现代化研究进程中积累了大量的成果，形成了庞杂的理论体系和一定的研究范式，为现代化科学的建立奠定了坚实的基础。

由于历史原因，在经典现代化研究中，西方学者扮演了重要的角色，如今发展中国家的现代化进程正在如火如荼地进行，现代化研究也具有了探索国家发展路径的重要现实意义，尤其对于曾经强盛如今想要实现复兴的中国来说，现代化科学的发展将为实现中国复兴之梦提供系统的、科学的参考。中国的现代化研究应当而且已经在世界上产生重要的影响。另外，现代化进程是一种持续化的过程，率先实现第一次现代化（已经进入第二次现代化）的国家和地区也面临探索进一步发展方向的问题。中国的现代化科学研究不仅担负着探寻民族复兴之路的重任，而且需要通过对世界文明前沿的关注和趋势分析，在国际社会的现代化研究中占据重要位置。若能做到这一点，现代化与民族复兴就不只是亦步亦趋的追赶过程，现代化也不会再被诟病为西方化。然而，虽然“现代化”这一词汇在中国的使用频率很高，而作为一门科学的现代化科学在中国国内的认知度还不高，我们现代化科学的学科建设也正在进行中，现代化科学的完善和发展与中华民族复兴之路一样，道阻且长。唯愿本文能够抛砖引玉，以待来者。

参考文献

艾森斯塔特 . 1988. 现代化：抗拒与变迁 . 张旅平译 . 北京：中国人民大学出版社 .

布莱克 . 1989. 现代化的动力：一个比较史的研究 . 景跃进译 . 杭州：浙江人民出版社 .

德鲁克 . 2009 后资本主义社会 . 北京：东方出版社 .

库恩 . 1980. 科学革命的结构 . 李宝恒，纪树立译 . 上海：上海科学技术出版社：9.

罗斯托 . 2001. 经济增长的阶段：非共产党宣言 . 郭熙保译 . 北京：中国社会科学出版社 .

塞缪尔·亨廷顿 . 2008. 变化社会中的政治秩序 . 王冠华等译 . 上海：上海人民出版社 .

不为名利所羁的赤子之心

——记中科院中国现代化研究中心主任何传启①

王莉萍

中国科学报

何传启曾经有三个选择：留在国外，浅吟低唱家国；回国挣钱，直奔自己的小康生活；做一名本色的科学家，为中国的现代化之路尽自己的绵薄之力。让何传启作出选择，比他人更艰难，因为他深刻了解中国与国外的差距，以及中国距离现代化的遥遥路途。但最终，他选择了第三条路。

一、“我深刻体会到了‘差距’”

武汉市东北方向 70 公里外，木兰山脚下，有一个小村庄，何传启生长于此。

① 本文首发于《科学时报》(2009-07-28 (A1) 要闻)。

在16岁上大学以前他没有去过武汉。

“1979年我考上武汉大学生物系，大学4年，我深刻体会到农村和城市生活的巨大差距。1983年毕业，我来到北京，在中国科学院工作，于是，我发现武汉和北京还有很大差距。”

何传启的生活脚步不断前移，他所看到的差距也越来越大。1992年，他到美国参会期间，参观了一些小镇和农场，他看到美国的小镇景色如画，风格独特的建筑和商店，使他联想到武汉市的脏乱差。

“落差非常巨大，当时只能用一个词形容我的感受，就是非常‘震惊’。武汉是中国的一个大城市，但它与美国农村一个小镇的发展水平相比差距仍然很大。”何传启说。

1993年，何传启到华盛顿工作，当时美国政府正好提出一个“信息高速公路”计划，引起全世界的关注，美国人率先向信息社会、知识社会过渡。何传启回忆说：“我很感兴趣，美国的现代化水平到底有多高？于是，我就进行系统比较研究，这才真正理解中国与发达国家的差距有100年。”

在得出这个多少有些令人沮丧的数据之后，何传启认为，在资源有限的前提下，中国实现现代化的前景确实不乐观。中国和美国的发展水平和发展条件差别很大，不可能沿着发达国家走过的老路实现现代化，中国必须要走一条适合自己的发展道路。

“采用传统的工业化、现代化模式，中国不可能赶上发达国家，那么我们怎么办？这个问题一直困扰着我。”何传启说。

二、为中国寻找一条现代化路径

在中国，知识界有这样的传统，在不同的历史时期，总会有一些人为了国家的利益、为了人生的理想站出来。

何传启就是这样一位科学工作者。1995年，他带着深刻认识到的“中国现代化实现之差距”回到中国，在中国科学院计划财务局任规划处处长。

这时，他注意到一个现象，就是在欧美社会学界，热门话题是后现代和新现代化，在经济学界，讨论比较多的则是知识经济和新经济，而科技界热衷于探讨国家创新体系和创新能力。

何传启用业余时间开始潜心研究这些新观点，并对这些观点进行分析，在其中寻找联系性，以及对中国现代化的启示。经过几年的研究，他提出了第二次现代化理论。

1997年8月，他和同事提出国家创新体系四个子系统和“知识创新工程”，主持完成了《迎接知识经济时代，建设国家创新体系》的研究报告。1998 年，中国科学院正式启动国家知识创新工程试点，其推动者——何传启却于此时悄然离开。他的想法很单纯，就是要专注于中国现代化研究，就像当年没有丝毫犹豫地回国一样，他始终保持着赤子之心，不为世俗名利所羁。

1998 年 4 月，他在《光明日报》发表《知识经济与中国现代化》一文，同年 6 月在《科技导报》发表题为《知识经济与第二次现代化》的文章。

为了生存，他给一家金融企业兼做顾问。“我的生活问题解决了，就可以潜心做研究，至于其他，都不在本人的关心内。”何传启这样说，脸上带着他惯有的纯真的笑容。

其时，中国人口多、资源少。“但我是比较乐观的。我认为知识经济给了中国一个迎头赶上的契机。”何传启说，作为一名科研工作者，他对现实并不盲目乐观，而是进行精心测算的。

何传启曾以日本为例作过一次简单分析。日本自然资源很少，人口密度也很大，在 1950 年的时候，日本人均 GDP 为 112 美元，同年，美国人均 GDP 为 1582 美元，美国人均 GDP 是日本的 14 倍。到 1990 年，日本人均 GDP 比美国人均 GDP 高 1658 美元。也就是说，二战后的日本仅用 40 多年就赶上了美国。2002 年，中国和美国的经济相对差距是 35 倍，中美经济差距大约是当年日本与美国经济差距的 2.5 倍。既然日本人花了 40 多年赶上美国，中国要想赶上美国，会花更多的时间，简单算算就知道，大约需要 100 年的时间。但这也意味着中国迎头赶上美国是有可能性的。

“未来的发展有多种可能性，悲观、折中和乐观的观点，在知识界都存在。我认为要将未来的可能性讲清楚，但乐观的可能性是我们追求的目标。如果我们对国家持悲观态度，那何来奋斗？”何传启说，“至少我们的研究是要提高中国实现现代化的可能性。”

此时，他已经有了一个崭新、明晰的奋斗目标，即分析 300 年的世界现代化进程、130 多个国家的经验，基于事实，归纳现代化的基本特征，找出其背后隐藏的原理，以及对中国的政策启示，使中国能有实现现代化的合理路径。

三、分析世界，服务中国

何传启又回到了中国科学院，那是 2002 年的事。何传启关于现代化的研究已经进行得有声有色，出版了 4 本专著和 4 本合著。

“回到中国科学院，不为别的，因为现代化是国家目标，要想使我们的现代化研究能够更好地发挥作用，就需要建立国家科研机构，需要回中国科学院。另外，这也是中国科学家的一个历史责任。”何传启说。

在中国科学院领导的支持下，何传启迅速组建了中国科学院中国现代化研究中心。他提出，中心的责任是“研究世界、服务中国”，以自然科学的眼光审视世界现代化，为中国现代化之路寻找比较理想的前景。

作为一个新机构，中国科学院现代化研究中心经费少、人员少、压力大，所从事的又是一种新型的现代化研究，涉及自然科学、高技术、社会科学和人文科学。对于这样一个交叉科学研究，真有些一将难求的意思，所以何传启始终坚持在研究一线，独立承担着 80% 以上的研究工作。他主张只做科学，不论其他。

对于前来应聘的年轻人，他每每都要先叮嘱一句：“追求回报就不要来这个中心，在这里没有个人利益，也没有部门利益，只有国家利益，国家至上。”

何传启很清楚进行战略研究是一项高风险、高要求、低回报的研究，成功的机会太少，限制的因素太多。他曾给网友分析：“如果真的选择了战略研究，你就要作长期的准备。我的建议是，第一，你要具备坚实和广泛的知识基础，不能急于求成，不能短平快，更不能急功近利；第二，你要有百折不悔的意志，否则你很快会退下阵来；第三，你要有敏锐的观察能力和创新的战略思维，要能看到别人看不到的现象、看不到的趋势，并且把握住这种现象和趋势，转化成社会接受的建议；第四，你要有非常优秀的文字和语言能力，能够让你的新发现、新发明、新创造变成一篇美丽的文字，打动社会、科学家、政府。”

令人惊异的正是何传启的清醒和乐观。他清醒地认识到中国的现状、世界的发展，他选择了一条最为艰难的道路。他也并不主张别人效仿自己的路，但他以纯真的学者风范、执着的求索精神凝聚了一批人，他们不求回报，一起为寻找中国现代化的实现途径而奋斗。对此，何传启说：“对于我们这些人而言，没有什么利益驱动，我们只是看到了祖国的希望。”

何传启的“现代化”创业①

吴益超
中国科学报

如果把中国现代化研究视为一种事业，或许可以用“创业”来形容何传启的工作状态。

① 原载于《中国科学报》2013-02-01 第 7 版学人。

50岁的何传启或许不太在意，这是第几次同记者讨论曾引起社会广泛关注的“健康食谱”了，尽管它只是63万多字的《中国现代化报告2012——农业现代化研究》15条政策建议中的一条。

何传启说：“‘六两粮食四两肉，六两蔬菜一两油，一两鸡蛋二两鱼，半斤水果一斤奶’，是根据联合国粮农组织关于中国和世界130个国家过去40多年（1961—2007年）人均食物供应和消费的统计数据推导出来的。我们讲的是人均供应量和消费量，有些学者强调人均摄入量，它们是不同的概念。相信真正看完现代化报告的人，是可以理解它的。当然，关于营养问题，还是见仁见智。”

执掌中国科学院中国现代化研究中心十余年，何传启说类似的风波并不少见，但他始终坚持一种科学的态度，“创新的东西，刚出现时往往容易引起争论甚至被误解。科学总是在不断的质疑声中往前走的，这也是科学民主的表现形态”。

相对于那场舆论风暴，现代化科学研究才是何传启心中最宁静的港湾。

一、15年创业

现代化研究中心位于北京市北四环国科图大厦，这是一栋宏伟的现代建筑。走进研究中心办公室，会发现在这普通的房间里，何传启的工位和其他员工并列，没有什么特殊之处。

办公室的墙上，挂着周光召和路甬祥两位中国科学院前院长的题字，这被何传启视为对自己工作最好的激励。

1998年是他真正开始现代化研究的一年。

何传启说：“那时候对现代化研究充满了热情，每天工作十几个小时，前十年几乎是玩命干！”在当时，中国的现代化研究处于低谷，何传启花了十多年时间创建了一套理论体系，将自然科学方法融入现代化研究，开辟了一条新路径。

尽管曾在科学院机关从事科研管理工作，担任美国大使馆科技外交官和中科院计划财务局规划处处长等在外人看来是比较“稳定”的职务，但何传启还是选择了转型，全身心投入现代化研究，一干就是15年。

记者注意到，何传启的团队成员既有年轻学者，也有年长学者，他们已不全是创业初期的那一批人，但初期成员多数人现在仍在坚持着。

打开现代化研究中心发布的招聘启事，记者看到，应聘者需要有博士学位和文理两种学科背景，最好还有国外科研经历。

何传启说：“我们的工作很有意义，但有这种条件的人，未必愿意加入我们的团队，因为这是一项基础研究，回报是很少的。”

二、从微观到宏观

在这样的条件下，何传启无间断地完成了从2001年至2012年的12本中国现代化报告文集，以及《现代化科学：国家发达的科学原理》《东方复兴：现代化的三条道路》《第二次现代化：人类文明进程的启示》等一系列现代化研究的著作。

中国现代化报告文集每年都聚焦一个研究领域，每本报告都要求非常“专”，12本报告涉及的面非常广。何传启是怎样将“专”和“广”结合在一起的？何传启有着武汉大学生物学的学士学位和中科院遗传所的硕士学位、助理研究员身份，是典型的理工科人。这样的知识背景是怎样走上现代化研究的？何传启将这个过程形容为“从微观到宏观”。他做过遗传学研究，做过科研管理和科技外交官，做过科技规划和发展战略，然后再做现代化研究。

“现代化研究和其他学科一样，在科学研究方法上是相通的，在研究对象上是可变的。”何传启比喻，“这就像分子生物学研究，原理和方法是通用的，但研究材料可以不同，如用动物、植物和微生物等。我们的现代化研究，是建立在大量数据分析上的，以事实为依据；它定量和定性地重构不同领域的现代化进程，预测未来趋势，关键是要有宏观和科学的视野。”

三、还有10年时间

在何传启眼中，现代化研究是十分神圣的：“现代化是国家目标，是几代人的追求和梦想；20世纪30年代就有人对现代化研究做过探索，改革开放后的研究更多是借鉴以前的成果，现在我们终于建立了新的现代化理论。更何况现代化是一场国际竞争，中国没有自己的现代化研究，难道指望发达国家来替我们做吗？”

好在，与“创业”初期那段艰难的岁月相比，如今现代化研究中心已是积厚流广。

采访中，他如数家珍般地向记者介绍这些年理论的实际应用情况：“俄罗斯科学院翻译了我们的《中国现代化报告概要（2001—2010）》，还送给了俄罗斯总统府和总理办公室。海南岛自由贸易区的部分启动，也参考了我们的建议。美国等10余个国家的30多位学者与我们建立了合作关系，首届世界现代化论坛将在中国举办。”

“研究世界，服务中国”是何传启给现代化研究中心的战略定位。“现在我们已有35本著作，可以说研究世界已有眉目，可以转向第二阶段服务中国了。”

他说。

这也是何传启的下一个目标：由理论向应用转型，他希望现代化研究更进一步，“同实践相结合，同教学相结合”。

“重要的是把现代化研究的知识理念传给下一代，如果再没有比较优秀的年轻科学家来从事这种基础研究，恐怕现代化研究后继无人。”

“现代化研究的前景如何？”记者问。

“我现在 50 岁，离退休还有 10 年时间。”何传启眼神坚定。

何传启——从口号走向科学①

郝 俊

中国科学报

50 年完成 50 本现代化研究报告文集，基本上形成一个现代化的百科全书，这只是何传启现代化研究事业的宏愿之一。

与其他同龄人一样，1962 年出生的何传启在各种口号的熏陶下成长起来。口号成为一代人的语言特色、生活向导和前进动力。年轻时，“实现四个现代化”是何传启最常听到的响亮口号之一。

然而随着生活环境的变迁和认识的深入，何传启开始意识到，青年时代耳濡目染的“现代化”，更多是写在墙上的标语、挂在嘴上的口头禅，跟大多数人的现实生活似乎关系不大，“没有实质性的内容，没有规划和解读，只有话语”。

如今，身为中国科学院中国现代化研究中心主任、中国现代化战略研究课题组组长的何传启，已用十余年的努力，力图让口号走向科学。

一、在口号里成长

上中学时，“为四化做贡献”这句口号，承载着何传启对“现代化”的最初想象。“大家喊什么口号，我们就跟着喊，没有判断力。当时的我完全是个受教育者，不是思想者。”

除了口号的指引，教师成为那一代学子作出选择时，最为直接而重要的人生导师。在中学老师的建议下，何传启于 1979 年考入武汉大学生物系，这被认

① 本文首发于《中国科学报》（2014-04-11 第 9 版人物周刊）。

为是最适合他的专业选择。

30 岁之前，他在生物学的科研之路上稳步前进。1983 年大学毕业，后考入中国科学院遗传研究所获硕士学位，先后任实习研究员、助理研究员；1988 年调入中国科学院生物科学与技术局，1992 年成为副处长。

生活和事业一帆风顺，迈上一个又一个新台阶，何传启对“现代化”的直接观感也在发生巨变。

距离武汉 70 公里的黄陂木兰山脚下，何传启在这里的一个小山村中长大，17 岁上大学之前，他从未去过武汉这个大城市。“鲤鱼跳龙门”，何传启自称从“乡巴佬”变成了城里人。从武汉到北京，他又感受到了首都的雄伟大气。

1993 年远赴美国，则让他对年轻时回荡在耳边的“现代化”有了真实而切身的体会，也有了更加清醒的认识。那一年，他前往华盛顿工作，担任中国驻美国大使馆科技二等秘书。

“当时，美国人一年的工资，相当于大多数人在国内干 40 年、一辈子的收入。”在美国的工作经历打开了何传启的眼界，他一边反思一边感叹：“这么大的差距，我们何谈现代化？”

二、“后半辈子就交给它了”

认识到“中国现代化实现之差距”，何传启 1995 年回国，出任中科院计划财务局规划处处长。当时，经济合作与发展组织在一份研究报告中，对发达国家正在兴起的知识经济作了全面系统描述。

凭借敏锐的学术嗅觉，何传启判断中国未来的经济发展将更多地依靠技术创新和知识资产。据此，他在完成科技部组织实施的全国基础研究调研后，参与起草“关于加强国家重点基础研究和高技术产业化的汇报提纲”，正是以这份汇报提纲为基础，中国开始启动实施“973 计划”，为中国的基础研究带来了根本性变化。

紧接着，何传启受命带领课题组进行基于应对知识经济挑战的国家创新体系战略专项研究，完成了《迎接知识经济时代，建设国家创新体系》的研究报告，提出国家创新体系四个子系统以及“知识创新工程”。

1998 年，正当中国科学院正式启动国家知识创新工程试点之时，其主要推动者何传启却选择了悄然离去。

“中国的国家目标是现代化，那么知识经济、知识创新工程、国家创新体系等等，与现代化的关系究竟是什么？”何传启看到，面前有一个亟待回答的重大问题，他将其视为自己的全新机遇。

这是合乎学术逻辑的事业选择。此前完成的一系列工作让何传启不断向自己发问："发达国家从工业社会向知识社会、信息社会转型，这种情况下，中国的现代化到底要怎么办？还是工业化和城市化的路径吗？"

20 世纪 80 年代，邓小平提出"三步走"发展战略，其中第三步目标即到 21 世纪中叶，达到世界中等发达国家水平，基本实现现代化。

在何传启看来，"三步走"战略是我国现代化道路从口号回归理性的历史性转变。然而，对于第三步战略的实现，首先需要回答这样一连串问题：什么是现代化？什么是 2000 年的现代化？什么是 2050 年的现代化和中等发达水平？如何基本实现 2050 年的现代化？

"这些问题，都需要科学的现代化研究。"1998 年，何传启意识到，中国的现代化仍然面临着目标不清、无人解读的尴尬境地。

在骨子里，何传启是一个具有家国情怀的传统读书人，将个人追求托付于民族利益、国家命运，这是其天然的人生选择。

"我觉得自己有一定的学术积累来尝试回答现代化的种种问题。"何传启决定从他熟悉的科技领域抽身而去，"全身心投入到现代化研究中，后半辈子就交给它了"。

三、一波三折"创业"路

何传启的理想是要让"现代化"从理性走向科学。

"口号可以发挥动员社会力量的作用，而只有科学才能支撑中国的现代化。"作为一个科学家，何传启将现代化的科学研究看作自己的本分。

重新起步，从零开始，很多人将何传启的现代化研究比作一次"创业"。然而，与如今风生水起的创业者动辄拿到数额不菲的投资不同，何传启的"创业"注定不会受到资本的青睐，其前路更加艰辛。

离开稳定的工作单位，何传启一边给企业当兼职顾问，一边自掏腰包启动现代化研究。坚持下去的动力是他判断这项事业的意义和价值将超过国家创新体系和知识创新工程对中国的贡献。

他给自己设定好时间表，紧锣密鼓地推进研究。1998 年 4 月，何传启在《光明日报》发表《知识经济与中国现代化》一文，成为他进行现代化研究的开篇之作。此后三年，他先后推出《第二次现代化：人类文明进程的启示》、《第二次现代化的行动议程公民意识现代化》和《知识创新：竞争新焦点》（第二次现代化的前沿 I）（何传启，张凤著），奠定了现代化研究的理论基础。

生物学的研究背景为何传启的现代化研究提供了方法论。他将人类社会各个组织与人体器官功能相类比，似生物解剖组织切片一般，进行时间序列分析和横截面分析，并逐步深入人类社会的细胞层次，进而观察其发展规律和趋势，最终得到“现代化 300 年历史过程的三维重构”。

将生物学的思维方式移植到人类社会的研究中，何传启力图接近现代化的客观事实。何传启说：“我们不关心流派之间的纷争，而只关心人类思想的进步、世界发展的逻辑。”对同一个现象和事实，不同人有不同解读，思想可以有无数，但事实只有一个，这就是科学的逻辑。

“科学家就是发现事实、解析原理、创造工具，然后改进社会。”何传启的现代化研究有着自己的边界，只提出建议，不参与具体操作。他说，这才是科学的本分。

经过三年的准备，何传启于 2000 年转入现代化实证研究，在中国第三步战略启动的第一年，即 2001 年起正式推出《中国现代化报告 2001》。在他的计划中，这份报告将伴随中国的整个现代化战略 50 年，甚至会一直伴随到 21 世纪末，全程动态监测世界现代化和中国现代化的整体进程，给出客观评价和政策建议。

这项工作首先得到了国家自然科学基金委员会的关注，然而，何传启无法以个人研究者身份获得项目支持。

“那时只有一个课题组，没有正式研究机构，没有钱，也没有办公室。”何传启告诉《中国科学报》记者，他们首先想到的解决办法是，成立一个名为“现代化俱乐部”的非营利组织，运作模式类似于国际著名的智囊组织“罗马俱乐部”。很快，他们发现这样的组织很难得到批准，此路不通。

最终，何传启发起组建北京同响现代化战略研究中心，以注册企业的方式，解决了申请项目资助的难题，顺利拿到他的课题组作现代化研究以来第一笔研究经费。

一项不赚钱的学术研究项目依托一家民营企业进行，这种尴尬似乎让何传启的“创业”显得名不正、言不顺。不少朋友问他：“企业在商言商，你怎么不务正业呢？”

按照国外经验，以非营利组织或企业的运营模式从事战略研究并不存在问题，然而这些经验在国内却并不适用。

2002 年，何传启回到了中国科学院，在领导支持下，迅速组建了中国科学院中国现代化研究中心。他将该中心的宗旨定位为“研究世界、服务中国”，以自然科学的眼光审视世界现代化，为中国现代化之路寻找比较理想的前景。

从“个体户”到民营企业，再到中国科学院的研究机构，中国现代化研究中心的成立，完成了何传启现代化“创业”之路上一次质的飞跃。

四、留下一笔精神财富

50 年完成 50 本现代化研究报告文集，基本上形成一个现代化的百科全书，这只是何传启现代化研究事业的宏愿之一。伴随中国的现代化之路，这一历程尚未过半。而如今 52 岁的何传启，还有 10 年左右的时间就要退休了。

眼下不到 10 人的研究队伍，让他感到有些“巧妇难为无米之炊”。

“13 亿中国人，用 50 年时间实现现代化，成立一个 100 人左右的科研机构作支撑，这应该是合情合理的。”何传启现在最大的心愿，就是成立一家更具规模的现代化研究机构。

于是，他将更多的精力倾注于学科队伍和机构建设中，力求不断扩大中国现代化研究的世界影响力以及为中国社会服务的能力。

2012 年，英文版《现代化科学：国家发达的原理和方法》（*Modernization Science：The Principles and Methods of National Advancement*）由德国斯普林格公司出版，它是现代化科学的首部英文专著，被德国学者认为是该研究领域的一项原创性贡献。2013 年，中国科学院中国现代化中心举办了由 14 个国家、90 多名专家学者出席的“首届世界现代化论坛”，并通过了世界现代化研究 60 年历史上的首个“现代化宣言”。这被认为是何传启主持的研究中心已具有世界先进水平和国际影响力的重要标志。

“在世界上，我们有了自己的话语权，所以我感到这几年的生活很有意义。”何传启很高兴地看到，自己的事业能够为后代留下一笔精神财富。

关于未来的现代化研究事业，何传启说，总归需要把接力棒交给后人，而自己在退休后，可以去写写小说、周游世界，也可以对一生的工作进行系统的归纳和梳理，“那是很丰富的生活了”。